덜미, 무엇이 나를
통제하는가

인생각본, 해방에 대하여

덜미, 무엇이 나를 통제하는가

초판 1쇄 인쇄일 2024년 08월 12일
초판 1쇄 발행일 2024년 08월 28일

지은이 해우 이진동
펴낸이 양옥매
디자인 표지혜
마케팅 송용호
교   정 조준경

펴낸곳 도서출판 책과나무
출판등록 제2012-000376
주소 서울특별시 마포구 방울내로 79 이노빌딩 302호
대표전화 02.372.1537 **팩스** 02.372.1538
이메일 booknamu2007@naver.com
홈페이지 www.booknamu.com
ISBN 979-11-6752-520-8 (03180)

덜미, 무엇이 나를 통제하는가

LIFE SCRIPT

내 삶을 통제하는 생각과 억압의 틀을 벗다

인생각본, 해방에 대하여

해우 이진동 지음

책과나무

들어가면서

삶이란 무엇인가? 한마디로 설명할 수 있는가? 아마 어느 누구도 한마디로 설명할 수 있는 사람은 없을 것이다. 그만큼 복잡하며 혼란스러운 것이 인간의 삶이다. 이런 인간을 이해하기 위해 수많은 학문과 종교가 생겨났다. 그런데 과연 '우리의 삶은 온전히 내 것일까?'라는 의문을 누구나 한 번쯤은 가져 봤을 것이다. 내 삶을 내 마음대로 할 수 있다면 어떤 일이 일어날까? 이에 대한 대답을 속 시원히 할 수 있는 것도 매우 어렵다. 특히 '내 삶이 무엇인가에 조종당하고 있지는 않을까?'라고 생각해 본 사람도 많을 것이다. 그래서 그 답을 찾기 위해 훌륭한 스승을 찾고 종교의 문을 두드리는 사람도 많다.

그러나 단언컨대 그 답은 외부에서 절대로 찾을 수 없다. 왜냐하면 그 답은 자신의 내면에 있기 때문이다. 인간의 내면세계는 무한히 넓지만 때로는 좁디좁은 우물 속같이 깊기도 하다. 그래서 인간의 마음속을 들여다보는 것은 여간 어려운 일이 아니다. 특히 자기 자신의 마음속을 들여다보는 것은 더욱더 어렵다. 이 마음속은 때로는 맑은 날 풍경을 보듯이 선명히 보일 때도 있고 안개 자욱한 풍경처럼 흐릿하고 잘 보이지 않을 때도 있다. 설혹 잘 보인다 하더라도 시간이 지나면 그 모습이 자꾸 변한다. 그래서 산다는 것이 혼란스럽다.

만약 이 복잡한 우리의 마음을 일부라도 선명히 볼 수 있다면, 그리고 그것이 어떻게 작용하고 움직이는지 알 수 있다면, 그 변화무쌍한 마음속에서 어떤 원리를 발견할 수 있다면 삶의 질은 한층 더 성숙될 것이다. 무엇인가 내 삶을 조종하고 있다면 그것은 외부에 있지 않고 내 마음속에 있다. 그것은 내 삶을 대부분 고통 속으로 몰아넣으며 결코 편안하게 놓아두지 않는다. 마치 실에 매달린 꼭두각시 인형처럼 우리의 내면에 있는 또 다른 나에 의해 조종당하고 통제받으며 살고 있다.

그것은 바로 인생각본이다. 인생각본은 교류분석 이론의 주요 내용으로서 앞으로 전개되는 이 책의 주요 주제가 된다. 인생각본은 어린 시절 부모의 영향으로 만들어진 일련의 행동 방식이다. 인생각본은 한 인생의 삶 전체를 좌지우지하는 일련의 성격과 같은 것으로 대부분 자신도 모르게 실행되는 것이 특징이다.

인생각본이 만들어지는 원인은 대부분 부모의 금지어들이다. 금지어는 '~하지 말라', '~해서는 안 돼'라는 식으로 자녀에게 전달되는데, 이 금지어가 지속되고 누적되면 자녀의 무의식 속에 침착되어 평생의 삶에 영향을 주어 대부분 고통으로 몰아간다. 이 금지어는 굴딩 부부가 12가지가 있다고 했으나, 그들의 제자 맥닐 박사가 25가지가 있다는 것을 발견하였다. 이 25가지 금지어는 우리나라에 그다지 많이 알려지지 않았다. 나는 미국의 원로 심리학자 맥닐 박사를 어렵게 알게 되어 그에게 매우 자세한 내용을 배울 수 있었다. 그는 내가 궁금해하는 것을 매우 친절하게 기꺼이 가르쳐 주었고 그 내용을 토대로 이 책을 쓰게 되었다.

이 책의 주제는 교류분석의 인생각본이며 이와 관련된 내용을 주

덜미, 무엇이 나를 통제하는가

로 다루었다. 우리의 삶을 대부분 고통으로 몰아가는 인생각본의 해결 방안으로 실존주의 철학을 접목하였다. 특히 맥닐 박사가 부모의 금지어로부터 고통받는 삶은 어떤 것이며, 이에 해방되어 치유되는 삶은 어떤 것인지 매우 상세히 연구하였는데, 그에 덧붙여 필자는 삶의 고통의 강을 건너 치유의 삶으로 가는 방편으로 실존주의라는 배를 채택함으로써 그 내용이 훨씬 더 풍부하게 확장되었다고 생각한다. 교류분석에서 치유의 한 방법으로 실존주의를 접목시키는 것은 누구도 시도하지 않은 것으로 나에게는 하나의 도전이고 실험이다.

이 책을 쓰는 동안 미국의 교류분석 원로학자 맥닐 박사님께서 오랫동안 서신을 주고받으며 친절하게 가르침을 주셨는데 이에 대해 무한한 감사를 드리고, 느림보같이 책을 쓴 오랜 시간 동안 아낌없이 지지해 준 아내 김이영 여사께 진심으로 감사드린다.

2024년 7월

해우 이진동

차례

1부 덜미 잡힌 인생
인생각본과 신체 기억

4부 인생각본을 떠나 실존의 바다로

실존철학과 내적 수행

5부   내면의 홀로서기를 위해

참자아 탐구와 실존 성찰

1부

덜미 잡힌 인생
인생각본과 신체 기억

어린아이들에게는 부모의 권위가

생사를 결정할 정도로 강력하다.

이때 한 사람의 삶에 대한 희비의 역사가

예고되고 시작된다.

인생이라는 무대

인생각본에 덜미 잡힌 삶

인간은 태어날 때는 화가가 그림을 그리기 위해 준비해 둔 한 장의 흰 캔버스와 같다. 흰 캔버스는 텅 비어 있어 보이지만 아무것도 없는 것이 결코 아니다. 그 공간에는 무(無)의 공간이면서 무한한 가능성의 세계가 있다. 그 가능성은 새롭고 위대한 창조의 기반이 된다. 공백의 흰 캔버스에서 예술 작품이 태어나듯이 무는 창조를 잉태하고 있다. 화가는 이 흰 캔버스에 어떠한 영향도 받지 않고, 누구의 도움도 받지 않으면서 자신만의 예술 세계를 창조해 나간다. 그래서 완성된 작품은 어느 것과도 비교할 수 없고 바꿀 수도 없는 예술 작품이 된다.

흰 캔버스 위에 예술가의 작품이 창조되어 가는 것처럼 인간의 삶도 탄생 초기에는 무한한 창조의 가능성이 잠재된 무(無)의 백지상태에서 시작한다. 이 백지 위에서 오로지 나만의 인생이라는 작품을 창조해 나아간다. 그러나 애석하게도 창조적인 삶을 살아간다는 것은 보통 어려운 일이 아니다. 그것은 인생각본 때문이다. 인간은 어린 시절 만들어진 인생각본에 의해 덜미 잡혀 삶을 통제당하며 살아간다는 것이다.

이 인생각본은 태어나는 순간부터 부모의 영향을 받아 형성되기 시작하여 약 6세 전후에 종결된다. 다시 말하면 부모의 영향 아래 일생의 삶의 시나리오가 어린 시절에 이미 만들어지는 것이다. 그리고 특별한 계기가 없는 한 각본의 꼭두각시놀음에 덜미 잡혀 평생을 살아간다.

어린 시절 부모의 역할은 거의 절대적이다. 어린아이들에게는 부모의 권위가 생사를 결정할 정도로 강력하다. 이때 한 사람의 삶에 대한 희비의 역사가 예고되고 시작된다. 부모의 영향으로 만들어진 삶의 시나리오라고도 할 수 있는 인생각본에 의해 평생의 삶의 질이 결정된다.

실존주의 철학자 사르트르(Jean Paul Sartre)는 '세상에 좋은 아버지는 없다', '부모들과 자식들과의 관계에는 폭력이 도사리고 있다'고 말

했으며, 사르트르의 연인인 보부아르(Simone de Beauvoir)도 '한 인간에게 있어서 불행한 점은 그에게 어린 시절이 있었다는 것이다'[1]고 말했다. 이것은 양육자에 대한 다소 부정적이고 과격한 표현 같지만, 아이들에게 부모와 양육자의 역할이 얼마나 중요한지를 단적으로 말해 주고 있다.

성격의 근원이 되는 인생각본은 아동기까지 거의 완성되지만 청소년기를 거치면서 확인되거나 일부 수정된다. 그리고 일생을 인생각본에 따라 살아간다. 이 각본은 머릿속에 보이지 않게 숨어 있으면서 삶에 영향을 주는데, 꼭두각시의 덜미를 잡은 조종자 혹은 비행기 파일럿처럼 한 사람의 머릿속에서 삶을 조종하고 통제한다.

만약 현명한 부모라면 자녀를 양육하는 동안에 아이의 생각과 행동을 통제하거나 제한하지 않으면서 자율적 인간으로 성장할 수 있도록 조력자 역할을 할 것이다. 그렇다고 자녀를 양육하는 과정에서 통제가 전혀 없어야 하는 것은 아니다. 하지만 그 통제는 최소한이어야 하고, 꼭 필요한 것에 한정되어야 한다. 그러나 사실 통제가 필요한 때는 그리 많지 않다. 대부분의 통제는 자녀의 삶을 괴롭히는 역할을 한다.

어린아이들은 직관력이 뛰어나지만 진정한 위기 상황을 잘 알지 못한다. 만약 직관으로 느끼더라도 대처할 능력이 없다. 이때 부모의 통제가 필요하다. 그리고 통제의 횟수나 강도가 자녀가 성장하는 전 과정에서 과도하거나 일관되게 적용되어서는 안 된다. 즉 상황에 따라 적절하고 유연하게 적용되어야 한다. 부모는 자녀가 성장해 가면서 위기를 스스로 극복할 수 있는 지혜를 가르쳐야 한다. 때때로 불안하고 때로는 위험하지만 최소한의 장치를 만들어 놓고 세상을 탐색하고 모험하는 기회를 기꺼이 줌으로써 자녀는 스스로 지혜를 터득하며 성장한다. 그러면서 통제는 줄어들고 정신적인 독립이 이루어진다.

어린 시절의 선택

어린 시절의 경험

성격 형성은 출생 순간부터 시작된다. 생의 첫 수년 동안에 뇌는 엄청난 성장을 하며, 초기의 경험들은 신경생물학적으로 저장된다. 말을 할 줄 몰라도 아기는 강력한 관계 패턴을 형성한다. 즉, 부모와 아기 사이에 오고 가는 정서적 경험들이다. 이러한 경험들은 아기의 뇌와 신체에 저장되며, 정서 조절과 정신화*와 같은 기능의 발달에 영향을 준다.

이 모든 것으로부터 우리는 인생각본, 즉 인생 계획이 뇌의 기억 시스템이 발달하기 전에는 말없이, 특히 신체적으로 시작된다는 것을 알 수 있다. 아기는 부모들이 환경 속에서 어떻게 행동하는지 보고 느끼며 이러한 경험들에 자신만의 정서적 색깔을 입힌다. 이러한 과정은 언어를 배우기 이전에도 활발히 이루어진다.

＊ 정신화는 다른 사람은 자기와 다른 정신을 가지고 있으며, 생각하고, 느끼고, 행동하는 것도 서로 다른 준거틀에 따른다는 것을 이해하는 것이다.

덜미, 무엇이 나를 통제하는가

습관

사람들은 인생을 살아가면서 자기의 존재감을 느끼고 인정받을 때 삶의 의미를 느낀다. 그러나 인간관계에서 친밀한 만남을 경험하지 못할 때 고독감과 소외감, 방황과 좌절, 불안 속에서 살아간다. 사람들은 실패를 경험하면서도 왜 똑같은 방법을 반복하며 살아가는가? 이것은 아들러(Alfred Adler)가 말한 그 사람의 생활양식(life style)으로 설명할 수 있다. 생활양식은 한 인간의 삶의 목적, 자아의식, 가치관, 생활 태도 등으로 알 수 있는 인간의 주관적인 성향이다. 생활양식은 어린 시절의 경험을 이해하고 조직하고 예언하고 삶을 통제하기 위해 발달시켜 온 가치관의 구조이다.

우리가 알아야 할 것은 사람들은 일반적으로 어린 시절에 인생에 관한 결론을 내리고 결심한다는 사실과 이후 인생에서도 대체로 그것에 충실하게 살아간다는 것이다. 자신에 대한, 타인들에 대한, 세상에 대한 어린이가 얻은 확신과 신념들은 집요하고 강력하다. 건강한 신념들은 우리가 행복하고 성공적인 삶을 사는 데 도움을 줄 수 있으나 어린 시절의 억압적이고 비자발적인 경험으로부터 얻은 신념들은 삶을 고달프고, 지치고, 실패하고, 같은 후회와 잘못된 선택을 반복하는 상황으로 끌어간다. 이러한 신념들은 어린아이에게는 절대적 권위를 가진 부모 또는 양육자로부터 살아남기 위한 방책이었고, 어떤 상황에서는 유리하게 작용했기 때문에, 그것들을 버린다는 것은 결코 쉬운 일이 아니다. 그것들은 오직 개인적인 확신이며, 강력한 동기를 가진 신념 또는 습관에 불과하다.

'습관(habits)'은 행동의 핵심적 몰이꾼이다.[2] 인간의 성격은 습관의 복합체이다. 습관의 힘은 강력해서 우리의 인생에서 엄청난 영향력을 발휘한다. 사람들은 날마다 습관이라는 탑을 쌓고 있다. 이 탑은 쌓을수록 높아지고 커지고 튼튼해져서 좀처럼 파손되지 않는다. 습관은 우리가 효과적이고 성공적인 인생을 살아가느냐, 고통스러운 인생을 살아가느냐를 결정한다. 사람들이 같은 행동을 반복하여 그 행동이 쉬워지면 습관이 된다. 습관이 반복되면 성격이 되고 그 성격으로 살아가면 운명이 된다. 한 사람의 고착화된 습관은 어린 시절 부모의 영향으로 '나는 ~게 살겠다'고 결단한 것으로부터 시작된다.

습관은 생리학적 용어로 '항상성'이라 부른다.[3] 항상성은 사람들이 그의 내적 환경을 일정하게 유지할 수 있도록 하는 능력이다. 사람들은 특히 어린 시절에 부모 또는 양육자로부터 반복적으로 습득한 습관, 즉 항상성을 가지고 있으므로 일생을 두고 한 사람의 내면에 저장되어 쉽게 없어지지 않으며, 성장한 후에 의식적으로 또는 무의식적으로 자신의 삶에 활성화시킨다.

선택

사르트르의 말대로 사람들은 '다음 생애에서는 지금처럼 살지 않을 거야'라고 말하면서도, 왜 지금 같은 방식의 삶을 계속 살고 있는가?[4] 왜 사람들은 끊임없이 같은 선택을 하도록 만드는 생활 패턴에서 벗어나지 못하는가? 대부분의 사람들은 건강한 생활 패턴을 가지고 있지만, 왜곡된 삶의 패턴을 가진 사람들은 고통을 가져다주는 동일한 행동을 반복하고, 심신을 병들게 하고, 어리석고, 실패할 수 있고, 심지어는 위험한 상황으로 갈 수 있음에도 불구하고 그러한 행동 패턴에서 벗어나지 못한다. 이것은 어린 시절 경험에 따른 선택 그리고 결단과 밀접한 관련이 있다.

부모 또는 양육자가 무엇인가 가르치거나 금지하거나 허가하는 것에 대해 아이는 어떻게 대응할 것인지를 스스로 선택하고 결단한다. 만약 부모가 무엇을 '하지 말라'고 금지한다면, 아이는 어떠한 행동을 할지 선택하고 결단해야 할 것이다. '부모를 기쁘게 하거나, 화나게 하거나 부모에게 순종하거나, 의존하거나, 타협하거나, 저항하거나, 무시하거나' 하는 것들, 즉 그 선택은 어린아이에게 부모의 권위와 힘의 아래에 있거나 평등한 관계에서 일어난다. 그리고 그 선택이 이후 자신의 삶에 긍정적인 영향을 줄 수도 있고, 부정적인 영향을 줄 수도 있을 것이다. 선택에는 자신들의 성장을 촉진하는 건강한 선택들이 대부분이지만, 불건전하고 어리석고 재미없고 위험한 선택들도 상당히 많다.

기억 이전의 기억

신체 기억

언어를 배우기 이전의 아기는 자신의 경험을 이야기로 기억하는 것이 아니라, 자신의 신체조직 안에 융합시켜 저장한다. 신체의 기억은 지각, 운동, 상황과 공간, 다른 타인들과의 상호작용으로 인한 경험이 신체조직 안에 용해되고 침습된 암묵적 기억으로 평생 개인의 삶에 영향을 미친다. 이와 같이 신체적으로 저장된 기억은 뇌의 기억과는 달리 자신의 의지와 관계없이 몸짓, 태도, 발걸음, 음성 등으로 출현된다.[5]

이렇게 신체에 저장된 암묵적 기억들은 자아의 주요한 요소로 자리 잡아 자기 존재감의 근거가 된다. 이것을 '신체 자아'라 한다. 이러한 신체에 저장된 경험은 어떤 상황에서 사고의 과정 없이 춤을 추거나 날아오는 물체를 피하는 것처럼 몸이 스스로 반응함으로써 과거의 경험을 지금 이 순간에 재연한다. 경험된 과거가 즉각적인 행위로 지금 이 순간에서 실현되는 것이다. 몸의 기억은 일종의 습관적 앎의 형태로 의식적으로 집중하지 않아도 소환되어 지금의 행동으로 옮길 수 있는 능력이 있다.[6]

덜미, 무엇이 나를 통제하는가

사람들과의 신체적 접촉과 만남의 경험들이 몸에 기록되어 있으며, 언어 이전, 기억 이전의 경험들도 신체의 조직 안에 체화되어 우리의 몸이 곤경·갈등·혼란 등 여러 가지 문제가 일어나는 상황에 맞닥뜨릴 때 또는 다른 사람과 상호작용할 때 무의식적이며 묵시적으로 작용하여 태도나 행위로 활성화된다. 손이나 발 등 몸의 일부를 절단한 사람이 절단된 손이나 발이 마치 원상태로 존재하는 것처럼 느끼는 경우가 있다. 이러한 현상을 환각지(phantom limb)라고 하는데, 이러한 것도 몸의 기억과 관련된 현상이라 할 수 있다.[7]

어린아이의 행동양식은 다른 사람과의 반복적인 상호 교류를 통해 암묵적 관계의 앎으로 신체적으로 저장되어 있다. 어린 시절 부모나 양육자와의 관계에서 신체적 상호작용은 몸의 기억으로 저장되어 일생의 삶에서 태도나 행동을 위해 예비되어 있다. 화를 내며 소리 지르는 어머니의 날카로운 목소리, 엄한 아버지의 냉혹한 태도 등이 어린 시절 반복적으로 경험되면서 유전자처럼 일연의 몸의 도식을 형성하며, 이에 상응하는 행동 패턴과 인간관계를 형성하게 된다. 이러한 어린 시절의 신체적 상호작용들은 암묵적인 인간관계의 양식으로 변화되면서, 평생 한 개인적 삶의 기본 양식으로 자리 잡는다.

특히 어린 시절 극심한 고통이나 충격, 폭력에 노출되었던 아이들의 기억은 지속적으로 성격과 정신 건강에서 문제를 일으킨다. 니체(Friedrich Wilhelm Nietzsche)의 말처럼, 인간의 기억은 무섭고 끔찍하다.[8] 고통의 경험은 결코 사라지지 않고 평생토록 남아 있다. 이렇게 어린 시절의 고통스러운 경험은 몸 안에 저장되어 있을 뿐만 아니라 항상 지금 이 순간에 자신의 역할을 할 기회를 엿보고 있다. 그리고 문제가 발생하면 언제 어디서나 활성화된다.

　어린아이가 겪는 인생 초기의 경험은 삶의 방향을 선택하고 결단하여 몸에 저장된다. 동생이 갓 태어난 아직도 어린아이가 어머니에게 다가가려고 하면 동생을 안고 있는 어머니는 받아 주지 않는다. 이때 어린아이는 배척의 아픔을 억누르기 위해 어머니에게 다가가려는 충동을 억압하여 몸 안에 저장한다. 몸의 기억은 이미지도 아니고 상황이나 형태의 기억도 아니며, 특히 스토리가 있는 기억도 아니다. 이러한 경험은 신체 안에 침전되어 암묵적으로 기록되며 신체적 앎으로 남아 있다. 몸의 기억은 습관적 앎의 형태로 평생 남아 있으며, 의식적으로 집중하지 않아도 호출되어 행동으로 옮겨질 수 있다.[9] 어머니로부터 배척당한 아이의 고통의 경험도 몸에 저장되어 성인이 된 이후에 그에 상응하는 상황이 일어날 때마다 재현된다.

　생후 며칠에서 몇 개월까지의 유아들에게도 단순한 자아 이상의 것이 존재한다. 젖의 냄새를 맡는 감각적 자극을 하거나 머리를 돌리는 것과 같은 운동반응을 할 수 있고 또한 자신의 행동을 선택할 수 있는 자아가 존재한다. 기저귀를 갈아 주지 않아 아기가 울고 있는데도 잘 갈아 주지 않는 엄마가 있다면, 아기는 직관적으로 '나의 몸은 항상 불편할 것이며, 보살핌을 받을 가치가 없어!'라고 결단하여 암묵적으로 몸에 저장한다. 이것은 만짐과 만져짐이 이루어지는 근원적인 신체 감각에 기초한다.

　이런 경험이 어린 나이에 성격의 뿌리를 형성하여 신체적으로 기록되며 신체적 자아를 형성한다. 자아는 근원적으로 신체 감각으로부터 유래한다. 즉, 어린 시절의 경험이 신체 감각을 통하여 작용함으로써 자아가 출연한다. 신체 감각은 신체 표면에 있는 감각들에 기인한다. 따라서 자아는 외부 세계와 상호작용이 일어나는 신체 표면의 심리적 반영이라 할 수 있다. 신체 표면은 피부이며, 아기와 엄마의 최초의 관계는 피부의 자극을 통해 이루어진다. 여기서 피부자아의 개념이 생겨난다.

피부자아

프랑스 정신분적가 앙지외(Didier Anzieu)는 '피부자아'에 대한 이론을 발표하면서 세계적인 명성을 얻었다. 언어 이전의 시기에 있는 아기는 자신의 경험을 이야기로 뇌에 저장하는 것이 아니라 신체, 즉 몸에 저장한다. 신체 중 가장 중요한 부분인 피부는 신체 전체를 감싸 주는 역할을 하며, 외부 세계의 수많은 자극을 경험한다. 이 자극들이 쾌일 수도 있고 불쾌일 수도 있으며, 안정감을 줄 수도 있고 불안감을 줄 수도 있다. 아기들의 이러한 경험들은 피부에 고스란히 기록되어 평생 사라지지 않으며 삶의 질을 좌우한다. 피부는 외부에서 비롯되는 혼란으로부터 내부 환경의 균형을 지켜 주는 역할을 하지만, 피부 그 자체에는 형태·조직·착색·상처들로 혼란의 흔적들이 고스란히 남게 된다. 또한 피부는 자신이 보존하고 있는 내부 상태의 대부분을 외부로 드러내기도 한다. 이 때문에 피부는 타인의 눈에 개인의 건강 상태를 나타내는 척도가 되며 우리 영혼의 거울이 되는 것이다.[10]

아기가 최초로 경험하는 감각은 피부감각이다. 어머니가 아기를 출산할 때, 자궁이 수축하며 아기를 질을 향해 밀어내고, 아기의 크기에 알맞게 팽창된 질은 아기를 감싸 주는 역할을 한다. 아기는 세상 밖으로 나오기 위해 질을 통과할 때, 아기는 감싸 주는 질에 의해 온몸이 마사지 받는 경험을 하게 된다. 아기가 처음 세상에 나올 때 이러한 자연스러운 피부접촉을 경험하는 것이다.[11]

출생 초기에는 어머니와 아기가 하나의 피부를 공유하는 공생적인 결합 상태에 있다. 이때 어머니의 피부는 외부에서 아기를 감싸 주는 역할을 하며, 아기의 피부는 어머니의 품 안, 즉 내부에서 자기의 신체를 감싸 주는 역할을 한다. 어머니의 피부와 아기의 피부가 서로 적절한 간격을 조절하면서 유연성 있게 맞추어 나간다. 이것이 모성적 환경이다.[12]

그리고 아기는 자신의 피부가 만져짐을 느끼면서 '자아'가 생겨난다. 즉, 심리적으로 감싸는 보호의 공간은 신체적으로 감싸고 물리적으로 보호하는 공간에 의탁에 의해 생겨난다고 말할 수 있다.

출생 초기 어머니의 피부와 아기의 피부 사이에 간격이 너무 크면, 자아가 발달되는 과정에서 자신을 이해시키지 못하고 의사소통을 못하게 될 가능성이 있다. 자아를 가진다는 것은 자기의 공간이 있다는 것을 의미한다. 만약 어머니의 피부가 아이의 피부에 너무 가까이 달라붙어 있다면, 그 아이의 자아 발달은 저지당하게 된다. 왜냐하면 아기의 자아가 형성될 공간이 없기 때문이다.

아기는 어머니와의 피부접촉이 결핍되거나 갑자기 박탈되는 경우, 또는 과도한 피부접촉의 자극이 주어지는 경우, 또한 이 두 가지가 갑작스럽게 반복되면 심리적 외상을 입게 된다, 이때 아기는 정상적인 심리적 발달로 나아가는 데 어려움을 겪게 되고, 이런 심리적 외상은 성인이 된 이후에 지속적으로 문제를 일으키기도 한다.[13]

피부는 담아 주는 주머니로서의 기능을 한다. 이 주머니 안에는 수유, 육아, 언어적 환경을 통해 모아진 좋은 것들이 가득 담겨 있다. 그리고 피부는 경계면으로서의 기능을 한다. 경계면은 외부와의 경계가 되어 내부로부터 외부를 분리시켜 준다. 그리고 사람이든 물건이든 간에, 나 아닌 다른 것들로부터 비롯되는 탐욕과 공격에 의한 침투를 막아 주는 울타리가 된다. 그리고 피부는 타인과 의사소통을 하고 타인과 의미 있는 관계를 형성하는 최초의 장소이자 수단으로 기능한다. 이러한 기능은 입의 기능이기도 한데, 적어도 입이 기능하는 만큼 피부도 그러한 기능을 수행한다. 피부는 이러한 의미 있는 관계에 의해 남겨지는 흔적을 저장하는 곳이다. 피부에 저장된 이 모든 것들이 몸의 기억에 해당되며 평생의 삶에 영향을 주는 인생각본의 근거가 된다.

한 편의 드라마 같은 인생

우리의 인생은 어린 시절 부모로부터 물려받은 인생각본에 따라 진행되는 한 편의 드라마다. 이 각본에 따르는 드라마는 결코 해피엔딩으로 끝나지 않는다. 어린 시절 부모에 의해 우리의 내면에 이식된 인생각본의 통제를 받고 살아가는 한 그렇다. 무대 위의 배우들은 감독의 통제하에 각본에 따르며 연기한다. 여기서 무대는 우리의 인생으로 비유할 수 있으며, 인생이라는 무대 위에서 연출되는 스토리는 우리의 삶이요 이미 짜인 한 편의 드라마다.

인생이라는 무대 위의 삶은 연기하는 배우처럼 결코 자율적이지 않다. 감독의 지휘 아래 각본에 충실해야 하기 때문이다. 인생각본은 우리 삶의 덜미를 잡고 통제하고 조종하며 삶을 고통스럽게 한다. 각본의 통제를 받고 있는 한 우리는 각본의 시녀와 다를 바 없다.

각본에 따르는 인생 무대에서 내려와야 한다

우리는 이 삶의 연극 무대 위에서 내려와야 한다. 그러면 배우가 더 이상 감독의 지시를 받을 필요가 없듯이 우리의 삶도 각본에 따를 필요가 없다. 각본에 통제받으며 살아가는 한 무대 위에서 연기하는 배우와 다를 바 없다. 배우의 행동반경은 무대 위에 한정되어 있지만, 일단 무대에서 내려오면 삶을 영위할 수 있는 범위는 무한한 가능성으로 펼쳐져 있다.

비록 갈등, 두려움, 위험, 애매모호함이 존재하지만 이것들은 자유를 부여받음으로써 필수적으로 생겨나는 것들이며 지혜를 발견하는 동기가 된다. 그래서 스스로 생각하고, 스스로 경험하고, 스스로 판단하고 행동하는 자유를 부여받으며, 그 행동의 결과에 대해 스스로 책임지는 진정한 자율적인 삶을 살아갈 수 있다. 각본의 중심에는 부모의 탐욕이 자리 잡고 있다. 탐욕이라는 구름 아래서 어두운 삶을 살다가, 구름을 걷어 내고 밝은 세상에서 탐욕의 사슬을 끊고 지금 이 순간에서 진정한 자유를 가진 실존적 삶을 살아가는 것이 행복한 삶이다.

삶은 교류에서 시작되어 교류로 끝난다

인간의 표정은 외관상으로는 생물학적으로 나타나는 모습이지만, 타인과의 교류가 있을 때 나타나는 표정에서 생물학적 모습 이상의 상호 간의 다양하고 복잡한 사회적 교류가 일어난다. 자신은 안면 근육을 아주 조금 움직였다고 생각하지만, 보는 사람의 입장에서는 그 움직임은 훨씬 더 잘 보이며 상대는 아주 정확히 관찰할 수 있다. 이것이 잘 알려진 것처럼 첫인상이 중요한 이유다.

이와 같은 현상은 자신은 자각하지 못하지만, 단 한 번의 사회적 만남에서도 수십 번 일어난다. 얼굴 근육의 미세한 움직임일지라도 관찰되는 표정이나 행동은 사회적으로 아주 큰 의미를 가지고 있다. 즉, 관찰자는 상대의 태도·감정·의도를 알 수 있는 신호를 감지한다. 만약 움직임이 느리거나 지나치게 조심스러운 사람이더라도 자신이 생각하는 것보다 훨씬 더 많은 표정을 상대가 관찰할 수 있다. 이렇게 사회적 상호작용에 있어서 얼굴 표현은 매우 큰 의미를 지니는데, 만약 표정에서 아무것도 관찰되지 않는 사람이 있다면, 상대를 불안하게 만든다.

직관력이 뛰어난 사람이라면 상대의 표정에서 무슨 일이 일어나고 있는지 알아차리는 것은 그다지 어렵지 않다. 일반적으로 첫인상에 포함되어 있는 정보는 의도적이든 비의도적이든 아주 짧은 시간에 상대에게 노출된다. 즉 처음 만나는 사람을 보고 '10초 이내'에 상대가 '어떻게 소개할까'라고 생각하기도 전에 어떤 메시지를 보내고 있는지 알 수 있다. 그리고 숨기려고 했던 자신에 대한 정보까지도 부지불식간에 노출된다. 이것이 첫인상이 가지고 있는 매우 중요한 의미다. 사람들 간의 교류는 여기서부터 시작된다.

인간의 삶은 교류에서 시작되어 교류로 끝난다. 직장에 출근하여 사무실에 들어설 때 먼저 온 동료에게 당신이 '안녕하세요?'라고 말하고 상대가 '네, 좋은 아침입니다'라고 말하면 사회적 교류를 한 것이다. 교류가 성립되려면 한 방향으로는 이루어지지 않고 양방향이어야 한다. 혼자 독백하는 것은 사회적 교류가 아니다. 한 사람이 메시지를 보내면 상대가 응답함으로써 교류가 일어나는 것이다. 한 사람의 마음속에서도 교류가 일어난다. 무엇을 하고 싶은 마음과 하지 말라는 마음이 논쟁을 벌이기도 하고 망설이기도 하고 타협하기도 하며 논리적으로 따져 보기도 한다. 이것은 한 사람의 내적 교류, 즉 내적 대화라 할 수 있다.

인생을 살아가는 과정에는 나와 타인과 상황과 끊임없는 교류가 일어나는데, 한 개인의 성격에 따라 교류의 양상은 천차만별이다. 사람마다 지문이 다르듯이 성격도 천차만별이며, 이에 따라 삶의 길이 순탄하냐 가시밭길이냐가 좌우된다. 이 현상을 연구하는 것이 교류 분석 이론이다.

2부

내 안의 세 가지 자아를 찾아서
교류분석과 인생태도

노래 〈가시나무새〉에서

"내 속에 내가 너무도 많아…"라는 가사가

한 개인에게는 여러 가지 자아가 있음을

잘 표현해 주고 있다.

교류분석의 개념

　1부에서 이야기한 내용들은 미국의 정신과 의사 에릭 번(Eric Bern)이 창안한 교류분석(TA : Transactional Analysis) 용어인 '인생각본(life script)'* 이론으로 모두 설명된다. 각본은 어린 시절 부모 또는 양육자의 영향으로 생성된 무의식의 인생 계획이다. 각본은 내 마음 안의 은밀한 곳에 숨어 있으며 삶의 목덜미를 잡고 통제하고 조종한다. 우리의 일상적인 삶의 뿌리에는 각본이 자리 잡고 있다.

　교류분석은 인간관계가 존재하는 모든 장면에 적용할 수 있는 성격이론이며 상담이론이다. 교류분석의 기본 개념은 자기 이해, 타인 이해, 자기와 타인의 관계 및 조직과 사회를 이해함으로써 자기의 생각·감정·행동의 변화를 도모할 수 있고 세상과의 관계를 더욱 바람직하게 개선할 수 있다는 것이다. 교류분석은 인간, 삶과 변화의 본질에 대해 기본적인 신뢰를 갖는다는 철학적 가정에 기반을 두고 있다. 이러한 가정은 다음과 같다.

＊ 이하 '인생각본'을 '각본'으로 표현한다.

　　　　　　　　　　　　　덜미, 무엇이 나를 통제하는가

● 첫째, 모든 사람들은 OK다.

나와 타인을 있는 그대로 받아 수용하며, 갈등과 투쟁의 대상이 아니라 모두 만족하는 승/승의 태도를 가진다. 인간은 누구나 우열 없이 인정받을 가치가 있고 존엄한 존재라는 기본적인 가치관을 전제로 한다.

● 둘째, 모든 사람은 사고할 능력이 있다.

사람에게는 생각할 수 있는 천부적인 능력이 있다. 지구의 생명체 중에 유일하게 인간에게만 자극과 반응 사이에 생각할 수 있는 절대적인 자유의 공간이 있다. 모든 사람은 그 어떠한 외부의 힘도 관여할 수 없는 스스로 생각할 수 있는 자유와 능력이 있다.

● 셋째, 자신의 운명을 스스로 결정하며, 그 결정을 바꿀 수 있다.

사람은 어린 시절에 선택(choice)하고 결단(decision)한 전략에 따라 일생을 살아가며, 그 결과 행복하게 살아갈 수도 있고 고통스럽게 살아갈 수도 있다. 이것은 어린 시절 초기에 스스로 선택한 결과이므로, 언제든지 다시 선택하고 재결단할 자유와 능력이 있고 삶을 변화시킬 수 있다. 이것은 교류분석의 중요한 개념이다. 만약 인생의 초기에 결단한 것이 성장한 이후 고통스러운 삶을 살아간다면, 어린 시절 결단한 것을 추적하고 상기시켜, 다시 새롭고 더 적절한 것을 선택하고 재결단할 수 있다.

교류분석은 사람들의 자아가 심리학적으로 어떻게 구조화되어 있는지를 '부모 자아(Parent ego)', '어른 자아(Adult ego)', '어린이 자아(Child ego)'라고 하는 세 가지 자아 상태 모델로 분석한다.

교류분석의 인생각본이라는 개념은 사람들의 현재 생활 패턴의 기원을 알게 해 준다. 이러한 기원은 탄생 때부터 어린 시절 초기에 근거하고 있으므로 아동 발달을 이해하는 데 도움을 준다. 각본이라는 틀 안에서 성인이 된 이후에도 자신의 어린 시절에 선택한 전략을 재연한다. 그 전략을 따름으로써 어떠한 고통스러운 결과를 가져올 수 있는데도 불구하고 사람들은 왜 이 전략에서 벗어나지 못하고 계속적으로 반복해서 사용하고 있는지를 심층적으로 분석하고 설명하고 그 해결책이 무엇인지 교류분석은 제시하고 있다.

딜미, 무엇이 나를 통제하는가

교류분석의 자아관

자아(ego)는 고대 소크라테스(Socrates)부터 현대 프로이트(Sigmund Freud), 사르트르까지 수많은 사상가들의 탐구의 주제가 되어 왔다. 만약 자아를 사람의 얼굴에 비유한다면 시대나 사상에 따라 수많은 모습의 얼굴로 나타났다고 할 수 있다. 이것은 자아가 결코 고정된 하나의 모습만 가지고 있지 않다는 것을 여실히 말해 주고 있다. 프로이트의 정신분석학에 영향을 받은 에릭 번은 독창적인 방식으로 자아의 구조를 분석하였는데 이것을 '자아분석'이라고 했다.

인간은 개인의 한 성격으로서 고유한 성품이나 성질을 가지고 있다. 사람의 성격은 유전적이고 체질적인 영향으로 형성되는 부분도 있지만, 대부분은 어린 시절의 경험에서 얻은 결과로 형성되며, 이렇게 형성된 개인의 성격은 일생을 살아가는 방식을 제한하고 통제한다. 일반적으로 사람의 성격은 좀처럼 바꾸기가 어렵다고 생각한다, 그러나 교류분석은 인간의 고착화된 의식을 변화시킬 수 있고 행동 수정이 가능하다는 것을 전제로 한다.

교류분석 이론을 창안한 천재, 에릭 번은 사람에게 세 가지 자아 상태가 있다는 것을 발견하였다. 자아 상태란 일관된 유형의 감정 및 경험 그리고 이와 직접적으로 관련되어 있는 일관된 행동이라고 정의

된다. 그러나 자아는 움직이는 생물과 같다. 분명히 정의되고 설명되는 개념이지만 상황과 조건에 따라 변하는 성질을 가지고 있다. 그래서 사람마다 자아는 서로 다른 모습을 하고 있고 한 개인의 자아도 환경, 상황, 조건에 따라 변화하는 성질을 가지고 있다.

자아의 구조

사람의 마음속에는 '세 가지 자아(Ego) 상태'가 있는데 이것이 각 개인의 성격구조를 형성하고 있다. 이것은 교류분석의 가장 대표적이며 핵심 이론이다. 세 자아는 '부모 자아(P)', '어른 자아(A)', '어린이 자아(C)'이다. 이것을 '세 가지 마음 작용'이라고도 할 수 있으며 '내 안에

: : 자아의 구조 분석 : :

① P : **부모 자아**(Parent Ego)

② A : **어른 자아**(Adult Ego)

③ C : **어린이 자아**(Child Ego)

부모 자아	**P**	부모 및 양육자의 가르침, 그 영향으로 형성된 자아
어른 자아	**A**	객관적 · 과학적으로 지금 여기에서 적절히 사고하는 자아
어린이 자아	**C**	어린 시절부터 자연스럽게 나타나고 반복되는 감정적 자아

있는 세 사람'이라고 표현하기도 한다. 노래 〈가시나무새〉에서 '내 속
엔 내가 너무도 많아…'라는 가사가 한 개인에게는 여러 가지 자아가
있음을 잘 표현하고 있다.

부모 자아 : P(Parent Ego)

'부모 자아(P)'는 어린 시절에 부모, 양육자 또는 의미 있는 타인에
의해 가르침받거나, 품성 또는 성질, 태도에 영향을 받아 형성된 자
아다. '부모 자아(P)'는 권위를 나타내고 옳고 그름을 분별하는 비판적
자아이면서 상대를 돌보고 보호하려는 자아다. 어린아이들은 부모
또는 양육자의 권위 있는 인물들과의 경험을 신체 또는 피부자아에
거의 모든 경험을 보유한다. 또 부모의 모든 생각·감정·행동들이 언
어적 또는 비언어적으로 습득된다.

이것을 내사물(introjection)이라고 하며, 성격을 구성하는 가치와
기준들을 포함한다. 내사물은 타인의 관점이나 주장 또는 가치관을
깊이 생각해 보지 않고 자신의 것으로 받아들이는 것을 말하며, 불
안정하고 조절되지 않은 감정상태가 섞여 있다. 이 내사물 중 일부는
아이의 경험을 통하여 반복 사용됨으로써 확인되고 강화되고 고착된
다. 성인이 된 후에도 '부모 자아(P)'는 신뢰할 만하다고 판단되는 외
부 메시지들을 계속 축적시킨다.

딜미, 무엇이 나를 통제하는가

어른 자아 : A(Adult Ego)

'어른 자아(A)'는 자신에게 주어지는 자극에 지금 이 순간에 스스로 적절하게 반응하는 생각·감정·행동들이다. '어른 자아(A)'는 합리적이고 논리적인 면의 자아이다. 자료에 의해 사고하며 과학적으로 생각하고 객관적으로 판단하려는 자아다. '어른 자아(A)'는 내적 세계와 외부 세계에 일어나는 사건들에 대한 정보를 모은다. 이렇게 모은 총체적인 정보들 중에서 지금 여기에서, 현실에 적합하고 효율적으로 기능하는 정보를 찾아 선택한다.

만약 '어른 자아(A)'가 제대로 기능하고 있다면, 원하는 것을 계속 결정할 것이다. 이런 일은 긴 시간 또는 짧은 찰나에 이루어진다. '어른 자아(A)'는 상당한 양의 직관적 이해력을 품고 있다. '어른 자아(A)'를 사용하기 위해서는 적극적인 선택과 결단의 의지가 있어야 한다. 이 결단은 실제 사용함으로써 발달하고 강화된다. '어른 자아(A)'를 발달시키기 위한 '충동과 행동 사이에 깊은 숙고의 순간'을 갖는 훈련은 매우 유익하다.

어린이 자아 : C(Child Ego)

'어린이 자아(C)'는 어린 시절부터 나타나 성장한 이후에도 계속 반복되는 감정과 행동을 말한다. '어린이 자아(C)'는 출생하면서 자연스럽게 나타나는 충동과 감정으로서 인생 초기의 경험들로부터 반응하는 스타일로 형성된다.

갓 태어난 아기에게는 온갖 감정들, 예컨대 요구·기대·배고픔·목마름·기쁨·분노·두려움과 같은 것들이 출생과 동시에 존재한다. 이러한 것들은 자라면서 좀 더 복잡한 느낌과 요구들이 되고 그 경험들은 그때그때 축적된다. 이러한 경험에는 아이에게는 어른들이 자기를 기꺼이 받아 준다는 확신을 주는 것들도 포함된다. 부모로부터 전달받는 메시지 중에 '너는 괜찮은 아이야!', '호기심이 생기면 무엇이든 해 보아라!', '울고 웃고 화내고, 실수하는 것 모두 스스로 생각해 보아라, 그러면 너와 다른 사람 그리고 세상을 이해하게 될 거야' 같은 경험들이다.

그러나 발달 과정에 아이가 경험하는 부정적인 것들도 있다. 부모가 '가까이 가지 말라', '어린아이처럼 굴지 말라', '함부로 만지지 말라', '그것밖에 못하니?' 같은 메시지를 전달받는 것들이다. 이 경험들은 불안하고 부정적이며, 방어적인 행동으로 축적된다. 이런 경험은 마치 나무가 자라면서 생기는 옹이와 같이 없어지지 않는다. 아이들에게 부정적 경험들의 상처는 인생의 옹이처럼 남는 것이다. 이 옹이는 성장하여 성인이 될 때까지 그리고 죽을 때까지 사라지지 않는다. 살아가면서 그 옹이와 관련된 경험을 할 때, 과거에 경험한 부정적 감정이나 행동들이 재현된다.

통합된 어른 자아

교류분석의 창안자 에릭 번의 이상은 '통합된 어른 자아'의 실현이었다. '어른 자아'가 '부모 자아'와 어린이 자아 안에 있는 가치 있는 것에 무리 없이 접근할 수 있다면, 그것은 '통합된 어른 자아'다. '통합된 어른 자아'가 '부모 자아'와 '어린이 자아' 안에 있는 역기능적인 요소, 즉 부적절하게 작용하는 자아의 요소들의 경험을 극복할 수 있다면, 더 이상 그 부적절한 요소들로 인한 고통스러운 상황을 통제할 수 있을 것이다. 그렇게 되면 자신이 내면 또는 외부에서 일어나는 경험들에 대해 온전히 지금-여기에서, 보다 자율적으로 반응할 수 있게 된다.

'통합된 어른 자아'는 개인이 지금-여기에서 주어지는 여러 가지 상황들에 효율적으로 대처할 수 있게 하며, 지금-여기에서 일어나는 모든 외부 세계의 정보를 통찰할 수 있다. '통합된 어른 자아'는 '어린이 자아'가 반응하는 상태를 관찰하여, 그 반응이 지금-여기에서 바람직한 것인지 면밀히 검토한다. 그리고 '통합된 어른 자아'는 지금-여기의 상황에서 가치 있는 아이디어들이 '부모 자아' 안에 있는지 점검한다. '통합된 어른 자아'는 세 가지 속성을 지닌다.

- 파토스(Pathos) : 개인의 감수성, 매력, 민감성. '어른 자아'로 통합된 '어린이 자아'의 성품
- 로고스(Logos) : 합리적인 사고, 객관적인 정보의 처리. 진정한 의

미의 '어른 자아'

● 에토스(Ethos) : 도덕적 성품과 윤리적 책임. '어른 자아'로 통합된 '부모 자아'의 성품

　'통합된 어른 자아'는 '어른 자아' 발달 과정의 마지막 단계이다. 적절하게 기능하는 '어린이 자아'와 '부모 자아'의 요소들이 '어른 자아'에 포함되어 있다. '통합된 어른 자아'는 완료된 상태가 아니라 항상 진행형이며 통합되면서 성숙해 가는 과정에 있다.

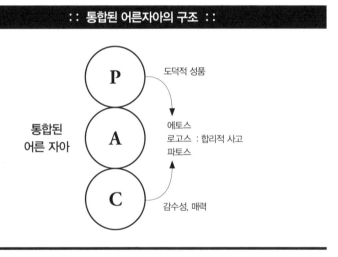

:: 통합된 어른자아의 구조 ::

통합된 어른 자아

P — 도덕적 성품
A — 에토스 / 로고스 : 합리적 사고 / 파토스
C — 감수성, 매력

자아의 기능

'자아의 구조'는 의식 내면의 모습이므로 표면적으로는 관찰할 수 없다. 그러나 '자아의 기능'은 자아 작용과 활동을 나타내는 목소리, 표정, 행동 등으로 나타나는 것으로 외부에서 관찰이 가능하다. '세 가지 자아(P·A·C)'들은 각각 활동하는 몇 가지 특징이 있는데, 이를 바탕으로 다음과 같은 유형으로 구분한다.

'부모 자아(P)'와 '어린이 자아(C)'는 각각 두 가지 유형으로 나누어진다. 그러나 '어른 자아(A)'는 객관적인 사고와 관련된 것으로 더 이상 나누어지지 않는다. 이 자아들은 개인의 행동과 타인들의 행동에서 관찰할 수 있다. 이 관찰 가능한 행동에는 어떠한 패턴들을 볼 수 있는데, 이는 다음과 같다.

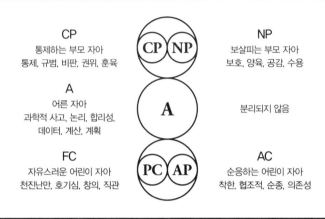

:: 자아기능의 다섯 가지 모델 ::

CP
통제하는 부모 자아
통제, 규범, 비판, 권위, 훈육

A
어른 자아
과학적 사고, 논리, 합리성,
데이터, 계산, 계획

FC
자유스러운 어린이 자아
천진난만, 호기심, 창의, 직관

NP
보살피는 부모 자아
보호, 양육, 공감, 수용

분리되지 않음

AC
순응하는 어린이 자아
착한, 협조적, 순종, 의존성

통제적인 부모 자아(CP) : Critical Parent

CP는 부모의 권위에서 비롯된다. 부모가 말하고 행동하는 것을 허용하는 것이 있는 반면 말과 행동을 제한하고 통제하며 훈육하고 가르침으로써 형성된 자아다. 통제하는 부모 자아(Controlling Parent)라고도 한다. 이것은 부모의 가치관과 영향력이 내 의식 속에 들어와 굳어져 내 것이 된 나의 모습이다. 적절한 통제와 가르침으로 형성된 CP의 긍정적인 면은 이상(理想), 즉 지금-여기에서 생각하고 가능한 범위 안에서 가장 최적의 상태를 추구하며, 사회적 규범을 잘 따른다. 결과는 교훈적이고 효율적이고 유익하며 그 영향력은 강력하다. 그러나 CP가 너무 강하게 발달하면 지배적이고 고압적이고 징벌적이 된다. 그리고 비판적 시각으로 세상을 바라보고, 비난하고 질책한다.

만약 CP가 약하게 발달한다면, 미적지근하고 불분명하며 판단력이 부족하고 무계획적이며, 규범을 잘 지키지 않는 특징이 있다.

보살피는 부모 자아(NP) : Nurturing Parent

NP는 아이의 성장을 도와주고 보살피며 보호하는 부모 자아다. NP는 건강하고 적절하게 발달하거나 지나치게 강하거나 약하게 발달할 수 있다. 그리고 어린 시절 그런 부모의 영향으로 형성된 현재 내 자신의 모습이다. NP가 건강하게 발달하면, 상대를 정성껏 돌보며, 수용하고 공감하고 지지하고 약한 자의 편에 선다. 그리고 봉사적이고 이해하는 태도를 보이고, 상대를 사랑한다. 그러나 NP가 너무 강하게 발달하면 상대를 향한 관심과 보호가 지나쳐 간섭이 많아지고 지나친 보호와 돌봄으로 상대를 의존적으로 만들고, 상대의 자주성을 해친다. 이렇게 자란 사람은 일을 하는 데 있어서 항상 도움을 요청하고 타인에게 의지하려고 한다. 한편, NP가 너무 약하게 발달하면 세상과 타인에 관심이 없고 공감을 잘 하지 못하고 동정심도 부족하다. 무엇보다도 따뜻한 인간관계를 맺지 못한다.

'어른 자아(A)' : 나누어지지 않는다

'어른 자아(A)'는 지금-여기에서 스스로 사고하는 자아다. 긍정적인 면에서는 이성적이고 논리적이고 합리적이다. 침착한 태도를 보이며, 계획적이다. 문제를 해결할 때는 항상 객관적인 데이터에 의해 판단한다. 그러나 '어른 자아(A)'가 너무 강하게 발달하면 모든 것을 논리적으로만 생각하고 조목조목 따지고 타산적이어서 냉정하게 보이며 기계적이다. '어른 자아(A)'의 기능이 낮으면 현실감이 떨어지고 계획성이 없다. 생각이 정돈되지 않고 논리적으로 생각하지 못하고 판단력도 부족해진다.

자유로운 어린이 자아(FC) : Free Child

건강한 FC는 호기심이 많고 꾸밈이 없고 천진난만하다. 직관력이 있고 창의성이 풍부이고 활발하다. 그러나 FC가 너무 강하게 발달하면 본능적이고 감정적이 된다. 자기중심적이며, 잘 참지 못하여 말하고 싶은 대로 한다. FC가 너무 약하게 발달한다면, 재미가 없고 무표정하다. 감정을 잘 드러내지 않고 어두운 인상을 준다.

순응하는 어린이 자아(AC) : Adapted Child

AC가 건강하게 발달하면 협조적이고 타협적이다. 참을성이 있고 매사 신중하게 생각하고 행동한다. 그리고 타협적이고 순종하며 착한 성품을 가지고 있다. 그러나 AC가 너무 강하면, 지나치게 의존적이 된다. 머뭇거리고 망설이며 너무 조심스럽다. 때로는 '참을성'이 자기 자신을 억압할 수도 있다. 그러므로 외부적으로 원만한 것처럼 보이지만 내부적으로는 문제를 억압하고 있다. 그래서 앙심을 품기도 하고, 때때로 갑자기 공격성을 보이기도 한다. AC가 너무 부족하면 상대의 말을 건성으로 듣고, 비협조적이고 일방적이어서 접근하기가 어렵다.

자아의 병리

　개인의 마음속에 있는 세 가지 자아 상태(P·A·C)가 적절하게 균형을 이루고 최적의 기능을 한다면 정신적으로 건강한 사람이라고 할 수 있다. 만약 '통합된 어른 자아(A)'가 적절하게 기능하지 않거나, 기능할 수 없는 상태라면 자아 상태가 병리적이라고 할 수 있을 것이다.

　우리가 직장에서 일을 수행하거나 관계를 형성하는 데 있어 지혜롭지 못한 행동을 하거나, 부적절한 행동패턴을 반복적으로 사용하고 그 원인을 알 수 없다면, 자아의 병리적 상태에 대해 점검해 볼 필요가 있다.

건강한 세 자아

　세 가지 자아 상태는 각각 독립적인 특성을 가지고 있으므로 합치거나 부분적으로 섞여 있을 수 없다. 세 자아는 독립적이면서도 서로 밀접하게 상호작용을 하고 있으므로 간격이 떨어져 있어도 안 된다. 각각의 자아 상태를 질량으로 비유했을 때, 비슷한 질량으로 서로 근접한 상태에서 균형을 이루고 있다면 건강한 자아 상태라 할 수 있다.

:: 균형 있는 자아의 크기 ::

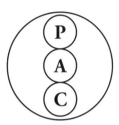

어느 한쪽 또는 두 자아가 지나치게 크다거나 작거나 기능을 하지 못한다면 자아 상태의 불균형을 가져와 불완전한 성격을 보일 것이다.

한 가지 자아로 일관됨

:: 일관된 자아 상태 ::

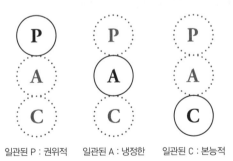

일관된 P : 권위적   일관된 A : 냉정한   일관된 C : 본능적

어떤 사람이 '인생은 오직 즐기는 것뿐이다'라고 한다면 그는 어린

이 자아(C)만 일관되게 기능하고 있으며 매사 본능적이고 충동적이다. 사회적 규범을 지키는 '부모 자아(P)'나 어떤 일에 대해 숙고하고 계획하는 '어른 자아(A)'에는 전혀 관심이 없다. 피터팬처럼 즐기는 것에만 관심 있고, 공부하는 것을 싫어하거나 방탕한 생활을 하거나 규칙이나 사회규범을 잘 지키지 않는 사람일 수 있다. 이렇게 한 가지 자아 상태에 머물러 있는 경우를 경직되고 변하지 않는 일관된 자아라고 한다.

일관된 '부모 자아(P)'를 가진 사장은 통제적이거나 권위적이다. 이런 부류의 사장은 오로지 불평 한마디 없이 일만 열심히 하는 직원을 좋아한다. 아버지라면 자녀들을 엄격하게 다루며 징벌적이다. 일관된 '어른 자아(A)'만 사용하는 사람은 매사 계산적이고 기계적이다. 주로 사건이 일어난 원인을 찾고 해결 방법을 찾는 일에 몰두한다. 따뜻한 인간성이 없어 보인다.

한 가지 예를 들어 설명하자면, 화재가 일어난 것을 보고 있는 사람 중에서 '부모 자아(P)'로 일관하는 사람은 화재 진압을 도와주느라 바쁘고, '어린이 자아(C)'로 일관하는 사람은 불구경하느라 정신이 없으며, '어른 자아(A)'만 일관되게 사용하는 사람은 재산 피해가 얼마나 났을까 따져 보느라 바쁘다.

한 가지 자아를 배제함

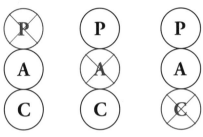

:: 배제 ::

P의 배제 : 범법자   A의 배제 : 무직자   C의 배제 : 무감정

배제는 세 자아 중에서 두 가지 자아만 사용하고 남은 한 가지 자아를 무시한다는 점에서, 일관된 한 가지 자아를 사용하는 사람과 다르다. '어른 자아(A)'만 배제한 사람은 직업을 가지고 일을 하는 데는 관심이 없다. '어린이 자아(C)'만 배제한 사람은 기쁨, 놀라움, 흥분, 호기심과는 거리가 멀다. '부모 자아(P)'만 배제했다면 세상사에 관심이 없고, 규범을 잘 지키지 않으며, 자녀에게는 방임적이고 다른 사람에게 공감하거나 도움을 주지 못한다.

오염은 '부모 자아(P)' 혹은 '어린이 자아(C)'가 '어른 자아(A)'에 침범한 상태를 말한다. P자아 또는 C자아가 '어른 자아(A)'의 일정 영역에 스며들어 마치 염색되듯이 '어른 자아(A)'인 것처럼 위장을 하고 있는 것이다. 실제로 각 자아들 간의 경계는 견고한 벽이 없고 투과성이 높기 때문에 자아가 다른 자아에 침범하기가 쉽다. 오염된 자아는 본래

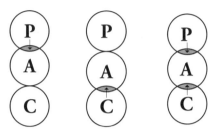

편견 : P가 오염된 A   망상 : C가 오염된 A   왜곡 : 이중 오염

의 모습이 왜곡되거나 잃어버릴 것이다. A자아가 오염되면 객관적이고 합리적으로 사고하는 능력이 떨어진다.

P자아가 A자아에 오염되면 '남자는 믿을 수 없는 존재'와 같은 편견이 생기는 것이 특징이다. 그리고 고정관념이 생기고 과잉일반화를 하고, 사실과는 전혀 다른 견해를 진실이라고 주장한다.

만약 C자아가 A자아에 오염되면 어린 시절에 부정적으로 경험되었던 것이 지금-여기에 출연하여, 의심·미신·피해의식·망상·공포 등이 경험되어 마치 진실인 것처럼 인식된다. 이것은 A자아에 침범한 다른 자아가 어린 시절 무의식 속에 내면화되었던 부정적 경험을 외부의 현실세계로 끌어내어 재현시키는 역할을 하기 때문이다.

만약 A자아에 P자아와 C자아가 함께 오염되면 심각한 혼란 속에 빠질 것이다. 이를 '이중오염'이라고 한다. 이중오염은 일반적으로 가장 흔하게 나타나는 현상이다. 자아 상태가 이중으로 오염되면 자신과 타인과 세상에 대한 낡고 왜곡된 신념이 생겨난다. 이것을 '각본 신념(script beliefs)'이라고 한다. A자아에 침범한 P자아에 의해 '용감한 남자는 울지 않는 거야'라는 왜곡된 신념이 생길 것이다.

'어른 자아(A)'가 오염되는 것을 막으려면 '어른 자아(A)'의 경계를 튼튼히 하여 '어린이 자아(C)' 또는 '부모 자아(P)'에 의해 더럽혀지거나, 왜곡되거나, 잘려 나가지 않도록 해야 한다.

오염의 제거

교류분석에서 오염을 제거하는 것은 가장 중요한 부분이다. 현실의 진정한 모습을 보지 못하거나, 세상을 왜곡해서 본다는 것을 알지 못한다면, 그것은 오염 때문이다. 사람들은 저마다 색안경과 같은 준거틀을 가지고 세상을 바라보며, 누구나 자신의 준거틀을 가지고 있다. 건강하고 바람직한 준거틀을 가진 사람도 있지만, 많은 사람들이 이 준거틀로 인해 자아의 오염·배제·불균형을 가져온다.

사람마다 가치관이 다르고 지식의 분야와 수준이 다르므로 세상을 모든 사람이 똑같이 일관된 모습으로 바라볼 수는 없다. 우리의 외부 세계는 보는 사람마다 다르게 보인다. 그래도 현명하게 대처하는 사람도 있지만, 대부분 그렇지 못하다. 만약 당신의 자아들이 서로 오염되어 있고, 자아의 일부를 배제하고 있다면, 의도적으로 그렇게 하는 것은 아니다. 어린 시절 어느 시점에서 주어진 현실에 대응하기 위해 자신이 할 수 있는 최선의 선택의 결과였을 것이다. 그것을 스스로 찾아내고 스스로 치유한다면 더없이 좋겠지만, 그게 쉽게 뜻대로 잘 되지 않는 것은 안타까운 일이다.

분노의 대상을 제압하거나 제거하기 위해서 폭발적으로 분노해 보아도 외부 세계는 그대로 있다. 세상을 변화시키려고 온갖 노력을 해도 외부 세계는 항상 그대로다. 자신이 변해야 한다. 사람들은 자신이 변화해야 된다는 사실을 모르거나 알아도 어떻게 해야 할지 잘 모르며, 아무리 노력해도 항상 그대로이다. 물론 스스로 노력해서 변화할 수도 있지만, 과거 어린 시절 뿌리내렸던 미해결된 경험은 마음 깊숙이 숨어 있기 때문에 스스로 잘 보지 못한다. 만약 삶이 너무 고달프고 힘들다면, 최선을 다해 노력해도 여전히 힘들다면, 그래서 도대체 자신의 삶이 왜 그런지를 도무지 알 수 없다면, 전문가의 도움을 받는 것이 현명한 방법일 것이다. 그리고 이 책을 끝까지 꾸준히 읽는다면 많은 해답을 찾을 것이다.

인생태도

'인생태도(Life position)'는 자신과 타인의 존재감과 삶의 태도를 '긍정적으로 느끼는가? 또는 부정적으로 느끼는가?'에 대한 의문이며, 이것이 삶의 태도에 어떤 영향을 주는지를 알려 준다. 인생태도는 개인의 각본을 구성하는 주요 요소가 되며, 개인의 심리적 기본자세가 된다.

수유기는 아기가 탄생하면서 세상을 경험하는 최초의 시간이다. 아기는 '안녕?' 하며 요란한 울음소리와 함께 세상에 나올 때부터 자신이 경험하는 순간순간을 머리와 온몸으로 기억하고 저장한다. 이처럼 수유기에 형성되는 생애 초기의 각본은 간단한 원형의 형태로 만들어지며, 이것은 후에 점차적으로 복잡한 드라마로 만들어져 나간다. 이런 과정은 일반적으로 주변에 제3자가 있다 하더라도, 주로 아기와 엄마와의 관계에서 일어나는 장면이다. 젖먹이는 장면들은 다음과 같다. '아기야, 네가 젖 먹을 준비가 되었으면 언제라도', '깨물면 안 줄 거야', '어서어서 뒤집기를 해 보아라', '아이가 창백해 보여요', '아기가 매우 힘이 넘쳐요, 대단해요', '천천히 먹어라' 등이다. 이것들이 아기의 초기 각본 형성의 동기를 준다.

다음은 화장실에 갈 수 있게 되었을 때가 된다. 엄마, 아빠의 대화에서 아기는 직관에 의하여 원시적인 형태로 자신의 인생태도를 느낀다. '이제 응가 시간이에요', '응가할 때는 변기에 앉아서 하는 거야', '응가하지 않으면 배가 아플 거야', '여보, 아기가 하고 싶은 대로 하게 내버려 둬요', '신통하다', '아가야, 네가 응가할 때까지 엄마가 노래 불러 줄게'. 여기서 세 사람이 등장한다. '아기가 지금 응가할 시간이 아니라고 내가 말했잖아요', '응가하고 어디 가지 못하게 해요', '꼭 응가 시킬게요', '당신은 아기를 괴롭히고 있어요', '이번에는 꼭 응가할 거야'. 이때 욕실 안에 유령이 나타날지도 모르며, 나중에는 꿈속에서도 나타날지도 모른다. 여기에서 유령은 무서운 부모를 상징하거나 아기를 괴롭히고 혼란스럽게 하는 다른 형태의 가상의 존재라 할 수 있다.

여기서 아기가 '승자가 될 것이냐, 패자가 될 것이냐'의 예측이 가능해진다. '아이가 대단하지 않아요!', 좀 더 성장하면 '참 착한 아이예요'라는 말을 들은 아이는 '난 참 좋은 아이인가 봐'라고 자신을 긍정적으로 생각할 것이다. 그리고 육아실에서 들려주는 자장가는 '잠깐 엄마 커피 한 잔 먹을게'보다 훨씬 더 좋을 것이다. 이 시기에 지금 그리고 미래에 왕자 또는 공주가 될 것이냐 아니면 개구리가 될 것이냐의 '자기긍정' 또는 '자기부정'의 감정이 싹튼다.

'왕자'는 '아기가 참 대단해요' 등으로 성공각본을 가진 아이다. '보세요, 이때는 정말 예뻐요'는 '이때는'이라는 조건부 왕자다. 예쁜 모습을 유지할 때만 왕자가 될 수 있다. '깨무는 아기', '이런, 못된 것 같으니, 고집이 너무 세요' 같은 조건부 개구리는 깨물지 않고, 고집을 부리지 않을 때만 개구리에서 벗어날 수 있다. 숙명적 개구리는 외톨이가 될 것이다. 천재지변이나 재앙이 없다면 왕자는 개구리로 변하지 않는다. 숙명적 개구리는 왕자로 변할 수 있는 기적이 일어날 수 있다.

'역시 넌 참 좋은 아이야', '넌 나중에 크게 될 거야' 또는 '집 밖으로 나가 버려라', '때려 죽여 버릴 거야' 이런 말을 들을 때쯤이면, 아이는 자신과 부모, 타인들에 대한 확고한 신념이 생긴다. 이 확신은 평생 동안 없어지지 않는다. 이러한 신념들은 다음과 같이 '자기긍정', '자기부정', '타인긍정', '타인부정'으로 분류된다. 이것에서부터 인생을 어떻게 살 것이냐가 결정된다.

사람은 누구나 가치 있고 소중한 존재다. 누구나 사랑하는 마음을 가지고 태어난다. 이때 인생태도는 I'm OK, You're OK : 자기긍정,

:: 네 가지 인생태도 ::

You're OK

−/+
자기부정 · 타인긍정
('패/승'적 각본)
열등한
무기력한
우울한

+/+
자기긍정 · 타인긍정
('승/승'적 각본)
공감하는, 평등한,
서로 존경하는,
모두 희망찬

I'm not OK —————————————————— I'm OK

−/−
자기부정 · 타인부정
('패/패'적 각본)
무가치한
희망이 없는
절망적인

+/−
자기긍정 · 타인부정
('승/패'적 각본)
경쟁적, 투쟁적,
우월한, 적대적
오만한

You're not OK

타인긍정이라고 하며, (+/+)로 표기한다. 인생태도는 다음의 네 가지로 구분된다.

● I'm OK, you're OK : 자기긍정, 타인긍정 (+/+)

당신과 나는 모두 소중한 존재이며 노력할 가치가 있다. 이러한 인생태도를 가진 사람은 기본적으로 '승/승'의 각본을 가지고 있다. 이는 공감과 평등으로부터 시작된다. 패자 없이 모두가 행복하고 승리하는 삶을 살아가기 위해 노력하는 사람이다. 당신과 나는 각각의 독립적인 존재이지만, 함께 만난다면 더없이 좋은 일이며, 당신과 나는 함께 성장할 것이라고 생각한다. 이 포지션에 있는 사람들은 변화가 가능하고, 성장할 수 있고, 친밀한 관계를 맺을 수 있다.

● I'm not OK, You're OK : 자기부정, 타인긍정 (−/+)

나는 열등하고 무기력하고 우울하다. 당신은 나보다 더 우월하며, 더 많은 일을 할 수 있다. 이 포지션에 있는 사람은 기본적으로 '패/승'적 각본을 가지고 있다. 서로에게 갈등이 일어나면, 문제를 해결하기 위해 내가 양보한다. 이런 사람은 때때로 너무 착한 사람으로 보이거나, 착해 보이려고 하는 사람이다. 차라리 이기려고 애쓰는 것보다 양보하고 져 주는 것이 더 마음이 편하다. 이런 사람은 승자가 되기 위해 노력하지 않는데, 자신의 삶은 행복하다고 생각하지 않기 때문이다.

● I'm OK, you're not OK : 자기긍정, 타인부정 (+/−)

나는 당신보다 우월하다. 당신의 인생은 나의 인생만큼 소중하지 않다. 나는 당신을 밟고 일어서 패자로 만들 것이다. 오만하고 적대적이다. 만약 서로에게 갈등이 생기면, 내가 제시한 해결책을 관철할 것이다. 이런 인생 포지션을 가지고 있는 사람은 '승/패'적 각본을 가진 사람이다. 항상 이겨야 하고, 이기려고 온갖 노력을 다한다. '승리하려는 어떤 방법이든 괜찮아!', '당신은 나를 위해 희생해야 해!' 등의 각본을 가지고 있다.

● I'm not OK, You're not OK : 자기부정, 타인부정 (−/−)

인생이란 누구에게나 희망이란 것이 없다. 우리 모두가 소중하지 않는 존재이며, 노력할 가치가 없다. 만약 내가 패배한다면, 나는 당신도 패배하도록 노력할 것이다. 모든 것이 무가치하고 절망적이다. 이런 인생태도를 가지고 있는 사람은 '패/패'적 각본을 가진 사람이다. 이 각본을 가지고 있는 사람은 모든 가능성을 회피한다. 주요한 행사가 있는 전날 과음을 하고 배가 아파 결근한다. 나는 당신을 진정으로 필요로 하지 않으며 당신도 어차피 나와 상관없는 사람이라고 생각하기 때문이다.

각본은 반복적인 패턴으로 교류하면서 점차 형성된다. 초기 어린 시절에 이루어진 각본 결단들은 그 사람의 인생의 과정에서도 지속적으로 조성된다. 청소년기는 이전의 각본 형성에 중요한 변화와 수정이 일어날 수 있는 시기이다. 이때 청소년기의 영향력은 자기효능감(Self-efficacy)이 그의 이후의 인생에서 어떤 모습으로 유지될 것인가를 결정한다는 관점에서 어린 시절의 영향력보다 더 중요하고 클 수도 있다.

3부

무엇이 나를 통제하는가?
인생각본과 부모의 금지어

진정한 삶의 각본은 엄마의 배 속에서 시작하여

출생과 함께 본격적으로 형성되기 시작한다

사람들은 마치 배우처럼 인생이란 무대에서

각본에 따르면서 살아간다

인생각본

아이의 성격 형성은 부모의 양육 방식에 절대적인 영향을 받는다. 유전적인 성향이 있는 것은 분명하지만 양육 환경에 따라 유전적 성향도 영향을 받는다. 이것은 후생유전학에서 많이 증명되고 있다. 어린 시절 형성된 성격은 곧 평생을 살아가는 데 필요한 삶의 방식이 된다. 즉 어린아이는 부모, 양육자와 또는 의미 있는 타인과의 관계에서 경험하는 것으로부터 자신, 타인과 사회에 대한 삶의 방식을 선택하고 결단한다.

이런 어린아이의 인생 초기 선택을 바탕으로 평생 삶의 패러다임(paradigm)*이 되는 인생각본(Life script)이 형성된다. 각본은 한 인간이 일생을 살아가기 위한 삶의 시나리오이다. 대부분의 사람들은 대체로 그 시나리오에 따라 충실하게 살아간다. 에릭 번은 각본을 부모의 억압하에 유아기에 형성되어 진행되는 인생 계획이라고 정의하였다.[14]

진정한 삶의 각본은 엄마의 배 속에서 시작하여 출생과 함께 본격

---

* 패러다임(paradigm) : 한 사람들의 개인적 의식을 지배하는 견해나 사고. 세상을 바라보는 개인적인 준거틀이라 할 수 있다. 이런 현상은 집단구조에서도 나타난다. 미국의 철학자 토머스 쿤(Thomas Kuhn)이 그의 저서 《과학혁명의 구조(The Structure of Scientific Revolution)》에서 제시하여 널리 통용된 개념이다.

덜미, 무엇이 나를 통제하는가

적으로 형성되기 시작한다. 사람들은 마치 배우처럼 인생이란 무대에서 각본에 따르면서 살아간다. 생애 초기에서부터 부모는 아이의 각본을 만들어 주기 시작하고, 시간이 지남에 따라 각본은 새로운 경험이 추가되고 점점 더 정교해지고 혼란스럽고 복잡해져 간다. 한 사람의 삶이 행복해질까, 불행해질까, 아니면 중간쯤일까 하는 것은 어린 시절 부모가 만들어 준 각본 시스템이 어떤 요소들로 구성되어 있느냐에 달려 있다.

각본은 사람들 각자의 인생 일화이다. 각본은 이후 성인이 되어서 어떻게 살아갈 것인지에 대한 답을 주는 삶의 계획표와 같다. 따라서 각본은 한 인생의 시스템이며, 삶의 설계요 계획이다. 이 각본 시스템은 대부분 6세쯤에 뼈대가 완성되며 특별한 변화의 계기가 없다면 평생을 그렇게 살아간다. 이러한 각본은 살아가는 과정에서 생겨나는 중요한 문제에 대해 대응하는 방법을 인도해 준다. '타인들과 어떻게 관계를 맺을 것인가?', '이 세상에서 어떻게 살아남을 것인가?'에 대한 대답을 제시해 준다. 자신이 어린 시절에 만들었던 이 의문에 대한 대답들은, 인생을 살아가는 동안 삶의 태도에 대한 잣대를 형성한다.

각본의 발달은 어떻게 일어나는가? 오랫동안 어린아이들은 '백지상태'로 이 세상에 태어난다고 생각되었다. 그러나 어떤 기질의 특성은 선천적인 것도 있다. 그러나 선천적인 것이 불변하는 것이라는 것은 아니다. 자궁 내에서 또는 생애 초기의 육아 환경이 이 선천적인 것에 영향을 주어 어떤 색깔을 입힌다. 아이는 어떤 성향(predisposition)을 가지고 이 세상에 태어나며, 자궁 내 수태 이래 여러 종류의 환경에 이미 노출된다. 엄마가 임신 중 편안했는지 고생했는지, 임신이 희망했던 것인지 그렇지 않던 것인지, 또는 부모가 임신과 아기의 출생을 애타게 기다렸는가는 매우 중요한 의미를 갖는다.[15] 아기가 태어날 때 건강, 사고, 가난, 재해 같은 일들이 있었는가도 영향을 끼친다. 아기는 자신의 '어린이 자아(C)' 상태에서 주변에서 일어나는 모든 상황을 경험한다.

어린이의 유전적 성향과 부모들의 특성 사이에서 끊임없는 상호작용이 있다. 이 상호작용은 외부적으로 관찰 가능한 부분도 있지만 보이지 않고 숨겨져 있는 좋은 것일 수도 있고 나쁜 것일 수도 있는 비밀스러운 상호작용도 있다. 경우에 따라서는, 아기의 성향이 심지어 훌륭한 부모들조차 좋은 관계를 만들 수 없을지도 모른다. 그런가 하면, 심지어 부적절한 인생을 살아가는 부모들조차도 망칠 수 없을 정도로 강한 자기효능감과 회복력과 유연한 사회적 태도를 가진 어린아이들도 있다. 그리고 그 중간쯤에 위치하는 많은 어린아이들도 있다.

훌륭한 양육은 건강한 발달을 촉진시킬 수 있다. 비록 부모들의 능력이 대단하지 않다 하더라도, 성장과 발달은 사춘기 이후에도 가능하다. 또한 어린아이들은 외부로부터 받는 동일한 메시지들에 대하여 각각 서로 다른 결론을 이끌어 내기도 한다. 이 경우에, 비언어적 메시지들은 매우 강력한 인상을 줄 수 있다. 결론적으로 부모들이 의도한 것이 아닌 다른 형태를 취할 수도 있다. 부모의 의도와 아이들이 이끌어 내는 결과는 매우 다를 수 있다.

딜미, 무엇이 나를 통제하는가

아빠가 잔뜩 화가 난 얼굴로 소파에 앉아 있다. 첫째 예슬이는 긴장하며 '아직 숙제를 다 못했는데, 분명히 혼날 거야'라고 생각한다. 둘째 건우는 생각한다. '커피를 타 드려서 기분을 풀어 드려야겠다.' 셋째 지우는 '무슨 이유인지 모르지만 나와는 상관없는 일이야~'

어린아이는 외부 세계에서 일어나는 이해할 수 없는 일들과 때로는 목숨까지 위협하는 상황에서 생존할 수 있는 방법을 찾아 선택하고 결단한다. 그때 아이가 하는 선택은 그 상황에서 할 수 있는 최선의 선택이다. 그러나 이후 살아가는 과정에서 각본에 따르는 선택과 결단들은 제한적이고 고통을 야기할 수 있다.

모든 인간은 일관성 있는 자신만의 내적 시스템을 만든다. 지금 이 순간에서 어떤 사람이 생각하고, 느끼고, 행동한 것들은, 시간을 가지고 그 사람의 역사 속으로 들어간다면 이해할 수 있다. 그러면 당신은 그 역사 속 어린아이가 그때의 상황에서 어떤 유형의 행동을 선택했는가를 이해할 수 있다. 그것은 비록 현재, 때로는 비생산적으로 적용한다 할지라도, 그 당시로서는 최선의 선택이었다.[16] 어린아이는 육체적으로 작고 힘이 없고 스스로 할 수 있는 것이 지극히 적다. 어른들에게는 사소한 일이지만 어린아이는 상처받을 수 있고, 예상치 못한 큰 소리에 엄청난 공포를 느낄 수 있으며, 아직 스트레스에 대처할 능력이 없다.

한 사람의 궁극적인 발달은 유전적 성향, 교육과 환경으로부터 경험하는 것들, 그리고 우연적인 것들과의 관계에서 복합적으로 영향을 받

는다. 우리의 유전자는 환경과의 관계에서 자신의 정체성을 만들어 나
간다. 유전자는 스스로 환경에 적응하고 번성할 수 있는 방법을 찾는
다. 일반적으로 유전자는 변하지 않는다고 하지만, 후생유전학에서는
환경과 조건에 따라 변한다고 한다. 이것은 다윈의 진화론에서 증명되
었다. 이처럼 유전자도 환경에 따라 변할 수 있는데, 인간에게 긍정적
인 심리적 변화가 일어나지 않을 리 없다. 진심으로 변화를 바라는 사
람은 이런 사실을 굳게 믿음으로써 삶의 고통을 이겨 낼 수 있다.

각본은 자신의 각본 속의 역할들에 어울리는 인물들을 찾도록 하
고, 그들과 타협하도록 만들어 나가면서 각본 구조의 복잡성을 늘려
나간다.[17] 그 가운데 부모에 의해 동기 부여되고, 어린 시절 선택했던
것들을 기반으로, 이후의 경험들로 확인되고 강화되면서 인생 계획
을 만들어 간다.

각본은 누구와 결혼할 것이며, 어떤 직업을 갖고 일할 것이며, 어떻
게 죽을 것인지, 그리고 죽을 때 어떤 사람이 옆에 있을 것인지를 결
정한다. 각본은 승자가 될지 또는 패자가 될지, 인간관계가 원만할지
또는 사랑 때문에 반복적으로 좌절을 맛볼지를 결정한다. 각본은 노
후에 지난 인생을 되돌아보며 만족해할 것인지 불행한 노후를 맞이
할 것인지를 결정한다.

비록 행복하고 성공적인 삶을 살아가는 사람 중에도 때때로 부분
적으로 각본에 따르며 고통을 경험할 수 있다. 이는 어린 시절 부모
로부터 전달받아 자신의 마음속 깊은 곳에 숨어 삶을 조종하는 각본
을 자각하지 못하는데, 이것은 뇌의 기억 속에 스토리로 저장되어 있

덜미, 무엇이 나를 통제하는가

지 않고 신체 속에 깃들어 있기 때문이다. 즉 각본은 뇌에만 기록되는 것만 아니라. 뼈와 근육, 엄청나게 많은 신경계 등에 기록되어 신체적 자아를 형성한다. 그리고 외부 세계와의 경계를 형성하여 '방어할 것인가, 수용할 것인가, 갈등 속에서 괴로워할 것인가?'에 대한 역할을 하는 피부자아에 기록된다. 피부자아는 환경과 자아의 경계에서 소통 역할을 하며 약하게 또는 튼튼하게 구축되어 있는 성벽과 같다.

부모의 설계

각본의 동기는 부모의 욕구에서 비롯된다. 즉, 어린아이는 부모의 욕구에 따라 계획하고 설계해 준 각본에 따라 일생을 살아간다. 부모의 이런 과정은 의식적이거나 무의식적으로 이루어지는데, 부모들이 의도적으로 자녀의 인생 계획에 적극적으로 개입하는 경우도 흔히 볼 수 있다. 물론 성공할 수도 있고 실패할 수도 있다. 그러나 대체로 많은 부모들은 무의식적으로 자녀의 미래에 긍정적으로 또는 부정적으로 영향을 준다. 이것은 부모에게 있는 숨겨진 내면의 욕구의 발현이다. 그 욕구의 기원은 부모의 어린 시절로 거슬러 올라간다.

인생의 목표도 부모의 욕구를 기반으로 형성된다. 만약 부모의 각본 설계가 없다면 인생 목표가 없거나 불확실할 수 있다. 어린아이들은 대부분 다른 사람들을 위해서 행동하는데, 그 다른 사람은 바로 아이의 부모이다.[18] 부모의 각본 설계는 일생 동안 살아가는 그 많은 시간을 어떤 방식으로 보내느냐, 즉 어린 자녀가 일생 동안 시간을 어떻게 구조화할 것인가에 대한 방법을 알려 준다.

사람들은 자신에게 주어진 과제를 어떤 방식으로 수행할 것인지에 대해 선택해야 할 때, 만일 스스로에게 그런 경험이 없다면, 누군가에게 그 방법을 배워야 한다. 유능한 항해사가 되기 위해 바다에서 수없이 표류하거나 죽을 고비를 몇 번이고 겪어야만 하는 것은 아니다. 그래서 인간은 다른 사람이 경험을 통하여 학습한 것을 배움으로써 그 방법을 알게 된다. 즉, 자기가 희망하는 것과 같은 성공한 모델을 통해서 배우는 것이다. 이것은 삶에서 필수적인 과정이다. 그리고 학교 선생님으로부터 선배로부터 배운다. 부모도 자신이 살면서 경험한 것들 또는 터득했다고 생각하는 것을 자녀에게 가르치고 자녀의 미래에 영향을 준다.

어떤 부모가 승자의 삶을 살았다면, 자녀에게 승자로서의 각본을 전달할 것이며, 패자 또는 비승자로서의 삶을 살아왔다면 패자·비승자의 각본을 전수할 것이다(제4부 각본과 삶 참조). 인생을 살아가는 삶의 패턴들엔 항상 스토리가 있다. 부모가 자녀에게 전수하는 것은 이런 삶의 패턴이라고 할 수 있다. 결과적으로는 부모가 설계해 준 각본에 따라 자녀가 행복한 삶을 살아갈 것인가 또는 고통스러운 삶을 살아갈 것인가가 결정된다.

그러나 부모가 아이에게 각본 설계를 일방적으로 전달하거나, 아이가 일방적으로 받아들이는 것은 아니다. 부모로부터 각본을 전수받는 데 있어 아이에게는 자유로운 선택권이 있다. 즉, 아이가 어떠한

딜미, 무엇이 나를 통제하는가

각본을 어떤 형태로 자신의 것으로 받아들이느냐 하는 것은 전적으로 아이 자신의 몫이다.

어린아이의 각본은 부모 이외에 다른 존재를 인식하기 전부터 아주 원초적인 형태로 만들어진다. 이때 부모는 어린아이의 몸집에 비해 수십 배, 그 이상으로 크다는 이유만으로, 어린아이에게 부모는 신화 속에 나오는 거인·도깨비·고르곤과 같이 괴력이나 마술적 힘을 가진 엄청나고 경이로운 존재로 인식된다.[19]

아이에게 인식되는 세계는 성장하면서 더욱 복잡하게 느껴지고 정교해진다. 그 과정에서 자신이 경험한 세계를 마치 종이에 썼다 지우기를 반복하는 것처럼 수정해 간다. 그리고 새롭게 보이는 주변 세계를 좀 더 정교하게 인식하기 위하여 자신의 각본을 다시 쓴다. 이때 아이에게는 어머니가 처음 들려주는 동화 세계에서 살며, 이러한 환상 속 상상의 세계를 경험하면서 의식을 확장시킨다. 여기에도 여전히 마술의 세계가 있다. 그러나 말을 배우고 외부 세계에 대한 객관적인 판단이 좀 더 확장되면 처음처럼 더 이상 경이롭지는 않다.[20]

이 스토리 속에서 자신이 포함된 새로운 역할을 맡은 등장인물이 생겨난다. 이 무대에도 아이들이 실재한다고 느끼는 상상의 생명체들, 마술을 부리는 요정들, 엄청난 힘을 가진 정의로운 로봇, 공룡 등은 모두 자신의 능력을 속 시원히 대체해 주는 드라마 같은 주변 세계의 배역들이 등장한다. 이들은 다정한 친구들이고 이웃들이며, 때로는 멀리서만 존재하는, 무섭고 매혹적인 존재로서, 단지 이야기로 들거나 영화로 보거나 그림책에서 본 것 외에는 실제로 존재하는지조차 인식하지 못하는 상상과 현실 가운데 반쯤 존재하는 생명체들이다.[21]

아이들에게는 이것들은 동경의 대상이며, 자신이 그들이 된 것처럼, 예컨대 로봇의 흉내를 내기도 한다. 그러나 단순한 흉내가 아니라, 어쩌면 로봇 같은 힘을 가지고 싶은 강렬한 소망일지도 모른다. 만약 어린이들이 좋은 각본을 가지고 있다면, 과학자가 되거나 하늘을 날아다니는 전투기 조종사가 될 수도 있다. 그러나 나쁜 각본을 가졌다면 거리의 노숙자가 되거나 교도소에 가거나 자살을 하는 등 패자로서 불행한 인생을 마감할 것이다. 여기서 어떤 각본을 주느냐는 대부분 부모의 영향으로 결정된다.

아이들이 성장하여 청소년이 되면 자신의 각본을 재검토하여 자신이 경험하고 있는 현실 세계와 일치하게 수정한다. 그러나 청소년기의 현실 세계는 여전히 낭만적이며 황금빛 세계이다. 그래서 부정행위로 성적을 올리거나, 술·담배·인터넷 게임·마약의 도움을 받아 자신의 세계를 황금빛 세계로 도금하기도 한다. 이후 계속 나이를 먹어 감에 따라 자신이 인식하는 세계가 나쁜 것이거나 좋은 것이거나, 그가 원하는 대로 반응해 줄 수 있고 실제로 이루어질 가능성이 많은 현실 세계로 바뀐다. 이 같은 과정을 지속적으로 겪으면서 수십 년간 인생을 살다가, 인생 드라마의 마지막 무대에서 '안녕'이라고 고별인사를 한다.[22]

인생을 행복하게 만드는 고귀한 것 그리고 타락과 불행 그리고 비극적인 인간의 운명은 세 살 또는 여섯 살이 되기 전에 결정된다. 이

덜미, 무엇이 나를 통제하는가

믿기 어려운 사실은 많은 학자들에 의해 연구되었으며, 특히 교류분석의 '각본' 이론에서 강조하는 매우 중요한 내용이다. 세 살 또는 여섯 살 된 어린아이가 말하는 내용을 들어 본다면 조금은 이해할 수 있을 것이다.

인간의 '각본'은 아주 오래된 역사를 가지고 있다. 동물의 뼈에 새겨진 고대문자에서, 고대의 기념비에서, 법정에서 일어나는 일에서, 병원에서, 도박장에서, 오래된 낡은 편지와 사진에서, 부모가 아이에게 해 주는 이야기에서, 정치인들의 토론장에서도 각본은 여실히 드러난다. 그러나 모든 각본이 비극적 삶으로 인도하는 것은 아니다. 때로는 좋은 각본을 가지고 있는 사람도 있으면서, 자율적 삶을 살아가는 사람, 자유의지를 가지고 행복하게 살아가는 사람도 있다.

인간의 운명은, 여러 가지 행동으로 시작했지만 동일한 인생의 결말을 가져올 수 있으며, 동일한 행동들이 여러 가지 형태의 결말을 가져오기도 한다. 각본은 타인들의 각본과 그물처럼 얽혀 있다.[23] 즉 시대, 환경, 부모, 배우자, 자신의 주변에 있는 의미 있는 타인들의 각본들이 얽혀 서로 영향을 주고받는다. 이것은 불교의 연기법에서 매우 잘 설명되고 있다.

각본은 사람들이 유아기에 선택하고 결단한 것이며, 인생행로는 각본에 따라 살아가는 과정이 된다. 인생행로는 부모로부터, 유전자에 의해, 자신이 살아가는 환경에 의해 결정된다. 그런가 하면 전쟁, 사고, 자연재해, 신체적 장애, 불치병으로 자신의 의지와 상관없이 비극적인 인생행로가 결정되기도 한다. 또한 어린 시절에 심각한 정신적·

육체적 고통을 경험한 적이 있는 부모는 자녀들이 각본에 따르며 살아가는 것을 단절시키거나, 각본을 형성하는 기회조차 가질 수 없도록 한다. 이런 부모들은 자녀들을 전혀 돌보지 않거나, 학대 행위로 죽게 할 수도 있다.[24]

사람은 실험실의 동물은 아니지만, 때로는 실험실에 있는 우리 안의 동물처럼 행동하기도 한다. 이런 사람은 실험용 쥐처럼 취급되고 실험자의 뜻대로 다루어지거나 희생된다. 그 실험자는 각본이다. 이런 실험실은 대개 문이 열려 있기 때문에 자기가 원하기만 하면 언제든지 나올 수 있다. 그러나 스스로 나오지 않거나 갇혀 있도록 만드는 것이 각본이다. 이러한 각본은 그에게 친숙한 것이며, 오히려 편안함을 주기 때문에 여간해서는 잘 나오지 않는다. 만약 이런 사람이 문밖을 나온다면, 세상 밖에서 사는 것은 너무나 불편하기 때문에 다시 실험실의 우리 안으로 되돌아온다.[25]

에릭 번은 아주 오래된 고대 인도인들도 각본이 있다는 것을 알고 있었다고 했다. 약 2,000여 년 전 제작되었다고 전해지는 인도의 교훈 설화집 《판차탄트라》[26]가 있다. 원문에는 '다음 다섯 가지는 누구나 이미 결정되어 있다. 그가 자궁을 떠나기 전에'라 적혀 있다. 이것을 현대의 개념에 맞게 조금만 변경하면 다음과 같은 내용이 된다.

다음 다섯 가지는 자궁을 떠난 지 여섯 번째 여름이 가기 전에 이미 결정된다.

- 당신의 살아갈 날의 길이
- 당신의 운명
- 당신의 부
- 당신의 학식 그리고
- 당신의 무덤[27]

부모의 금지어

금지어(Injunctive Message)

 부모의 금지어들은 각본이 만들어지는 데 핵심적인 역할을 한다. 놀다가 흙투성이가 되어 들어온 자녀에게 어머니는 무슨 말을 하는가? '저런!', '안 돼!' 또는 화를 내거나 한숨을 쉬는 등 어떤 표정·동작·분위기를 조성한다면, 자녀는 자신만의 방법으로 해석·판단하여 그 의미를 받아들인다. 예를 들어 부모가 언어적 또는 비언어적 방법으로 '어휴! 못난 놈', '저런 놈이 내 자식이라니' 등의 메시지를 아이에게 전달한다면 아이는 '난 당신의 자식이 될 자격이 없군요!', '나는 태어나지 말았어야 했구나!'라고 해석하며 결론적으로 '존재하지 말라'의 금지어를 전달받게 될 수 있다.

 어린 자녀들은 이것을 논리적이고 합리적인 판단으로 받아들이는 것이 아니라 '어린이 자아(Child Ego)'의 직관으로 받아들이는데, 그 과정에서 자신만의 생각·감정·오감이라는 색채를 덧씌운다. 그리고 아이는 '나는 살 만한 가치가 없는 놈이야!'라고 결심할지도 모른다. 그리고 마음 깊은 곳에 억압해 놓는다. 부모는 어린 자녀에게 허용하는 것보다 금지하는 것이 더 많다. 대부분의 금지어는 자녀가 성장한

덜미, 무엇이 나를 통제하는가

후 삶을 고통스럽게 살아가도록 이끌며 그 영향력은 매우 강력하다. 자녀들을 향한 금지어는 어린 시절 부모에 의해 각인되어 만성적으로 삶의 갈등과 문제를 일으킨다. 금지어는 대부분 부정적 방식으로 프로그래밍된 삶의 각본을 형성하는 가장 중요한 요인이 된다.

금지어는 부모가 어린 자녀에게 주로 '~을 하지 말라', '~을 해서는 안 돼'라는 뜻이 포함되어 있다. 부모의 금지어는 언어·태도·양육 환경 등을 통하여 다양한 형태로 자녀에게 전달된다. 즉, 부모들은 자녀에게 '그런 행동은 다시는 하지 마!'와 같이 '하지 말아야 할 것', '해서는 안 될 것'에 대한 의미를 언어적·비언어적 메시지로 전달한다. 그러나 금지어는 어린아이에게 언어적 방법보다 많은 부분이 비언어적 방법으로 전달된다.[28]

이것은 타당한 이유가 있다 하더라도 '금지'라고 하는 의미가 세상 경험이 적고 판단력이 미숙한 어린 자녀의 마음에 엄청난 부담감과 상처를 남긴다. 하지만 많은 아이들이 상처받은 마음을 숨기고 '네'라고 대답하며 착한 아이가 되기로 결심한다. 이런 금지어들을 교류분석 학자 굴딩 부부(Mary M. Goulding and Robert L, Goulding)는 부모의 '금지령(Injunction)'이라고 명명했으며 12가지 금지령이 있다고 했다. 그 이후 맥닐(Jhon McNeel)은 이런 금지령이 25가지로 더 많이 있다는 것을 발견하였으며, '금지령'이 법적 의미가 있다고 해서 '금지어(Injunctive message)'로 바꾸었다.

어린 자녀에게 부모 또는 의미 있는 양육자는 절대적인 힘을 가진 권위적 존재이다. 부모의 지시를 잘 따르는 아이는 귀여움을 받거나,

부모에게 처벌받는 위험을 피할 수 있다. 이런 지시 가운데는 아이들이 실천하기 쉬운 것도 있지만, 때때로 어렵고 혼란스러운 것도 있다. 그러나 대체로 아이들은 '~을 하지 말라'는 부모의 금지어를 지켜야 한다고 생각한다. 어린 자녀들은 이러한 부모들의 금지어에 근거하여 스스로 자신에게 유리해지는 방법을 알아차리고 선택하기로 결심하게 되며, 이것이 아이들의 삶의 방식이 된다.

어린 시절에는 부모에게 받는 이러한 메시지는 아이들의 의식 속에 매우 강력하게 각인된다. 그리고 자라면서 비슷한 경험을 할 때마다 확인되고 강화되면서, 의식의 내면에 깊숙이 뿌리내린다. 그리고 성인이 되면 자신이 의식하지 못하는 가운데, 어린 시절 부모로부터 받고 결심했던 금지어를 따르며 일생을 살아간다. 어린 자녀가 성장하면서 부모의 가르침인 '해야 하는 것과 하지 말아야 하는 것'들을 실천하는 방법을 찾아내고 터득한 것은 '나와 타인은 어떤 존재이며 내 앞에 펼쳐진 이 세상은 어떤 곳인가?' 그리고 '시시각각 나에게 주어진 상황에 어떻게 대처하며 살아야 하는가?'에 대한 개인적인 견해를 이끌어 내는 기준이 된다.

금지와 관련된 부모의 가르침이 아이가 받아들이는 데 영향을 주는 몇 가지 조건들이 있다.

● 첫째, 그 메시지의 횟수이다.

어린 자녀가 부모에게 '좀 더 잘할 수 없니?'라는 말을 얼마나 자주 듣는가이다.

● 둘째, 위협의 정도다.

부모들은 금지와 관련된 위협적인 의도를 표현할 때, 화를 내며 말하는가? 아니면 따귀를 때리거나 몽둥이로 때리는가? 용돈을 주지 않거나 외출을 금지시키는가? 아니면 이러한 식사를 하거나 조용한 가운데 전달되는가?

● 셋째, '상황'이다.

'어떤 상황에서 그 메시지가 전달되는가?'이다. 아버지가 사업에 실패했을 때, 어머니가 친구와 싸웠을 때 전달되는가?

● 넷째, '강도(強度)'이다.

엄마가 친구와 전화로 수다를 떨고 있을 때 '저리 가 있어, 가까이 오지 마!'라고 하며 짜증스러운 인상을 지으며 말하는가? 부드럽게 조용히 말하는가? 어린아이가 친구에게 맞아 울며 집에 왔을 때, 아이를 다독여 주는가? 화를 내며 '그런 것으로 울지 마라, 강하게 보여라!'라고 말할 수도 있다.[29]

이러한 금지어들이 부모 자신들이 슬플 때, 불안할 때, 화가 나고, 좌절했을 때 전달되더라도, 그에 따라 어떻게 반응할 것인가를 선택하고 결심하는 것은 어린 자녀들이다. 이와 같이 어린 자녀들에게 주어지는 금지어들에 대해 아이 자신만의 방법을 선택하여 전략을 세우고 실천하기로 결심하게 되는데, 실제로 모든 것을 부모에게 의지하며 자라는 어린아이는 그렇게 함으로써 무사히 살아남을 수 있기 때문이다. 이러한 금지어들은 크게 '생존 금지어', '애착 금지어', '정체성 금지어', '역량 금지어', '안전 금지어' 등 다섯 가지로 분류된다.

덜미, 무엇이 나를 통제하는가

생존 금지어
(Survival Injuctive Message)

존재하지 말라(Don't exist)

'존재하지 말라'는 '존재감'을 박탈하거나 에누리하는 것이며, '생존 금지어'들 중에서 가장 기본적인 것이다. 자살을 하거나 생각해 본 사람의 각본에는 '존재하지 말라'의 금지어가 들어 있을 가능성이 높다. 이 금지어를 주는 메시지는 '어휴! 못난 놈', '나는 너를 낳을 계획이 없었다', '너를 낳을 때 죽을 뻔했다', '네가 태어나서 나의 젊은 시절의 자유가 사라졌다'처럼 존재감을 무시하거나 에누리하는 뜻을 지닌 메시지를 자녀들에게 전달하는 것이다. 강할 수도 있고 약할 수도 있는데, 그 빈도와 강도에 따라 아이들에게 미치는 영향은 차이가 있다.

'존재하지 말라'의 금지적 메시지는 대체로 부모의 태도, 물리적 양육 환경 등을 통하여 비언어적 또는 이면적 메지지로 은밀하게 전달되는 경우가 많은데, 이것은 각본 형성에 더 큰 영향을 미친다. 그러나 어린아이들은 직관력이 매우 발달해 있기 때문에 느낌으로 알아차린다. 부모들로부터 이 금지어를 받아들이고 따르는 사람의 핵심 감정은 '나는 이 세상에 필요 없는 존재다', '나는 죽어도 상관없다'[30]는 비관적인 감정이다.

또는 반대로 '나는 마땅히 살아야 하는 존재이다' 그래서 '내가 살아 있다는 것을 반드시 증명해 주고 말겠어[31]라며 자신의 존재감을 보여 주기 위해 혼신의 힘을 다한다. 이런 신념은 자신의 존재감을 타인으로부터 인정받고 허가받기 위한 것이다.[32] 이런 반응은 금지어에 대한 적극적인 해결책 또는 투쟁적 행동인데, 이것이 각본의 수렁에 더욱 빠져드는 결과를 초래한다. 늪에 빠져 허우적거릴수록 더욱 깊이 빠져드는 형국이라 할 수 있다.

이 금지어를 따르는 사람들은 어떤 신념으로 살아가든지 결국은 고통과 절망의 상황으로 몰아가게 된다. '나의 존재는 이 세상에 방해가 될 뿐이다'라는 신념은 최후에는 자살 생각을 하게 하는 결과로 이어진다. '나는 방해가 된다', '나는 쓸모없는 인간이다', '나는 태어나지 말았어야 해'라는 생각은 결국 죽음을 해결책이라고 믿게 할 것이다. 이것은 비관적인 결단이다.

반대로 투쟁적 결단을 하는 사람은 과도한 추진력을 보이는데 대부분은 '존재하지 말라'의 금지 각본을 가진 사람들에게 흔히 발견할 수 있다. 이런 사람들은 일반적으로 '좀 더(More)'에 대한 끝없는 추구로 나타난다. 타인이 보았을 때 사회적으로 성공했더라도 결코 그 수준에서 만족하지 않는다. 또는 '애매한 목표'나 '자신을 궁지로 몰아넣는 방법'을 찾아 절망감으로 이끌 수 있다. 때로는 분노 또는 강제로 존재감을 인정받으려 한다. 이런 경우는 힘과 권력을 가진 사람에게서 흔히 볼 수 있다. 그래도 존재감을 증명하는 결과가 만족스럽지 않을 때, 유일한 해결책은 다시 더 열심히 시도하는 것이다. 이러한

딜미, 무엇이 나를 통제하는가

중단 없는 시도의 결과는 '존재하지 말라'의 금지 각본을 실천하는 것으로 끝이 난다.

> 자녀 넷을 가진 어머니는 아이를 더 이상 가질 생각이 없다. 그런데 우연히 아이를 갖게 되었을 때, '내가 아이를 갖다니, 안 돼, 더 이상 키울 능력이 없어!'라며 분노하고 심한 스트레스를 받는다. 유산은 양심이 허락하지 않아 결국 아이를 낳게 된다. 어머니는 분노를 억압하고 아이를 최선을 다해 열심히 키운다. 그러나 어머니의 마음 한구석에는 '너는 태어나지 말았어야 하는데!'라는 생각이 늘 숨어 있다. 아버지도 같은 생각을 한다. 어머니와 아버지의 직업과 경제적 수준으로 자녀 다섯을 기르는 것은 너무나 벅찬 일이었다. 어머니는 아기를 정성껏 보살피지만 고달프기만 하고 행복하다거나 즐겁지 않다. 아이에게 말을 하는 것도 힘들다. 이때 아기는 명확하게 드러나지는 않지만, 은근히 신체적으로 학대를 받게 되고, 어머니의 '너는 태어나지 말았어야 해', '너는 존재해서는 안 돼!'라는 생각이 비언어적 메시지로 비밀스럽게 아이에게 전달된다.[33]

어린 시절 부모로부터 '존재하지 말라'의 금지어를 전달받으며 자란 사람들은 인생을 어떻게 살았던 상관없이, 종국에는 극단적인 선택을 하도록 스스로 자신을 몰고 갈 가능성이 높다. 또는 아무런 능력 없이, 이 사회에 쓸모없는 '있으나 마나 한 존재'로 살아가다 스스로 극단적인 행동으로 인생을 끝낼 수 있다.

'존재하지 말라'의 금지어는 생각보다 흔하게 일어난다. 부모는 대수롭지 않게 생각하지만, 어린아이는 부모의 행동이나 말, 표정에서 이러한 위협을 느낄 수 있다. 부모의 관심을 독차지하던 아이가 동생이 태어나면서 그 관심이 동생에게로 간다. 부모의 관심을 동생에게 빼앗긴 아이는 동생에게 몰래 해코지를 할 때가 있다. 이것은 매우 흔한 일이다. 심지어는 마음속으로 동생이 죽어 버리기를 바란다.[34] 그러다가 동생이 죽기를 바란 것이 나쁜 생각임을 느끼고 '내가 동생이 죽기를 바라다니, 나는 죽어 마땅해'라고 생각할 수도 있다. 결국 이 어린아이는 '존재하지 말라'의 메시지를 스스로 자기 자신에게 보낸다.

건강하지 말라(Don't be well)

부모라면 누구나 어린 자녀가 아플 때 특별한 관심을 가진다. 때때로 아이의 건강에 과도한 관심을 보이는 경우도 있고, 평소에는 무관심하다가 아이가 심하게 아플 때만 관심을 보이는 경우도 있다. 이때 아이는 '내가 아파야 관심을 받는구나!'라고 생각하는 '건강하지 말라'의 금지어를 받게 된다.

'건강하지 말라'의 금지어를 받고 자란 사람은 '나는 피곤하고 지쳐 있으며 무기력하다, 아무도 나에게 신경 쓰지 않는다', '나는 관심받을 가치가 없는 사람이다'라며 비관적인 태도를 보인다. 반면 '건강하지 말라'의 금지어에 반항적이고 투쟁적인 태도를 보이는 사람은 '나

는 건강하고 강한 사람이다'라는 것을 증명하기 위해 탈진할 때까지 모든 에너지를 소비한다.[35]

'건강하지 말라'의 금지어는 때때로 어린아이들에게 유리할 때가 있다. 아프거나 병을 앓는 것은 가족들로부터 관심을 얻는 가장 손쉬운 방법이다. 아이가 갑자기 배가 아프다고 소리를 지르며 운다. 부모는 하던 일을 멈추고 아이에게 급 관심을 보이며, 병원에 데리고 가고, 약을 먹이고, 안아 주며 아이를 안정시킨다. 무의식적이지만 부모의 관심을 얻으려는 아이의 전략이 성공했다. 태어난 지 얼마 안 된 아기가 마치 아픈 것처럼 심하게 울 때가 있다. 부모는 어디가 아픈지, 불편한지 알 수 없다. 그러니 부모는 더욱 애가 탄다. 부모는 아무 일도 못하고, 아이를 업고 부둥켜안고 달래 준다. 아기가 실제로 아팠든 아니든, 부모의 적극적인 관심을 받게 된다.

이런 일이 성장하는 동안 지속되면, 아이는 자라면서 '아프면 부모의 관심을 얻게 된다'는 것을 알게 되며, '사람들의 관심을 끄는 제일 좋은 방법은 아픈 것이다'라고 결론짓는다. 이런 상황에서 부모는 자신도 모르게 이 금지어를 아이에게 주게 되는 것이다. 아이는 성인이 되어서도 문제 해결 방식으로 '아프다'는 전략을 쓸 것이다.

가족들로부터 관심을 얻는 가장 흔한 방법이 아픈 것이다. 진짜 건강에 이상이 생겼을 수도 있고, 아프지 않는데도 아프다고 거짓말을 하거나 조금 아픈 것을 과장해서 심하게 아프다고 호소하는 엄살일 수도 있다. 물론 엄살이 생명을 살릴 수도 있다. 실제로 질병에 걸리지 않아도 신체 어딘가가 아프다고 호소하는 신체화 증상도 나타난다. 신체화 증상은 심리적인 것으로 엄살과 다르게 당사자는 진짜 병이 났다고 믿는다. 어떤 가족에서는 이 전략이 일상적으로 활용된다. 그래서 부모의 관심을 독차지해 버리는 '영악한 아이'가 생겨난다. 이를 본 다른 아이들도 엄마가 하던 일을 멈추고 자신을 위하여 시간을 투자하도록 하는 가장 확실한 방법이 어떤 것인지 어렵지 않게 알게 된다.

> 어린이집에 다니는 유진의 부모는 사업을 하느라 항상 바쁘다. 한번은 어린이집으로부터 유진이가 심한 복통을 앓는다는 연락을 받고 놀란 부모가 모든 일을 멈추고 급히 아이에게 달려온다. 병원에서 위경련이라는 진단을 내리고 며칠 동안 집에서 쉬라고 한다. 어머니는 휴가를 내어 아이를 정성껏 돌본다. 평일에는 항상 어린이집에만 있던 유진은 아프지만 주말이 아닌데도 어머니와 함께 있는 것이 너무 좋았다. 며칠 후 위경련이 깨끗이 나았고 다시 평소의 일상대로 돌아갔다. 그러나 유진은 그 이후 자주 위경련이 일어난다. 그때마다 어머니는 곧바로 달려온다. 유진이가 엄살을 부린 것인지 진짜 아픈지는 중요하지 않다. 유진이 부모님의 관심을 받을 수 있는 가장 좋은 방법은 아픈 것이라는 사실을 깨달았다는 점이 중요하다.[36]

'건강하지 말라'의 금지어를 받고 자란 사람들이 '일중독자'가 되는 것은 흔히 있는 일이다. 성취욕이 넘쳐흘러 과도하게 에너지를 소비하는 사람들에게 이 금지 각본이 존재할 가능성이 있다. 삶이란 겉보기와는 다르다. 어떤 부모들은 가정의 밖에서는 너무나 열심히 일하고, 능력을 인정받고, 자신의 의무를 다하지만, 이러한 일에 과도하게 에너지를 소비한 탓에 자녀를 양육하는 데 소홀하게 된다. 이런 부모를 보고 자라는 아이는 '나도 강인해야 한다'고 결심한다.[37] 과도한 성취욕은 건강을 해친다는 내면의 소리를 무시한다. 부를 축적하고, 업적을 쌓아 올리고, 사회활동을 활발히 하는 것은, 실질적으로 자신의 건강한 삶과는 별개이다.

이들의 최종 목표는 병원의 입원실 침상에 누워 있는 것이다. 야망을 가지고 과도하게 일을 추진하는 사람은 사회에서 관심의 대상이 되고 싶어 하는 욕망이 의식의 밑바닥에 깔려 있다. 그렇게 노력했는데도 불구하고 건강에 문제가 생기거나 결과가 좋지 않을 때에는 '사람들이 내게는 아무런 관심을 주지 않는구나!'라고 비관적인 생각을 한다. 그러나 이런 생각을 하는 것은 실제가 아닌 자신만의 거짓 믿음이다.

이 금지 각본의 특징은 무차별적으로 바쁜 사람에게 결과적으로 나타나는 '탈진' 또는 '만성 피로'이다.[38] 열심히 일하거나 장시간 일하는 것이 문제가 아니라, 체력이 감당할 수 없을 때까지 일을 하고, 피로가 쌓이고 과로가 누적되어 건강에 문제가 생길 수 있다. 사정이 어찌 되었든 과로사하는 경우도 흔히 있는 일이다. 하지만 일에만 집중할 때에는 건강의 중요함을 의식하지 못한다. 때로는 온갖 건강 요법을 다 사용하지만 별다른 효과를 보지 못한다. 이런 사람들은 일하는 것을 멈추기가 어렵다. 또한 자신의 건강이 가족의 안녕에 미칠 수 있는 부정적인 결과에 대한 경고도 무시한다. 이런 사람들이 일에 집중하는 과정에는 무의식중에 '건강해서는 안 돼'라는 금지어를 실천하고 있는 것이다.

제정신이 되어서는 안 돼(Don't be sane)

'건강하지 말라'의 금지어와 같은 맥락에 '제정신이 되어서는 안 돼 (Don't be sane)'가 있다. 이 금지어에 각본화되어 있는 사람은 쉽게 분노하고 쉽게 증오를 일으키며, 자신은 보호받지 못하는 잔인한 세상에서 두려움에 떨고 있으며, 때때로 '나는 지극히 정상적이다'라며 자신에게 상처를 주는 세상을 향해 분노를 표출한다.[39] 이 금지어는 미친 것 같은 행동, 자학적이고 비참한 경험을 만들어 내기도 한다.

파블로프(Ivan Pavlov)는 고전적 조건화 실험에서, 개에게 애매모호하게 다른 모양의 두 원을 보여 주며 비교할 수 있을 때까지 반복적으로 훈련하였는데, 결국 개는 정신병에 걸린 듯 미친것 같은 행동을 했다고 그의 실험 일지에 기록했다. 이 실험은 '어떻게 하면 미치게 할 수 있을까?'라는 잔인한 실험이었다. 또 다른 연구에서 개의 한쪽 눈을 가리고 좋아하는 것을 보여 주고, 다른 한쪽은 싫어하는 것을 반복적으로 보여 주었는데, 하나의 자극에는 몹시 좋아하는 열정을 불러일으키고, 다른 자극에서는 몹시 고통스러워 이상행동을 하거나 울부짖는 행동을 하였다. 비록 상반되지만 이 두 가지 자극 중 비록 싫어하는 것이라도 한 가지 자극에만 노출시킨 개는 미치지 않았으나, 두 자극이 동시에 노출된 개는 미쳐 버렸다.

흔히 있는 일로서, 부모나 어른들은 어린아이에게 '아빠가 좋아, 엄마가 좋아?'라는 질문을 한다. 물론 분위기는 아이를 귀여워하고 화기애애한 분위기이다. 만약 아이가 '아빠'라고 대답하면 엄마는 웃으면서도 토라지는 모습을 보인다. 웃으면서 하는 행동이지만 아이에게는 '내가 잘못했나?'라는 의문을 가지게 한다. 아이가 '엄마'라고 해도 아빠의 반응은 마찬가지이다. 이때 어린아이는 잠시나마 혼란을 경험한다. 어른들은 별것 아닌 것처럼 생각해도 아이에게는 심한 '혼란'일 수 있다. 어른들은 그런 아이의 정서를 알 리가 없다.

부모는 '모르는 것이 있으면 언제든지 물어보라'고 하지만, 실제로 모르는 것을 자꾸 물어보면 '찾아보려고 노력을 해라'며 자녀의 질문을 막아 버린다. 이때 아이는 마음속으로 '어쩌란 말이야?'라고 생각할 것이다. 물론 습관적인 아이에게는 필요할지도 모르지만, 찾는 방법과 왜 스스로 찾아야 하는지를 깨닫게 하는 가르침의 과정이 있는 경우는 다르다. 하지만 이것도 과하면 해롭다.

늦게까지 놀다가 옷에 흙을 잔뜩 묻히고 집에 온 자녀에게 엄마는 화가 나서 '나가 버려!'라고 고함을 친다. 아이는 겁이 나서 진짜 나가려고 한다. 이런 아이를 보고 '그렇다고 진짜 나가냐?'라고 더욱 화가 나서 더 야단을 친다. 아이는 나가야 할지, 들어와야 할지 혼란을 겪는다. 아이는 엄마의 분노의 희생양이 되어 서로 상반된 메시지 틈에 끼어 어떻게 행동해야 할지 혼란 속에 빠진다.

이와 유사한 말과 행동으로 부모들이 자녀에게 갈등과 혼란을 주는 일은 드문 일이 아니다. 이렇게 말과 행동의 서로 모순되는 상황을 만들어 내는 것을 '이중구속'이라고 한다. 영국의 문화인류학자인 그레고리 베이트슨(Gregory Bateson)은 이러한 이중구속이 어린 시절에 계속해서 일어나면 조현병의 원인이 될 가능성이 높다고 했다.[40] 이것도 '제정신이어서는 안 돼'의 금지 각본을 만들어 주기 때문이다.

또한 양가감정도 이와 같은 맥락으로 설명할 수 있다. 앞에 맛있는 아이스크림이 있지만 비만 때문에 먹는 것이 망설여질 때의 갈등 상황을 양가감정이라 한다. 평소에 냉담하고 엄격한 아버지가 직장에서 퇴근하여 집으로 들어오면서 자녀를 보고 '너는 내가 반갑지도 않니?'라며 팔을 벌리고 안으려 한다. 아이는 안기더라도 말과 행동이 모순된 아버지에게 불편함을 느낄 것이다. 부모들은 '엄마는 우리 아들 사랑한다', '아빠는 우리 딸 사랑한다'고 항상 말하면서, 자녀들의 행동을 엄격하게 규제하고 단속한다. 부모들이 의식적이든 무의식적이든 이러한 양가감정을 일으키는 이중구속 메시지를 자녀에게 지속적으로 전달하게 되면 '제정신이어서는 안 돼'의 금지 각본이 형성될 가능성이 있다.

'제정신이 되어서는 안 돼'의 금지 각본을 가진 사람들에게는 자신들의 삶에서 가장 큰 행복을 가져다주는 사랑은, 동시에 가장 큰 고통의 원천이 될 수 있다. 또 자신과 다른 사람 또는 둘 다에 대한 증오심이 있을 수 있으며, 자기가 스스로 비열하게 행동하거나, 자기 학대를 할 수 있다. 그리고 부모에 대한 복수심도 있을 수 있다. 증오심

덜미, 무엇이 나를 통제하는가

은 자신들에게 직접적으로 향하거나, 이 세상을 편견으로 바라보거나 혐오감 또는 비난으로 표현될 수 있다.[41] 이러한 것들은 단순한 편견의 한계를 넘어선 것이고, 부모가 가지고 있던 본성적인 두려움과 삶의 방식은 부모가 어린 시절에 그들의 부모로부터 영향을 받았을 것이다.

믿지 말라(Don't Trust)

아이가 처음 만난 친구에게 선물을 받았다고 자랑한다. 부모는 미심쩍은 표정으로 '그 친구가 초면에 왜 선물을 주었을까? 생각해 보았니?'라고 한다면, 아이는 부모의 말을 어떻게 해석하고 받아들일까? 물론 부모의 표정·목소리·억양·태도 등에서 어떤 비언어적인 메시지가 전달되었는가에 따라 다르게 받아들일 것이다.

사람들은 누구에게나 크든 작든 세상을 함부로 '믿어서는 안 돼'라는 믿음이 있다. 이 '믿을 수 없다'라는 생각은 세상을 바로 보고 잘못된 것을 바로잡으려는 긍정적인 의지에서 비롯되어야 한다. 그러나 믿었던 도끼에 발등을 찍히듯이 배신을 당해 상처를 받은 경험이 있는 사람의 경우는 다르다. 부부간에도 서로 신뢰하지 않는 경우도 있다. 이 모두 아이들에게 직접적으로 영향을 미친다. '믿지 말라'의 금지어는 세상을 불신의 마음으로 바라보는 부모로부터 전달된다.

'믿어서는 안 돼'라는 신념은 누구에게나 있을 수 있는 '그럴듯한 거짓 신념'이 된다.[42] 이 금지어는 부모가 직접적으로 전달하기도 하지만, 부모의 삶의 태도를 보고 스스로 배우기도 한다. 부모 역시 그의 어린 시절에 부모로부터 '믿지 말라'의 금지어를 받고 자랐을 가능성이 높다. 이러한 불신감의 뿌리는 인생 초기 유아 시절에서부터 시작된다.

어린 시절 '믿지 말라'의 금지어를 받고 자란 사람은 '나는 종종 이용당하고 있고, 배신당할 것이다'[43]라는 생각을 한다. 그래서 자신의 주변에 있는 사람, 자신에게 다가오는 모든 사람을 의심의 눈초리로 바라본다. '저 사람은 나의 약점을 알고 있을 것이다, 그래서 나를 골탕 먹이려고 한다'는 왜곡된 신념을 가지고 있으며, 자신의 신념을 정당화하려는 그럴듯한 이유를 찾으려고 애쓴다. 이런 사람은 주변 사람들을 항상 경계하며 친밀한 관계를 가지지 못한다.

인간관계를 가장 힘들게 하는 것은 의심과 불신이다. 의심으로 가득 찬 사람은 '아무도 믿을 수 없으며, 세상에는 나 혼자뿐이다', 그리고 '나는 불신으로 가득한 이 세상에서 무방비 상태에 있다'[44]고 생각하며 '불신의 세상에서 자신을 방어할 힘이 없다'고 생각하기 때문에 언제 당할지도 모른다며 두려움에 빠져 있다. 이것은 비관적인 대응 태도이다.[45] 그러나 상대적으로 '누구도 믿을 수 없다'는 금지 각본에 도전장을 던지며 투쟁하는 사람도 있다. 이런 사람은 '오직 나만 믿을 것이다', '내게는 오직 나밖에 없다'라는 신념으로 자신과 자신이 처한 현실을 극단적으로 방어하며 통제한다.[46] 무방비 상태에 있다가는 언제 당할지 모르기 때문에 자신의 영역을 철저히 통제하며 지키

딜미, 무엇이 나를 통제하는가

려 한다. 이런 사람은 결코 자기만의 영역을 벗어나지 않으며, 다른 사람이 들어오지도 못하게 관리한다. 현실을 비관적으로 받아들이는 사람과 투쟁적으로 대처하려는 사람 모두 '믿을 수 없다'라는 같은 신념을 가지고 있기 때문에 결과적으로 빠져나올 수 없는 깊은 불신의 늪에 빠진다.

접촉하지 말라(Don't Touch)

엄마가 아기를 안고 옆집 아줌마들을 만나거나 친구를 만나러 가는 등 외출을 자주 한다면, 아무것도 모르는 아기지만 직관적으로 엄마 외의 다른 사람들도 있고 바깥세상이 있다는 것을 알아차린다. 사람들은 아기를 보고 안아 보기도 하고 어르기도 한다. 이 모두 외부세계와의 접촉 경험이 된다. 아기는 이런 경험을 기억하지 못한다고 생각할 수도 있지만, 그렇지 않다. 아기들은 언어 이전의 기억들은 대부분 신체에 저장한다. 뼈, 근육, 신경계, 피부 등의 신체에도 자아가 있다. 이것을 '신체적 자아'라고 한다. 특히 피부로 느끼는 것들은 피부에 모두 저장되어 있는데 이것을 별도로 '피부자아'라고 한다. 아기들의 모든 경험은 신체에 체화(體化)되어 저장된다. 신체에 저장된 경험들은 성장한 후에 어떤 자극이 오면 생각하지 않아도 반사적으로 반응하는데, 그것은 신체자아 또는 피부자아가 옛날의 경험을 재현하는 것이다.

갓 태어난 영아에게도 생애 처음 엄마 품에 안기는 경험이 신체적으로 저장된다. 이때 아기는 엄마의 자궁에 있는 것처럼 편안함을 느낀다. 그러나 곧 바로 신생아실에 격리될 때는 어떨까? 가끔 엄마가 와서 안아 주지만 곧바로 떨어져 버린다. 가장 익숙한 엄마의 온기가 순식간에 사라져 버리는 것이다. 아기는 버려지는 느낌이거나 몹시 혼란스러운 감정이 생길 것이다. 그래서 아기가 신생아실에서 나왔을 때 부족했던 엄마와의 접촉을 충분히 보상해 주어야 한다. 자연분만이 아닌 아기는 출생 과정에 엄마의 몸을 통과하는 과정 없이 태어난다. 아기는 엄마의 자궁에서 질을 통과해 세상에 나오는 과정에서부터 신체 접촉을 경험하는데, 이런 경험이 없는 것이다. 여기서 신체 접촉은 단순한 물리적 접촉이 아니라 정서적 접촉도 함께 일어난다. 그래서 자연분만이 아닌 아기에게도 접촉 경험을 충분히 보상해 주어야 한다.

위니컷(Winnicott)은 자신과 대상이 분리됨을 인식하지 못하는 절대적 의존 관계에 있는 출생 초기의 유아는 어머니와의 관계에서 신체 접촉의 토대 위에 있어야 비로소 존재가 가능하다고 했다. 유아는 만져 주고 쓰다듬어 주는 신체 접촉의 경험을 통해서만 관계를 인식한다. 자신과 대상, 즉 엄마가 서로 다른 존재임을 인식하고 분리되는 것을 알아차릴 때, 안정감의 상실을 채워 주는 것 역시 신체 접촉이다. 이러한 접촉이 충족되지 않는다면 접촉 상실에 대한 불안을 관리할 수 없는 유아는 자기 자신의 존재가 사라지는 것 같은 '멸절(滅絕) 불안'[47]을 경험하게 되고, 생애 최초의 좌절을 경험한다. 이와 같

덜미, 무엇이 나를 통제하는가

이 아주 어린 시절에 환경의 박탈이나 좌절, 실패를 경험했을 경우에 정신증(psychosis)이 발생한다고 위니컷은 주장한다.[48]

'접촉하지 말라'의 금지는 언어적으로 전달되기도 하지만 주로 비언어적으로도 전달된다. 아직 말을 배우지 않은 어린 유아들은 직관력이 매우 발달하여 부모의 목소리, 억양, 표정과 태도에서 부모의 행동이 무슨 의도인지 정확히 알 수 있다. 이것은 언어로 전달되는 것보다 더 심오한 것이다. 아기는 신체적 접촉을 통해서 정신적 접촉이 이루어진다. 엄마가 아기와 스킨십을 함으로써 서로 따뜻한 사랑의 감정을 주고받는다. 신체적 접촉은 정신적 접촉을 위한 매개체 역할을 한다. 갓 태어난 영아에게 엄마의 신체적 접촉이 충분하지 않을 때 문제를 일으키는 아이로 자랄 수 있다. 엄마가 아기를 하루에 몇 번 쓰다듬어 주고 안아 주느냐에 따라 아기는 접촉의 경험을 많이 할 수도 적게 할 수도 있다. 모유 수유를 하지 않고 우유를 먹인다면, 그것도 아기 침대에 눕혀 놓고 젖병만 물린다면, 아기는 엄마와의 접촉, 즉 스킨십 경험이 부족하게 된다.

부모의 잘못된 양육 태도로 아이를 돌보는 것을 소홀히 하는 경우도 마찬가지다. 이는 매우 바쁘고 피곤한 직업을 가진 부모들에게서도 흔히 일어날 수 있다. 자녀를 누구보다도 사랑하지만 직업 또는 생활이 너무 피곤한 나머지 자녀와의 스킨십이 부족할 수 있다. 부모와 자녀들 간의 스킨십이 부족할 경우, 사랑이 형성될 수 없다.

애착 금지어
(The Affection Injunctive message)

친밀해지지 말라(Don't be close)

가족의 환경 때문에 외롭게 성장하는 아이들이 있다. 부모의 성격도 한몫한다. 이런 부모의 아이들은 주로 혼자서 논다. 직장을 자주 옮겨 다니는 부모의 경우도 자녀들은 어린 시절 또래 아이들과 어울리는 기회가 많지 않다. 이런 아이들은 성인이 되어도 상대와 눈 맞춤을 잘 못하는 경우가 있다. 이런 아이들은 '친밀해지지 말라(Don't be close)'의 금지어를 받고 자랐을 가능성 있다.

이런 사람은 대체로 감정이나 정서가 메말라 있다. 따라서 '접촉하지 말라'는 '정서적으로 가까워서는 안 된다(Don't be emotionally close)'[49]는 의미로 전달될 수도 있다. 이런 형식의 금지어는 말이 없고 과묵한 부모에게서 양육되는 아이들에게 전달될 수 있다. 아이가 부모 가까이 갈 때 말이 없거나 별다른 반응을 하지 않는다면 아이는 거리감을 느낄 것이고 심지어는 배척당하는 감정을 느낄 것이다. 이런 아이는 만지고 안아 주는 것을 즐길 수 없다.[50]

'친밀해지지 말라'의 금지어를 따르는 사람의 정서는 항상 버림받은 기분이다.[51] 대부분 사람들과의 관계에서 상처받은 경험이 있다, 그래서 항상 경계해야 한다고 생각한다. 그러면서도 자신을 완벽하게 사랑해 줄 사람을 찾는다. 현실적으로 존재하지 않는 이상적인 사랑을 찾고 있는 것이다.[52]

어린 시절 이 금지어를 받고 자란 사람은 다른 사람과 관계를 맺지 못하며, 사람들과 잘 어울리지 못한다. 다른 사람들과 항상 거리를 두고 있거나, 다른 사람들로부터 완벽한 관심과 사랑을 요구한다. 그리고 타인을 사랑하거나 신뢰하면 나중에 상처받게 될 것이라는 두려움이 있다. 이런 사람들은 타인을 항상 경계하고 신뢰하지 못한다.

'친밀해지지 말라'는 '가까워지지 말라'란 의미를 포함한다. 이 금지어를 주는 부모는 아이들이 가까이 다가오면 최소한의 반응만 하거나 아무런 반응을 하지 않는다. 이런 부모는 감정 표현이 서툴거나, 감정이 없기 때문에 냉정한 사람일 수도 있다. 이런 부모들은 아이들이 가까이 오면 '귀찮아!' 하면서 '방해되니까 다른 데 가서 놀아'라고 말하고, 대화에 끼어들면 '어른들이 말하는 데 끼어들지 말라', '시끄러워, 애가 뭔 말이 그렇게 많니?'라고 쫓아 버린다.

그래도 아이는 혹시나 하는 마음으로 두려움을 참아 가면서 몇 번이고 가까이하려고 시도해 보지만, 결국에는 아무 소용이 없다는 것을 알게 된다. 이런 환경에서 자라는 아이는 사람들에게 가까이 가면 언제나 거부당하고 상처만 남을 것이기 때문에 '사람들에게 가까이 가서는 안 돼'라고 스스로에게 금지어를 보낸다. 이런 아이는 부모가 쓰다듬어 주고 부모의 따뜻한 품을 경험하기 힘들다. 이때는 '애착심을 느끼지 말라'의 금지어가 함께 전달된다. 부모 자신들도 어린 시절 이런 경험을 하지 못했을 것이다.

> 어린 동생이 태어났을 때 아직도 어린 형은 부모의 무릎으로 올라가는
> 것을 거부당한다. '너는 이제 형이 되었으니 혼자 놀아라'라고 말한다.
> 철없는 아이는 부모는 '내가 가까이 가는 것을 싫어하는구나'라고 생각
> 한다. 그 아이는 부모들이 할머니, 할아버지와 전화를 하면서 다정하
> 게 이야기하는 것을 본 적이 없다. 명절 때 가족, 친지들과 만나는 것
> 을 본 일이 별로 없고, 가족과 함께 여행을 간 경험도 많지 않다. 가족
> 들과 대화를 할 때도 분위기는 무미건조하며, 다정한 눈 맞춤조차 경
> 험하지 못했다. 아이는 가까이 지내고 싶은 욕구를 가족들로부터 외면
> 당한다.

아이가 어린 시절에 어떤 사정에 의해 부모님과 함께 살지 못하게
되거나, 버려지거나 부모님이 사라지거나 부모가 사망하여 고아가 되
는 경우가 있다. 아이는 너무 어리기 때문에 그 이유를 알지 못한다.
어린아이는 이렇게 생각한다. '사람들은 내가 필요로 할 때 결코 내
곁에 있지 않는다.' 어떠한 사람도 믿을 수 없다. 그래서 '어떤 사람에
게도 가까이 가지 않을 것이며, 어떠한 사람들과도 친해지지 않겠다'
라고 아이는 결론짓는다.

이런 아이는 성인이 되어서는 자신의 주위에 있는 사람들을 신뢰
할 수 없으며, 그들로부터 배척당할지도 모른다는 불안이 있다. 그리
고 그 이유를 찾으려 애쓴다. 만약 자신에게 호의를 베푸는 사람이

있거나, 사랑하는 이성을 만나도, 그 사람과 친근해져서는 안 될 이유를 찾으려 한다. 아니면 그 사람을 이런저런 방법으로 시험하면서 관계가 끊어질 때를 기다리다가, '그럼 그렇지! 내 생각이 옳았어!'라고 자신의 신념을 확인하고 정당화한다.

애착심을 느끼지 말라(Don't Feel Attached)

'애착심을 느끼지 말라'의 금지어를 따르는 사람들의 핵심 감정은 '인생은 너무 외롭고 공허하다'는 것이다.[53] 이들은 항상 '나는 혼자이다'라고 생각하며 사람들에게 거절당하는 것을 몹시 두려워하고, 그 두려움을 억압하고 있다. 그래서 방어적 수단으로 '나는 거절당하지 않을 것이다', '나는 내가 원하는 것을 받을 자격이 있다'라는 신념이 있다. 이들은 결국 소유욕과 조작으로 자신의 삶을 통제한다.[54]

신문을 보고 있는 아빠에게 아기가 기어 와서 무릎에 앉으려 한다. 아빠는 아기를 바닥에 내려놓고 인터넷으로 주식을 하느라 정신이 없다. 엄마는 하루 종일 직장 일을 했고 밀린 집안일을 하느라 아이와 놀아줄 틈이 없이 늦게까지 바쁘다. 아기는 혼자서 장난감을 가지고 놀고 있다. 지금 아기는 부모로부터 애착행동을 거부당하고 있다.

어린 시절 '애착심을 느끼지 말라'의 금지어를 받은 사람은 항상 사랑에 대한 갈증이 있다. 냉철하고 계산적인 사람이거나 지나치게 논리적인 성격의 부모들이 아이를 바라보는 태도 역시 이러할 것이다. 이런 부모는 '아이를 건강하게 잘 키우려면 어떻게 해야 할까?'라고 인터넷을 뒤지고 온갖 서적에서 정보를 얻는다. 그런 행동은 아이를 사랑하기 때문에 하는 것으로 생각하지만, 실제로 아이에게 더 중요한 것은 자녀 양육을 위한 유익한 지식과 정보보다는 온기 있는 부모의 따뜻한 품과 손길이다.

존 볼비(John Bowlby)는 생애 초기에 애착 형성이 인간 본성의 가장 중요한 기초가 된다고 했고, 애착 형성이 잘 되지 않으면 아동기 또는 성인기에 여러 가지 정신적 문제를 일으킬 수 있다고 했다.[55] 아기와 엄마는 서로 애착을 형성하려는 본능이 있다. 아기는 무력하기 때문에 엄마가 옆에 있으면 본능적으로 애착심을 느낀다. 엄마의 돌봄 행동 역시 본능적이며 애착심으로부터 생겨난다. 아기는 부모와 함께 있으면 기분이 좋고 멀리 떨어져 있으면 불안을 느낀다. 하룻밤 집에서 떨어져 있는 아이는 다치거나 잠잘 시간이 다가오기 전까지는 행복하게 놀지만, 그 이후에는 부모를 그리워하는 고통을 느낀다.[56]

아기는 2세 이전에 안정적인 애착이 형성되어야 건강한 정신발달이 이루어지지만, 안정적 애착을 형성하는 데 만족하지 못하면 박탈감을 느낀다. 박탈감은 사랑에 대해 과도한 요구를 하거나 불안과 초조함을 가져오게 하거나, 어떤 상황에 처하더라도 아무 반응을 하지 않게 될 수 있다. 아기에게 가까이 있으면서 안아 주고 쓰다듬어 주고 만져 주는 것이 충분하더라도 따뜻한 온기가 없다면 표면적으로

덜미, 무엇이 나를 통제하는가

는 사랑하는 것으로 보일지 모르지만 마음으로 주고받는 사랑이라는 감정의 교환이 없을 것이다. 애착 형성이 정상적으로 이루어지지 않으면 아기에게는 발달 과정에 손상을 가져온다. 이때 형성된 애착의 결핍은 좀처럼 회복하기 힘들고 인생 전반에 걸쳐 많은 문제를 일으킨다.

'애착심을 느끼지 말라'의 금지어는 '사랑하는 마음을 느끼지 말라', '정들지 말라'는 뜻과 같다. 어린아이에게서 부모와의 유대감은 처음에는 감각적으로 형성되다가 시간이 지날수록 결국 '엄마, 사랑해요!'와 같이 정(情)과 사랑이란 감정으로 발전한다. 어린 시절 부모의 사랑을 받지 못하고 자란 사람은 사랑의 진정한 의미를 모른다. 부모와 자녀 관계에서나 대인 관계에서 따뜻함이란 없었다. 어떤 사람은 '애착심을 가져서는 안 돼'라는 금지 각본을 증명하기 위해, 자신도 모르게 사랑하는 것을 실패할 가능성이 있는 방법으로 행동한다.

그런 자신의 행동의 기반에 깔려 있는 '넌 실패할 거야'라는 머릿속 '부모 자아(P)'의 은밀한 속삭임에 따르며 실행하는 것이다. 그것은 사랑받는 것에 실패한 어린 시절의 경험이 정서적 흉터로 남아 있기 때문이다. 성인이 되어 어린 시절 사랑받는 것에 실패한 경험과 같은 상황이 일어나면 흉터는 다시 곪아 터진다.

소속되지 말라(Don't belong)

이 금지어를 따르는 사람은 집단에서 고립감을 잘 느껴, 사람들에게 고독하거나 비사교적인 사람으로 비치기 쉽다.[57] 이들은 '나는 아웃사이더이다'라는 신념이 있으며, 세상일에 무관심하며 고립되고 냉담한 태도를 보인다.[58]

> 현우는 어떤 조직에 소속되거나 단체 활동을 좀처럼 하지 않는다. 모임에 가면 다른 사람들은 그룹을 지어 잡담을 하며 즐거운 시간을 보내지만 현우는 항상 혼자 있다. 현우는 아버지의 직장 때문에 어린 시절 고향을 떠나 타지의 여러 곳을 다니며 친구나 아는 사람 없이 외롭게 성장했다. 그래서 다른 사람들을 대하면 불편하고 낯선 사람들에 대해 두려워하는 정서가 있다. 이렇게 '소속되어서는 안 돼', '사람들과 어울려서는 안 돼'라는 금지어를 받으며 성장했다. 현우에게 이 금지어는 부모가 만들어 준 환경에 의해 주어졌다. 성인이 된 후에 사회생활을 하면서 지속적인 문제가 일어난다. 그는 직장에서나 대인관계에서 그룹의 조직 내의 일부분으로는 존재하지만, 회식에 잘 참여하지 않는 등 진정으로 정서를 교환하는 동료들의 일부분이 되는 것을 스스로 차단한다.

자의든 타의든 따돌림을 당하는 사람은 '소속감을 가지지 말라'의 금지어를 받으며 자랐을 가능성이 있다. 혼자 있기를 좋아하는 사람,

딜미, 무엇이 나를 통제하는가

사회생활에서 잘 어울리지 않는 패쇄적인 사람, 은둔 생활을 하는 사람들도 이 금지어를 받고 자랐을 가능성이 있다. 수학여행을 가서 모든 학생이 함께 어울리는데, 한쪽 벤치에 앉아 혼자 음악을 듣거나 책을 보는 학생은 '소속되지 말라'의 금지어를 받고 자랐을 가능성이 높다.

'소속되지 말라'의 금지어를 주는 부모는 자신도 어린 시절 이 금지어를 받으면 자랐을지도 모른다. 이런 부모는 이웃 사람들과 잘 어울리지도 않으며, 직장 동료들과도 잘 어울리지 않는다. 퇴근하면 곧바로 집으로 온다. 집에 와서도 음악 감상을 하는 등 혼자 할 수 있는 취미 생활을 주로 한다. 이와 같은 부모를 보고 자라는 아이는 부지불식간에 이 금지어를 받을 수 있다.

부모는 자녀들에게 '너는 보통 아이들과는 다른 데가 많아', '너는 사람들 앞에서 왜 그렇게 부끄러움을 많이 타니?' 등, 다른 아이들과 유난히 다르다는 말을 자주 한다면, 아이는 '나는 누구와 어울려서는 안 되는구나'라고 생각하고, '소속되어서는 안 돼'라는 금지어를 받을 것이다. 독립인도의 초대총리를 지낸 자와할랄 네루(Jawaharlal Nehru)는 귀족의 가문에서 자랐으며, 영국 케임브리지 대학에서 영국풍으로 키워졌다. 네루는 '자신은 유럽 사람들과 있을 때는 인도인 같았고, 인도 사람들과 있을 때는 유럽 사람 같았다'라고 말했다. 네루는 부모로부터 '소속되지 말라'의 금지어를 받았을 가능성이 높다. 영국 식민지 시대에서 자란 네루는 영국, 인도 어디에도 소속되지 않는 것이 안전하다고 교육받으며 자랐을 수도 있다.[59]

어린아이처럼 굴지 말라(Don't be a child)

경제적으로 넉넉하지 않은 어떤 부부는 자녀 다섯을 낳았다. 남편은 작은 회사에 다니지만 보수가 넉넉하지 않다. 아이들 엄마는 의지력이 약하여 경제 활동을 하지 못하며 다섯 아이 모두를 세심하게 보살피지 못한다. 이제 초등학교 다니는 다섯 남매 중 맏이는 딸인데 동생들 보살피느라 정신이 없다. 마침 맏이는 어리지만 영특하여 동생들을 곧잘 돌본다. 맏이는 학교가 끝나면 곧장 집으로 오며 여느 또래 아이들처럼 놀이터에서 뛰어놀 시간이 없다. 맏이는 어린이날 선물을 받는 것이 꿈이다. 이 아이는 어리지만 어린이일 수가 없다.

'어린아이처럼 굴지 말라'의 금지어를 전달하는 부모는 어린 시절 아이처럼 행동하지 못하도록 제제를 받았거나 아이처럼 행동할 때 위협을 느낀 부모가 잘 사용한다. 경제가 어려운 상황이나 엄격한 가정에서 자란 부모도 이러한 금지명령을 주는 경우가 있다. 때로는 장남이나 외동아이가 자기 스스로 이러한 금지어를 주기도 한다.

사회적으로 성공한 한 엘리트 부부는 자녀 셋을 두었다. 이들은 자녀들이 모두 성공하기를 바란다. 자녀 셋은 모두 좋은 성적표를 받아 오고 착하고 성실하다. 집안일도 척척 돕고 동네 어른들에게도 무척 예의바르다. 또래 아이들과 놀 때도 친구들이 위험한 행동을 하면 충고를 잊지 않으며, 친구들이 어려운 학교 숙제를 할 때는 곧잘 도와준다.

덜미, 무엇이 나를 통제하는가

부모는 아이들이 소리를 지르고 뛰어놀면서 집 안을 어지럽히거나, 또래 아이들과 놀다가 흙먼지를 흠뻑 뒤집어쓰고 집에 들어오는 것을 용납하지 않는다. 아이들은 장난감을 항상 정돈해 놓아야 하고, 옷차림도 정갈해야 하고, 식탁에서도 반찬 투정을 하지 않으며 조용히 밥을 먹어야 한다. 그들이 아이들에게 가장 자주 보내는 유무언의 메시지는 '어른스럽게 행동해라, 그러면 내가 너희들은 사랑해 줄 것이다'였다.

어린 시절 부모로부터 '어린아이처럼 굴지 말라'의 금지어를 받은 사람은 정서적 욕구를 충족시킬 방법을 모르며 쉽게 포기하고 자신이 원하는 것보다 타인의 요구에 맞춘다. 이들은 정서적 어린 시절을 보낸 일이 없기 때문에 '어린이 자아(C)'의 결핍 상태에서 건조한 삶을 살아간다. 이 금지어를 따르는 사람은 어린 시절에 착하고 순종적이며 자기 일을 알아서 척척 잘하는 어른스러운 아이였다. 마음껏 뛰어놀고 보통 아이들처럼 즐거운 어린 시절을 보내지 못하고 억압된 상태로 남아 있다. 이런 아이들은 친구들과 즐겁게 놀 때도 있지만 항상 또래 아이들보다 어른스럽게 행동한다.

'어린아이처럼 굴지 말라'의 금지어를 따르는 사람은 정서적 욕구를 해결할 방법을 모른다. 그래서 어린 시절에 그랬던 것처럼 다른 사람의 욕구에 맞추며 살아간다. 이런 사람의 삶은 다분히 비관적이다. 그러나 이런 상황으로부터 벗어나려고 애쓰는 사람도 있다. '사람들이 나를 무시한다 해도 기꺼이 참아 낼 것이다', 그러기 위해서는 '강해져야 한다'고 결심하며 자신의 정서적 욕구를 관리하고 통제하려

한다. 따라서 이들은 정서가 메말라 있으며, 자신이 바라는 것이 선물처럼 주어질 것을 기대하고 끊임없이 사람들에게 기웃거린다.[60]

아이는 아이다워야 한다. 아이다운 것은 무엇인가? 아이들의 마음의 세계는 호기심 천국이다. 아이들의 동심의 세계는 마음껏 즐겁게 뛰어노는 것이다. 그래서 어린이들은 놀이를 통해 자아가 성장한다. 그런데 아이들이 부모가 원하는 대로 자라기를 원한다면, 아무리 좋은 의도가 있다 하더라도 부모의 개인적인 가치관이 개입될 것이다. 그 부모의 가치관은 - 정도의 차이가 있겠지만 - 통제하고 제한하는 울타리가 되어 아이를 구속하게 된다.

이렇게 부모의 가치관이 개입되면 아이의 동심의 세계는 제한을 받을 수밖에 없다. 즉, 아이는 부모의 가치관이라는 울타리 안에서 자라는 격이 된다. 이 울타리 안의 아이는 부모가 기뻐하거나 원하는 행동을 해야 한다. 그것이 황금으로 된 울타리라 해도 마찬가지다. 이런 아이에게는 진정한 '어린이다운' 세계가 억압되어 있거나 없다. 그래서 부모가 제공하는 어린이들의 공간은 통제가 쉬운 제한된 공간이 아니라 최소한의 안전장치만 있는 아주 넓고 탁 트인 목장과 같아야 한다.

어른에게도 어린 시절부터 함께 자라 온 '어린이 마음', 즉 동심이 그대로 있다. 이것을 에릭 번은 '어린이 자아'라고 했다. 성인에게도 마땅히 있어야 할 '어린이 자아'가 없다면 인격의 한 중요한 부분이 잘려 나간 것처럼 문제가 있다고 보아야 할 것이다. '어린아이처럼 굴지 말라'는 부모가 자신의 '어린이 자아'의 자리를 아이가 차지해 버린다고 생각할 때 흔히 주는 금지어이다. 어린 자녀를 정성을 다해 돌보는 데 열중하면 부모는 자신이 즐길 시간이 없다. 부모에게 있는 '어린이 자아'는 자녀로 인하여 활동을 하지 못한다. 나의 '어린이 자아'라는 공간은 하나밖에 없다. '그곳에는 오로지 나만이 있어야 할 자리야.' 그래서 부모는 이렇게 결론을 내린다. '네가 아이처럼 행동하지 않고 어른처럼 행동하면, 나의 어린이 자아를 고스란히 지킬 수 있고, 나는 너를 미워하거나 원망하지 않을 거야.' 이런 아이는 타의 모범이 되는 어른스러운 아이가 된다.

어린 시절 동심의 세계를 경험하지 못하고 자란 사람은 처음부터 '어린이 자아'가 존재하지 않았거나 미성숙한 상태로 흐릿하게 남아 있다. 부모 역시 그 부모로부터 '어린애처럼 굴지 말라'의 금지어를 받고 자랐을 것이다. 이런 사람은 자신의 아이에게도 '어린아이처럼 굴지 말라'의 금지어를 준다. 아이는 모든 생각과 감정, 그리고 행동을 어른스럽게 한다. 소위 '모범적인 아이'가 된다. 부모의 영향아래 아이는 '아이처럼 굴지 말라'의 금지어를 확인하고 강화하면서 자란다.

어린아이를 귀찮은 존재로, 어린아이를 가까이하는 것을 꺼리는 어른들은 어린 시절 '즐겨서는 안 돼', '어린아이처럼 굴지 말라'의 금지어를 받았을지도 모른다. 어린이처럼 즐기는 것은 어린아이만이 할 행동이기 때문에 어른으로서는 어울리지 않는 행동이라고 생각하고 있다면, 어린 시절 부모로부터 '어린아이처럼 굴지 말라'의 금지어를 받았을 가능성이 있다. 직장 야유회에서 동료들이 신나게 게임을 즐기는 분위기에서 별로 흥겨워하지 않는다면 '어린아이처럼 놀아서는 안 돼'라고 배웠던 어린 시절이 시간의 고무줄에 끌려 지금 이 순간에 와 있는 것이다.

감정적으로 투자하지 말라(Don't Invest emotionally)

'감정적으로 투자하지 말라'는 '자기 자신이나 다른 사람에게 감정적으로 시간과 노력을 쏟지 말라'라고 할 수 있다. 이 금지어를 따르는 사람은 꽃을 가꾸거나 음악 감상을 하는 것과 같은 자기 자신을 위하여 시간을 쓰는 행위는 하지 않으며 타인에게는 인정이나 베풂이 없는 사람으로 비춰진다. 때로는 '나의 시간은 내가 보상받는 활동에만 쓰일 것이다'라고 결단한다. 결국은 감정 세계를 무시하고 물질적 이익만을 쫓는 데 시간을 투자할 것이다.[61]

투자란 어떤 이익을 위해 자본을 대는 것이기도 하지만, 어떤 무형의 보람 있는 일을 위해 시간과 노력을 쏟는 것도 투자이다. 이렇게 하면 물질적인 투자로 얻는 이익처럼 행복이란 것이 반드시 돌아오는 것이 있다. 이것은 물질적인 것보다 다분히 감정적이다. 정신적인 투자라고도 할 수 있다. 아무 조건 없는 정신적인 투자야말로 진정으로 행복감을 준다는 것을 우리는 알고 있다.

부모로부터 '감정적으로 투자하지 말라'의 금지어를 받고 자란 사람들의 신념은 '어떠한 것에도 무조건적인 관심과 사랑을 주어서는 안 된다', 그러기 위해서 '나는 항상 다른 사람들과 적당한 거리를 유지할 것이다'라는 신념을 가지고 있다. 그래서 그들은 다른 사람을 위해 어떠한 봉사나 헌신도 하지 않을 것이며, 자신의 주변에는 그렇게 도움을 주거나 이바지할 만한 대상이 없다고 생각한다. 이 금지어는 사람들과의 관계에서 어떤 보람 있는 일을 위해 봉사하며 시간을 들이고 노력하는 것을 차단하는 것이다.

어린아이가 자신의 정신적 보람과 기쁨을 위해 조건 없이 시간과 노력을 들이는 것을 부모가 금지할 수 있다. 그런 시간과 노력을 들이는 행동이 부모가 바라는 것과는 전혀 다른 행동이라고 생각하면 이 금지어가 전달된다. 즉, 그것이 아이의 정서적 발달에 매우 좋은 것이라 할지라도 부모가 바라는 결과를 가져오지 않는다면 금지할 수 있다. 그래서 이 금지적 메시지를 받고 자라는 아이들은 진정으로 자신이 원하는 것을 위해 기꺼이 시간을 들이고 노력하지 못한다. 친구를 도와준다든가 봉사 활동 같은 것을 하지 못한다. 누군가를 위해 봉사하는 것은 생각하지도 못하며, 그렇기 때문에 봉사할 대상이 있다는 사실을 알지 못한다. 어떠한 조건도 없이 봉사함으로써 얻는 보람과 기쁨은 그 어떤 것보다도 가치 있다는 사실도 모른다.

아이가 부모가 원하는 것을 위해 노력한다면, 그래서 착하다고 하고 훌륭한 아이라고 칭찬하고 격려해 준다 하더라도, 그것은 아이의 꿈을 위해서가 아니라 부모의 계획을 실현하기 위해서다. 이것은 부모가 자녀의 인생을 프로그래밍하는 것이라고 에릭 번은 말했다. 부모의 프로그래밍으로 아이의 인생이 결정된다면 아이는 평생 자신만의 삶을 살아갈 수 없을 것이다. 즉, 부모가 프로그래밍해 준 대로 살아갈 것이다. 이렇게 프로그래밍한 것이 곧 인생각본이다. 어릴 때부터 부모가 원하는 대로 열심히 공부하여 일류 대학 법대에 입학하였으나 이것이 진정으로 자신이 원하는 길이 아님을 늦게 깨닫고 가수가 되거나 배우의 길을 가는 사례를 우리는 흔히 본다.

각본의 본질은 고통을 야기하는 것이므로 각본에서 자유롭지 않는 한 살아가는 동안 크고 작은 문제들이 자신을 괴롭힐 것이다. 아이는 부모가 낳았지만 부모의 소유물이 아니다. 아이는 부모의 작품이 되어서는 안 된다. 아무리 좋은 결과가 있더라도 그것은 부모의 것이지, 아이의 것이 아니다. 부모는 자녀를 과학영재로 키우고 싶은데, 아이가 봉사 활동에 많은 시간과 노력을 들인다면 금지할 것이 분명하다. 그것은 아이 스스로 자율적인 삶을 살아갈 권리를 박탈하는 것이다.

정체성 금지어
(The Identity Injunctive message)

✕
✕
✕
✕
✕
✕

너 자신이어서는 안 돼(Don't be you)

'너 자신이어서는 안 돼'의 금지어를 받고 자란 사람의 핵심 신념은 '나는 무시당하는 것이 두렵다'이다.[62] 그리고 '나는 나의 현실을 받아들일 수 없다'라는 신념이 있다. 결론적으로 '나는 내가 싫다'는 것이다. 이것은 비관적인 생각이다. 좀 더 적극적으로 이 상황을 이겨 내려고 하는 사람은 '나는 나의 현실을 받아들이고 완벽한 사람이 되기 위해 최선의 노력을 할 것이다'[63]라고 결심한다.

이런 행동은 다분히 반항적이고 투쟁적이다. 비관적이든 반항적이든 이 같은 사람들의 공통적인 대처 행동은 항상 다른 사람들의 행동에 맞추고 다른 사람들의 역할을 수행하는 것이다.[64] 왜냐하면 나자신이어서는 안 되기 때문이며 자기 자신을 받아들일 수 없기 때문이다.

'명석'이라는 이름의 아이가 있다. 엘리트 학벌과 사회적 지위를 가진 부모는 아이가 처음 태어났을 때 총명하고 성공하는 아이로 자라기를 기대하며 이름을 '명석'이라고 지어 주었다. 부모는 늘 아이에게 '너는 총명한 아이여야 해'라고 비언어적 메시지를 전달하였다. 아이는 유치원에 가기 전까지는 똑똑한 아이로 보여 부모는 만족하였으며 영재교육을 시켰다. 그러나 아이는 자랄수록 자기를 '명석'이라고 부르는 것이 부담스러워졌다. 아이는 부모가 원하는 대로 똑똑하고 총명한 아이로 자라야 했기 때문이다. 어린아이지만 그것을 알고 있었으며, 뭔가 실수하였거나 영어 단어를 잘 외우지 못하면 부모가 실망할까 봐 스트레스를 받고 있었다. 그럴 때는 '너 같은 아이는 명석이라고 할 수 없어'라는 메시지를 전달받을지도 모르기 때문이다. 아이는 지능은 높았지만 자라면서 행동이 둔해져 갔고 부모가 기대하는 대로 우수한 학습 효과도 보이지 않았다. 때때로 다른 아이와 비교하여 '그 아이는 정말 똑똑해 보이더라'라고 말한다. 아이는 이렇게 비교를 자주 당하면서 '나는 총명한 아이가 아니야!'라고 결론 내리고 무의식적으로 이를 증명하기 위해 노력한다.

'너 자신이어서는 안 돼'는 부모가 아들 또는 딸이 태어나기를 원했는데, 반대로 태어났을 경우에도 해당된다. 이럴 때 부모는 비언어 또는 이면적 메시지로 '네가 아들(딸)이었으면 좋았겠다'는 메시지를 전달한다. 아들에게 정숙(貞淑)하게 행동하도록 가르치고 딸에게 거친 운동을 시킨다. 딸의 이름을 남자 이름처럼 지어 주고, 아들에게 여자 이름처럼 지어 준다. 이런 금지어를 받은 아이는 반대의 성을 가진 아이와 놀이를 주로 한다. 딸아이는 남자처럼 활달하고 씩씩하며 같은 또래의 남자아이들과 어울리며 거친 놀이를 즐긴다. 아들은 성인이 되어도 몸치장에 신경을 많이 쓰고 말도 행동도 정숙하다. 여자 친구를 사귈 때도 활달하고 힘 좀 쓰는 여자를 선택하고, 그런 여자와 결혼할지도 모른다.

> 부모가 아들을 원했지만 딸로 태어난 도윤은 부모로부터 '네가 아들이기를 바랐다'는 말을 자주 들었다. 그리고 부모는 딸의 이름을 '도윤'이라고 남자 이름처럼 지어 주었으며 씩씩하게 키웠다. 그는 성인이 된 뒤에도 화장을 잘 하지 않고, 항상 치마보다 바지를 주로 입는다. 남자 정장같이 단정해 보이는 옷을 입고, 목걸이를 하거나 귀걸이를 하는 등, 여성스럽고 매력 있는 몸단장을 하지 않는다. 그녀는 부모가 씩씩하게 키웠기 때문에 성격이 활달하며 매우 사교적이었다. 그녀는 사회 활동을 많이 한 덕에 시의원이 되었다. 그녀는 시의원이 된 후에는 주로 넥타이를 맨 정장을 하고 다녔으며, 남자 시의원을 압도할 정도로 정열적으로 일하는 정치인이 되었다.

아들 형제를 둔 아버지는 첫째보다 둘째 아이를 더 좋아한다. 이럴 때 첫째 아이에게 '너는 동생보다 못해'라는 말을 자주 한다. 첫째는 나는 '형이 될 자격이 없어'라고 생각한다. 첫째 아들을 좋아하지 않는 아버지는 '옆집 누구는 벌써 천자문을 공부한대', '그 아이는 과외를 받지 않는데도 우등상을 탔다고 하더라'며 비교한다. 이런 아이들은 '나는 아버지가 원하는 아이가 될 수 없어', '나는 나 자신이어서는 안 돼'라는 금지 메시지를 받고 있다.

부모는 자신의 아이가 총명하기를 원하고, 자신들이 기뻐하는 성적표를 가지고 오기를 바란다. 그리고 자신들이 생각하는 이상적인 자녀이기를 원한다. 이럴 때, 아이는 부모가 원하는 아이로 자라야 한다. 사회적으로 엘리트 부류에 속하는 사람들 중에는 철저하게 부모의 프로그램에 따라 성공한 경우가 많다. 이들은 모두 그렇지는 않겠지만 진정한 자신만의 삶이라고 할 수 없다.

부모들은 자녀가 원하는 아이로 행동할 때는 기뻐하고 칭찬하고 사랑스럽다는 메시지를 주지만, 그렇지 않을 때는 '너는 내가 바라던 아이가 아니야'라는 메시지를 무언중에 보낸다. 또는 '넌 왜 맨날 그 모양이니?', '난 너 같은 아이를 본 적이 없어'라고 말할 수도 있다. 어떤 어머니는 '너는 맨날 빈둥거리는 삼촌과 똑같아'라고 하고, 그런 행동을 계속하면 '너는 내가 원하는 자식이 될 수 없어'라는 언어적 또는 비언어적 메시지를 계속 전달한다.

격리되지 말라(Don't be seperate)

어린 시절 부모로부터 '격리되지 말라'의 금지어를 받고 성장한 사람은 자신의 정체성이 모호하다. 기본 관념은 항상 누군가와 같이 있거나, 어떤 그룹에 소속해 있어야 하고, 주도적이고 독립적인 행동을 하지 못한다. 그들은 '나는 내가 될 수 없다', '나는 내가 누구인지 잘 모르겠다', '나는 혼자서는 아무것도 할 수 없다', '내가 하는 일은 내

덜미, 무엇이 나를 통제하는가

가 선택한 것이 아니고, 나는 항상 내가 원하지 않는 역할에서 벗어나지 못한다'는 신념에 사로잡혀 있다. 이런 것들은 대부분 비관적인 신념이다.

도전적이고 투쟁적인 신념도 있는데 '당신이 뭐라고 하든지 나는 나다'라며 '나는 분명 ~한 사람이다'라는 것을 유난히 강조한다. 비관적인 신념이든 투쟁적인 신념이든지 공통적인 결말은 모두 갈등을 피하기 위한 이중적 태도를 보인다는 점이다. 결국 이들이 겪는 고통은 '나는 내가 선택하지 않고, 원하지 않은 역할에 얽매여 있다'이다.[65]

초등학교 2학년인 지훈은 엄마가 잠시라도 보이지 않으면 몹시 불안해한다. 엄마는 학교 수업이 끝날 때까지 복도에서 아이를 바라보며 기다려야 한다. 지훈은 재혼한 어머니가 5년 만에 어렵게 낳은 귀한 아들이다. 지훈의 어머니는 첫 결혼 때 딸을 낳았으나 교통사고로 잃었다. 그리고 두 번째 결혼에서 낳은 지훈은 다시는 잃어서는 안 된다는 생각을 하며 강박적으로 과잉보호했다. 혹시 일어날지 모르는 사고를 방지하기 위해 어머니 곁을 한시도 떠나지 않게 키웠다. 지훈은 어머니로부터 '격리되지 말라'의 금지어를 받고 자랐다. 지훈은 성인이 되어서도 항상 의존의 대상을 찾아다니며 도움을 요청한다. 지훈은 혼자 있으면 심한 불안장애 증상도 나타난다.

인간은 끊임없이 사회적 관계를 맺으며 살고 있다. 그 사회 속에서 여러 가지 역할을 하면서도 자신의 진정한 본래의 모습을 잃지 않는다. 그럼으로써 독립적이고 주도적인 삶을 살 수 있다. 그러나 '격리되지 말라'의 금지어를 따르는 사람은 자신이 사회적 교류를 통해서 세상에서 유일하고 가치 있는 독립적인 존재가 된다는 사실을 알지 못하며, 이에 따른 자기의 정체성에 혼란을 겪거나 정체성을 잃어버린 사람이다.

또한 아이들은 성장하면서 부모로부터의 의존적인 관계에서 벗어나 스스로 밥 먹고 혼자 씻고 혼자 옷을 입을 수 있는 과정을 겪으면서 점차 정서적으로 분리−개별화되어 간다. 분리−개별화는 엄마와의 교류와 상호작용의 과정을 통해서 이루어진다. 그러나 어린 시절 '격리되지 말라'의 금지어를 받으며 성장한 사람은 세상 또는 부모와 내가 분리되는 데 실패했기 때문에 '나는 누구인가?'라는 중요한 과제를 안고 혼란 속에서 살아간다.

눈에 띄지 말라(Don't be visible)

'눈에 띄지 말라'의 금지어를 받고 자란 사람은 수치심이 많은 것이 특징이다. 따라서 이들의 핵심 신념은 수치심이다. 수치심은 사회적 교류의 상황에서 자신의 결점이 외부로 노출되었을 때 느끼는 정서로서, 가능하면 다른 사람들의 시선이 적은 상황을 찾는다. 수치심은 타인으로부터 인정받지 못하거나 존중받지 못한다는 고통스러운 정서이다. 이에 대한 반동 작용으로 표면적인 자아 뒤에 수치심을 숨기며 살아가는 사람도 있다. 이들은 허세를 잘 부리고 자신감이 있어 보인다. 결국 이들의 최종 결론은 '나는 나의 겉모습만 보여 줄 뿐, 진정한 모습을 절대 보여 주지 않겠다'[66]이다.

자녀가 나약하다고 생각하는 부모는 '아무 데서나 나서지 말고, 조용히 있어라. 그것이 네가 이 험한 세상에서 살아남는 최선의 방법이다'라는 메시지를 준다. 실제로 자녀가 장애를 가진 부모는 사람들 앞에 당당하게 서도록 다양한 방법으로 동기 부여를 한다. 그러나 '눈에 띄지 말라'의 금지어를 주는 부모는 자신도 자기의 결점이 노출될지 모른다는 내면의 수치심이 있을지도 모르며, 그것을 무의식적으로 자신의 자녀에게 전수한다.

'눈에 띄지 말라'의 금지어로부터 오는 수치심은 당연히 부모로부터 물려받은 거짓 신념이다. 거짓 신념은 그럴듯하게 진실처럼 보이며 그것을 실제 자기라고 믿는다. 그래서 진실된 자기는 거짓 자기에 의해 억압되어 있다. 부모는 자신의 나약함을 아이에게 투사하는지도 모른다. 부모는 자신의 아이를 가능한 외부에 노출시키려 하지 않을 수도 있다. 아이를 데리고 외출을 잘 하지 않으며, 아이를 데리고 외출하더라도 가능하면 조용한 곳으로 간다. 아이는 무의식중에 '나는 사람들의 눈에 띄어서는 안 되는구나'라고 생각한다. 이것은 서사적으로 생각하는 것이 아니라 직관적으로 느끼는 것이다.

이 금지어를 받고 자란 사람은 자신감이 없고 스스로 나약하다고 생각하며, 사람들의 시선이 많은 상황을 피하며, 타인으로부터 거부당할지도 모른다는 불안이 있다. 수치심의 신호는 자세에서부터 나타난다. 사람들로부터 주목받지 않기 위하여, 시선은 항상 아래 또는 허공을 향해 있다. 사람들 앞에서 말을 잘 못하고 단체 사진을 찍을 때는 항상 가장자리나 뒷자리에 선다. 이 금지어를 따르는 사람은 마음속으로는 세상의 모든 일을 다 하지만, 실제로의 행동은 소극적이고 지극히 제한되어 있다. 반대로 자신의 나약함을 감추기 위해 자신감으로 포장해서 표면적으로 아무런 문제가 없는 것처럼 보이거나 시끄럽고 과장된 행동을 한다. 하지만 그 자신감은 허세일 뿐이다. 그래서 자신의 참된 자아는 사회적인 자아의 표면 아래에 갇혀 있다.

수치심이 있는 사람은 자아가 위축되거나 작아지는 것 같은 정서, 열등감, 소외감, 사회적으로 거부당한다는 생각 때문에 사람들 앞에 나서기를 꺼리고 숨으려고 한다. 수치심을 불러일으키는 중요한 요인은 다른 사람들로부터 자신이 부정적 평가의 대상이 될지도 모른다는 생각이다. 예컨대 사람들 앞에서 망신을 당하거나 일을 형편없이 수행하는 것이다.

수치심을 경험하는 사람들은 위협된 자아, 손상된 자아를 회복하기 위한 수단으로 긍정적인 피드백을 찾거나 자기 고양을 하려 한다. 수치심이라는 부정적인 기분으로부터 벗어나고자 자기 충족적 행동을 하려는 경향도 있다. 따라서 자신의 정체성을 사람들에게 보여 주기 위해 특정한 소비행위를 할 때가 있다. 자신의 경제적 수준에 맞지 않는 고급 옷을 입고, 비싼 자동차를 타고 다니는 등 자기의 소유물 자체를 통해 자신의 정체성을 보여 주려 한다.

아직도 어린 현주에게 동생이 태어났다. 현주는 동생이 어머니 품에 행복하게 안겨 있는 것을 본다. 자신이 있어야 할 자리에 동생이 있는 것이다. 아이는 아직도 어머니의 품을 완전히 떠나지 않았고 그 과정에 있는데, 어머니의 젖을 차지하는 자격을 박탈당했고, 자신은 어머니로부터 버려진 존재라고 생각한다. 동생의 행복한 이미지를 바라보는 아이의 시선은 자신의 자리를 다시 차지하고 싶은 응징과 복수 그리고 탐욕의 시선이다.

아기에게 어머니와의 절대적 의존 기간 동안에 충족되지 못한 사랑에 대한 갈망은 수치심을 발생시킨다. 아이는 어머니, 즉 타자로부터 받은 상처가 생겼으며, 박탈당하고 버려진 것에 대한 수치스러운 감정이 내면의 비밀스럽고 깊숙한 곳에 저장된다. 그리고 평생 없어지지 않는다. 아이는 박탈로부터 사랑의 결핍을 경험하고 버려져 관심받지 못하는 존재라고 스스로 결론 내린다. '눈에 띄지 말라'는 어머니의 금지적이고 비밀스러운 신호는 아이의 내면에 수치심으로 자리 잡는다.

이 금지어를 따른 결과로 음식에 집착하려는 욕구가 증가하기도 하는데, 음식이 낮아진 자기 가치감을 고양시키기 위한 대체 수단이기 때문이다. 그것은 폭식증이나 거식증으로 나타난다. 라캉(Lacan)은 거식증이 있는 사람은 무(rein, 無)를 먹는다고 했다.[67] 무를 먹는다는 말은 은유적 표현인데, 그들의 육체를 참혹하게 만드는 수치심으로부터 무엇인가를 방어하기 위해서다. 음식을 거부하는 것, 타인이 음식을 먹는 것을 볼 때 나타나는 구토의 증상들은 육체에 달라붙어 있는 수치심을 드러내는 피학적이고 고통스러운 주이상스 (jouissance : 쾌락)이다.[68]

수치심과 죄책감은 모두 부정적인 정서이지만 죄책감보다 수치심이 더 고통스럽다. 개인행동의 일부분이 아닌 자기(self)와 관련된 핵심적인 정서이기 때문이다. 수치심은 일반적으로 나약함, 움츠러드는 느낌과 무가치감과 무력감을 경험하게 만든다. 그리고 무방비로 노출된 기분을 경험한다. 이와 마찬가지로 다른 모든 중독자들이 끊임없이 중독물질을 탐닉하는 것도 사랑을 박탈당한 뒤 비워진 몸과 마음이 요구하는 충동의 결과이지만, 그것을 통해서 결코 만족될 수 없다.

수치심의 정서를 방어하기 위해서 사람들에게 경멸과 조롱을 보내고, 그 정서에 도전하고, 분노하고, 멸시한다. 경멸과 뻔뻔함은 수치심이 없기 때문이 아니라, 수치심에 대한 방어이다. 이 도전·분노·멸시의 결과로 나타나는 오만함·거만함 그리고 자신을 사회로부터 격리시키는 폐쇄 같은 태도들은 수치심에 대한 반동 형성이다. 수치심에 대한 느낌은 다른 사람들에게 전가되기 쉽다. 수치심은 자신이 관찰되고, 염탐당하고, 통제된다는 망상으로 변할 수도 있다. 그래서 자신의 나약함이 눈에 띄지 않고 들키지 않기 위해 숨고 또 숨는다.

중요한 인물이 되지 말라(Don't be important)

'중요한 인물이 되지 말라' 금지어의 핵심은 강박적으로 상황을 과장하고 지배한다는 것이다. 모순된 행동 같아 보이는데, 이것은 이 금지어에 결코 순응하지 않겠다는 투쟁적이고 반항적인 행동이다. 이런 사람은 '나는 중요한 사람이 되겠다', '나는 다른 사람들보다 뛰어나고 위대해질 것이다'[69]라는 기대가 끊임없이 커지고, 그 기대에 부응해야 한다는 생각을 강박적으로 하게 된다. 그리고 실적을 올리고, 다른 사람보다 더 중심에 서려는 충동을 느끼며 비교하고 경쟁하는 투쟁적 사고에 젖어 있다. 그러나 그 반대로 성향은 '나는 하찮은 사람이다'[70]라며 비관적인 결단을 하는 사람이다. 이들은 항상 겸손하고 자기의 존재감을 나타내지 않으려 한다. 이런 금지어를 주는 부모는 '평범하게 살아라', '나서지 말고 조용히 살아라', '그런 일은 우리 수준에 맞지 않아' 등의 메시지를 전달한다.

'내 삶의 의미는 탁월하기 위해 투쟁하는 것이다'[71]라는 결단을 내린 사람은 더 많은 재산, 더 높은 지위를 가지기 위해 노력한다. 그러나 최대다수, 더 많은 숫자, 더 높은 성적, 더 많은 돈, 더 많은 인기 등은 인간의 영혼을 행복하게 하는 데 도움을 주지 못한다. 부자가 되고 싶은 사람은 충분한 기준을 모른다. 아무리 부를 많이 축적해도 자신보다 더 많은 부를 가진 사람이 있다. 그래서 더 많이 가지려고 노력하고, 그럴수록 돈에 더 집착하고 만족할 때까지 지속적으로 시도하게 된다. 하지만 확실한 만족은 항상 미래에만 있기 때문에 현재는 불만족 상태일 수밖에 없다.

또 물질주의와 공리주의가 삶을 지배하면, 올바른 성품은 삶의 중심에서 쫓겨나기 마련이다. 따라서 윤리와 도덕적 삶은 소외되고, 편법·불법·속임수 등이 삶의 중심에 대체된다. 그러므로 이러한 시도는 결국 실패로 종결될 수밖에 없다. 그리고 필연적으로 '나는 중요하지 않다'라는 절망에 빠진다. 이런 사람은 어린 시절 부모로부터 '무엇보다도 지위와 돈이 중요해, 열심히 일하고 승진하고 저축해야 이 사회에서 중심 역할을 할 것이다'라는 메시지를 받았을 가능성이 높다. 그러나 그 금지어를 따를 때 성품이 바탕이 되지 않은 경우에는 대다수가 실패로 종결되기 때문에 결국은 '중요한 사람이 되지 말라'의 메시지를 실천하는 결과가 된다.

'중요한 사람이 되지 말라'의 금지어는 부모에 의해 자녀에게 여러 가지 방식으로 전달된다. 어린아이는 더 많은 장난감을 가지고 싶어 하고, 더 많은 시간 동안 놀이터에서 놀려고 할 것이다. 그러나 부모는 '아이야, 네가 하고 싶어 하는 것은 중요한 것이 아니다', '너 자신에게도 중요한 것이 아니다', '진짜 중요한 것은 따로 있다', '네가 내 말을 이해한다면, 나는 너와 잘 지낼 것이다'라는 메시지를 보낸다. 결국 아이는 '나는 중요한 것을 해서는 안 돼', 나아가 '나는 중요하지 않아'라고 결론 내리고, 아이의 무의식 속에 내면화되고 고착화될 것이다. 그리고 성인이 되면 이 금지 메시지를 실천하는 과정을 반복한다.

▌ 지환 씨는 직장 동료와 여행 중에 앞서 나서는 일이 없다. 동료들이 가

자는 대로 따라만 다닌다. 자기주장을 하는 일도 없다. 그렇다고 하고 싶은 말이나 행동이 없는 것도 아니다. 누군가 시키면 그때야 겨우 작은 목소리로 자기 의견을 말한다. 좀처럼 불평도 하지 않으며 항상 겸손하며 순응적이고 타협적이다. 그는 자신이 타인의 시선이 집중되는 중심에 있는 것이 불편하다. 그는 어린 시절 부모로부터 '나서지 말라', '그저 보통 사람, 평범한 사람으로 행동하는 것으로 충분해', '그런 것은 우리 수준에 해당치 않아'의 메시지를 받고 자랐을지도 모른다. '중요한 인물이 되지 말라'의 금지어는 아이가 자기 자신과 행복이 중요하다는 것보다 겸손함과 조용히, 자신을 내세우지 않는 것을 배우도록 한다.

성공한 아버지를 둔 아이는 아버지의 권위에 눌려 위축되고 자신은 보잘것없는 아이라 생각할 수 있다. 이런 아버지에게는 성공한 자식을 자랑하고 싶은 욕망이 있을 것이다. 자신의 마음은 아이의 성공보다도 자신의 사회적 권위가 더욱 돋보이게 되거나, 아니면 자신의 사회적 권위가 손상되지 않기를 바란다. 이 아이는 노력하고 또 노력하지만 아버지를 넘어서기 힘들고, 아버지의 기대를 충족하기란 어렵다. 아버지는 '내 얼굴에 먹칠을 하지 말라'는 태도로 아이를 대한다.

이때 아버지는 지속적으로 자녀가 똑똑하지 못하다는 생각을 언어적·비언적 메시지로, 때로는 은밀하게 계속 전달한다. 아이는 '내가 중요한 인물이 된다는 것은 불가능한 일이다'라고 결론 내린다. 그리고 성인이 되면 중요한 사람이 되는 것이 실패할 때까지 끊임없이 노력할 것이다. 이것이 불가능하다고 판단한 아이는 자포자기하거나 문제아가 되어 사회와 아버지를 향해 분노를 표출할 수도 있다.

어떤 사람이 팀에서 리더 역할을 할 기회가 있을 때, 당황하거나 그 상황을 피해 버린다면, 어린 시절 부모로부터 '중요한 사람이 되지 말라'의 금지어를 받았을 가능성이 있다. 그리고 사회적으로 중요한 역할을 할 수 있는 능력이 충분히 있어도 '그런 중요한 일은 내가 해서는 안 돼'라고 하면서, 스스로 자신의 능력을 평가 절하하여 인정받고 승진할 수 있는 기회를 회피해 버린다. 이런 사람은 상사가 주는 어떠한 과제도 마다하지 않고, 불평 한마디 없이 훌륭히 수행해 내며, 맡은 바 책임을 다한다. 그러나 그는 승진 심사를 하는 날 부득이한 일로 결근한다.

원하는 것을 가지지 말라(Don't have want)

'원하는 것을 가지지 말라'의 금지어를 따르는 사람의 핵심 감정은 '나는 내가 누구인지 모르겠다'이다.[72] 아이러니하게도 자신의 소망이 무엇인지 모르는 사람은 대부분 자신이 어떤 사람인지 모른다. 이들은 타인들에게 좋게 평가받지 못할 것이라는 생각 때문에 자신의 정체감에 대해 혼란스러워한다. 따라서 자신의 본질적인 성격을 수용하지 못하며 '이런 모습은 내가 아니야'라고 자신을 부정한다. 이런 감정은 비관적인 결단이다. 그러나 반항적이거나 투쟁적인 결단을 하는 사람도 있다. 이들은 '다른 사람이 자기들이 원하는 것이 무엇인지 알아채기 전에 먼저 내가 알아내겠다'[73]고 결심한다. 결국 이들은 '나는 다른 사람에게 인정받기 위해 나의 욕구를 포기한다'고 결론 내린다.

> 현우는 옆집 친구가 게임기를 갖고 있는 것이 너무나 부럽지만, 부모에게 사 달라고 말하지 못한다. 놀이터에서 어머니와 즐겁게 놀고 있는 친구들이 부럽지만 항상 혼자 논다. 이렇게 어린 시절 '원하는 것을 가지지 말라'와 같은 금지어를 주는 환경에서 자란다면, 자신의 존재감을 억제해 버리거나, 또는 자신의 미해결된 욕구를 충족하는 방식으로 '제 정신이어서는 안 돼'라고 결단할 수도 있다. 그래서 막무가내로 떼쓰는 반항적인 아이가 되기도 한다.

'원하는 것을 가지지 말라'의 금지어를 따르는 대부분의 아이들은 소망이나 욕구를 갖지 않거나 또는 그것을 조심스럽게 숨기거나 억제하는 법을 터득하고 결단한다. 따라서 삶의 태도는 그 결단을 정당화하기 위한 것이 주요 이슈가 된다. 예를 들면, '나는 결코 나의 욕구를 충족시키지 못할 거야'의 결단은 때때로 타인을 긍정적으로 바라보지만, 자신을 부정적으로 생각하는 패/승적 삶의 방식이 초래된다.

'나는 너무 가까이 다가가지 않을 것이다'는 타인은 내가 원하는 것을 주지 않을 것이고, 타인으로부터 배척당하거나 상처를 입을 수 있다는 두려움이 있다. 이러한 금지어는 거의 무의식적으로 전달하고 전달받을 때가 많기 때문에 부모나 또는 아이들은 이 사실을 의식적으로는 거의 알아차리지 못한다. 따라서 이런 사람들은 삶의 과정에서 곤경에 처할 때, 어린 시절 결단한 이 금지어에 의해 심각한 딜레마에 빠져든다. '원하는 것을 가지지 말라'의 금지 각본을 가지고 있는 사람의 마음에는 거절당하여 생긴 오래된 상처가 남아 있다. 그래서 성인이 된 뒤에도 '나는 누구로부터도 타격을 받지 않겠다'는 생각으로 타인을 경계하고 자신을 통제하며 살아가며 미소로 자신의 상처를 감추기도 한다.

덜미, 무엇이 나를 통제하는가

역량 금지어
(The Competence Injuctive message)

성공하지 말라(Don't make it)

'성공하지 말라'의 금지어를 따르는 사람의 핵심 신념은 '성공을 위해 몸부림치지만 항상 실패했다고 느낀다'는 것이다. 이들 중에 비관적인 결단을 하는 사람은 어떤 경우에도 만족함을 느끼지 못한다. 한편 투쟁적 결단을 하는 사람의 신념은 '내가 뛰어나다는 것을 증명하고 말겠다'[74]이다. 그러나 둘 다 성취를 위해 온 힘을 다해 노력하지만 항상 불만족스럽다.

'나는 왜 하는 일마다 되는 일이 없지?' 또는 '나는 무능하고 무기력하다'라고 생각하는 사람도 있다. 이런 사람들은 일마다 성과를 올리지 못하고 실패로 일관한다. 이런 사람들은 자신의 능력을 키우고 성과를 올리기 위해 혼신을 다해 노력하는 일이 드물다. 때로는 노력해 보지만 실패로 끝나는 것을 경험하고, '그럼 내가 그렇지 뭐' 하면서 자신의 무능을 확인한다.

반면 지나치게 과도한 목표를 세우고 노력함으로써 자신이 무능하지 않다는 것을 증명해 보이려고 하는 사람도 있다. 이런 사람의 행동은 거의 투쟁적이며 능력의 한계를 벗어난 목표 때문에 결국 실패로 끝난다. 하지만 그 과정에서 성공적으로 보일 때도 있지만 지속적이지 않다. 이들은 표면적으로는 성공하기 위해 노력하지만 무의식에서는 실패하는 방법을 찾아 실천한다. 실패는 빠른 시간 내에 나타날 수도 있고, 천천히 또는 삶의 마지막 시기에 나타날 수도 있다. 또는 죽은 후에 실패였다는 것이 증명되기도 한다. 이런 '성공하지 말라'의 금지어를 가진 사람을 찾아보는 것은 그리 어렵지 않다.

부모들은 자신의 양육 태도를 점검해 볼 필요가 있다. 아이들이 자신의 목적을 달성하고 성공할 수 있도록 도와주는가? 아이에게 감당하기 힘든 과도한 목표를 주는가? '우리 형편에 너의 목표는 가당치 않은 일이야' 또는 '너의 능력은 거기까지야, 지금보다 더 나은 인생을 살 수 없을 거야'와 같은 메시지를 전달하는가?

때때로 '야! 이 바보야!'라는 말을 습관적으로 하는 부모가 있다. 아이가 무엇인가 아는 척하면, 부모는 부지불식간에 '잘났어, 정말'이라는 말을 하기도 한다. 아이가 실수를 하면 '네가 하는 일이 다 그렇지 뭐', '너는 그런 것도 못해, 더 이상 하지 마', '넌 구제불능이야'라는 말을 할 수도 있다. 또는 '너는 이것밖에 못하니?', '너 이제 보니 바보구나, 이것도 몰라?', '공부도 못하는 것이 먹을 것만 찾는구나!'라고 말할 수 있다. 이런 말은 부모가 자녀에게 '넌 성공해서는 안 돼'라는 금지어를 전달하고 있는 것이다.

어릴 때부터 바둑을 배운 창식군은 열두 살 되었을 때, 처음으로 아버지를 이긴다. 아버지를 이겼다는 것이 매우 기뻤다. 그러나 아버지는 직접적으로는 표현하지 않지만 아들에게 진 것에 자존심이 몹시 상하였다. 그 후로 아버지는 '나도 이제 나이가 들었나 보다', '젊었을 때는 나를 이기는 자가 없었는데' 하는 말을 자주 한다. 아버지의 말을 들은 아이는 일부러 아버지에게 져 주었다. 그러자 아버지는 아들에게 아이스크림을 사 주며 '이 늙은 아버지의 실력이 아직은 녹슬지 않았지?'라고 말한다. 그리고 아들은 생각한다. 아버지에게 바둑을 계속 져 주는 대신, 검도를 배우겠다고 결심한다. 아니면 '다시는 아버지와 바둑을 두지 않겠다!'라고 결심할지도 모른다.

용주 씨는 경제적으로 넉넉하지 못한 집에 태어나 어릴 때부터 아르바이트를 하며 돈을 벌어야 했다. 대학에 진학하여 공부할 수 있는 환경이 아니었다. 아버지는 자영업을 하는데 친구와 술을 좋아하며 생활비를 잘 주지 않으며 가정에서는 매우 독선적이다. 어머니는 아버지의 독전적인 행동에 무기력한 사람이다. 아버지는 술에만 관심이 있고 아들의 장래에는 전혀 관심이 없으며, 아버지에게 조금이라도 바른 소리를 하면 '잘난 체하지 말라!', '너 같은 놈이 잘 되는 것을 못 봤다!'라며 소리친다. 용주 씨는 '내가 성공하는 것을 보여 주고 말겠어!'라고 결심했다. 그러나 그의 머릿속에서 '성공하지 말라'는 부모 자아의 은밀한 목소리는 끊임없이 들렸으며, 그 소리가 들릴 때마다 몸이 부서지도록 일했다. 열심히 노력한 결과 상당한 재산을 모았으나 삶이 행복하다거나 만족스럽지 않으며 언젠가 재산을 사라져 버릴지도 모른다는 불안감이 떠나지 않는다. 그의 외동아들은 그 덕분에 좋은 옷을 입고 좋은 차를 타고 다니며 풍족하게 생활하고, 좋은 대학에 진학하기 위해 열심히 공부한다. 그런데 그의 아들은 시험 보는 날 아침만 되면 갑자기 배탈이 난다. 또는 시험 보는 전날 악몽을 꾼다. 공부를 열심히 했는데도 불구하고 풀기 어려운 문제가 나오면 시험을 보다가 도중에 포기하고 나가 버린다. 중요한 숙제를 제출하지 않거나, 때때로 책을 읽으면 두통이 생기기도 한다.

오랫동안 훈련으로 실력을 쌓은 기술자가 자격증 시험 전날 지나친 음주로 시험에서 탈락할 수도 있으며, 사람들이 우러러보는 성공한 사람이 사회적으로 용납할 수 없는 부적절한 행동을 해서, 그의 성공에 심각한 흠집이 생기거나 모래탑이 되어 버릴 수도 있다. 이렇게 삶의 과정이 성공적이었더라도 최종적으로는 실패하는 방법을 선택하는 사람들이 있다.

성장하지 말라(Don't grow up)

'성장하지 말라'의 금지어를 따르는 사람의 세상에 대한 대처 행동은 '어른처럼 보이는 성인아이'이다. 이들은 길 잃은 어린아이처럼 삶의 방향을 찾는 데 어려움을 겪는다. 이들은 세상과 타인들에게는 정상적이고 대단한 것처럼 보일지 모르지만, 어린아이처럼 무력하다는 것이 탄로 날까 봐 두려워한다.[75] 이들은 비관적 결단을 한 사람들이다. 한편 투쟁적인 신념을 가진 사람은 '세상에서 나를 스스로 지켜야만 한다'[76]고 결단한다. 이들은 세상에 대해 외로운 투쟁을 하는 사람들이다. 혼자서 열심히 노력해 보지만 여전히 어린아이처럼 방향을 모르는 길 위에 기를 쓰며 혼자 서 있는 사람이다.

성인이 된 자식을 아이 취급하는 부모가 있다. 또는 성인이 되었는데도 독립생활을 하지 못하고 부모에게 의존하는 사람도 있다. 성인이지만 아이 취급을 받거나 아이처럼 행동하는 경우는, 때때로 막내 또는 귀한 외동인 자녀에게서 흔히 볼 수 있다. 이런 부모는 성인이 된 자녀를 어린아이 돌보듯 하거나, 어린아이에게나 걱정해야 할 것을 다 큰 자식인데도 여전히 걱정한다. 이런 부모는 자신의 아이에게 어른으로 '성장하지 말라'의 금지어를 전달했을 것이다. 이런 부모의 자아에 주로 '어린이 자아(C)'가 크게 지배하고 있는 경우에 그럴 가능성이 많다.

'성장하지 말라'의 금지어를 주는 부모는 자녀가 성인이 되어서도 여전히 아이 걱정하듯 직장에 출근해 있어도 혹시 나쁜 일이 생기지 않을까 걱정하며, 퇴근하는 모습을 확인하고 한숨을 놓는다. '성장하지 말라'의 금지어를 받고 자란 사람은 성인이 되어서도 부모로부터 독립된 자아로 분화되지 못했을 가능성이 크다. 그래서 자녀는 성인이 되어도 항상 보살펴야 안심이 된다.

이들은 성인이 되어도 내면에는 어린아이 같은 감정을 가지고 있다. 이들은 성인이 되어도 자신을 아이 다루듯 취급하는 부모가 불편하지만 거부하지 못하며 스스로 어린아이처럼 부모에게 많은 것을 의

존한다. 결혼한 여자는 자신의 남편이 아직도 부모에게 어린아이 취급당하거나, 남편이 부모에게 아이처럼 의존하는 것을 몹시 싫어할 것이다. 결혼 전까지 월급을 모두 부모에게 주고 용돈을 타 쓰던 남자가 자신의 약혼녀에게 자기는 결혼을 해도 월급을 부모에게 줄 것이라고 해서 심각한 갈등을 겪는 사례가 있다. 점입가경으로 자녀의 배우자 역시 '성장하지 말라'의 금지어를 받고 자랐다면, 부모는 다 큰 자녀 둘을 계속 돌보아야 할 것이다.

또는 성인이 되어도 내면의 '어린이 자아'는 발달하지 않고 그대로 있기 때문에 결혼을 하지 않고 연로한 부모를 모시고 사는 성인아이도 있다. 이들은 주변 사람들로부터 효녀, 효자라고 불리기도 한다.

> 55세의 현주 씨는 80대가 된 노모를 돌보는 것이 자신이 해야 할 일이라고 생각한다. 그녀는 노모가 돌아가실 때까지 항상 부모 곁을 떠나지 않고 있는 착한 딸로 남아 있기 위해서 결혼을 하지 않기로 결심했다. 그녀의 형제자매들은 그녀가 혼자서 부모를 모시고 산다는 것을 마음속으로 기뻐하고, 그녀의 헌신적인 행동에 대하여 보기 드문 효녀라고 칭찬하며, 어버이날에 효녀상을 받도록 추천하였다.

어떤 아버지는 딸이 여성스럽게 행동하는 것을 금지한다. 남자처럼 키우려는 의도도, 자신의 딸을 보호하기 위해서도 아니다. 딸은 여성스러운 예쁜 옷보다 단정한 스타일의 옷을 입게 하고, 성인이 되어 가면서 용모나 행동을 여성적으로 보이지 않게 하라고 가르친다. 딸에게 이차 성징이 나타나면서 신체와 옷차림과 행동이 여성스러워지는 것을 금지하는 것인데, 이것은 성적으로 공격당하는 것을 예방하기 위한 것일 수도 있다. 또는 지나치게 윤리적인 아버지는 자신의 '어린이 자아' 상태에서 향하는 딸에 대한 성적 반응을 방지하기 위한 것일 수도 있다. 이런 아버지의 태도에 대해 딸은 '성장하지 말라'의 금지어로 받아들일 가능성이 있다.

생각하지 말라(Don't think)

'생각하지 말라'의 금지어를 따르는 사람의 핵심 신념은 '내 삶은 기본적으로 난공불락이다'는 것이다.[77] 이들 대부분은 '어른 자아'가 발달되어 있지 않다. 상대적으로 '어린이 자아'가 지나치게 높다. 그래서 생각을 깊이 하지 않으며 즉흥적으로 행동하고 문제 해결에 취약하다. 그래서 경직된 신념을 가지고 있고 편견에 대한 즉흥적인 방어가 특징이다. 따라서 당장은 문제가 해결되는 것처럼 보이지만 시간이 지나면 자신이 잘못했다고 느낄 때가 있고, 확신이 서는 것만 자신의 것으로 만들겠다는 생각을 하지만 결과는 항상 불만족이다.

다섯 살 다희는 궁금한 것이 너무 많다. '식탁 위의 생선은 언제 죽었어요?', '돌아가신 할머니는 어디로 가셨어요?', '엄마는 왜 수염이 없어요?' 부모들은 최선을 다해 대답해 주려 하지만, 때때로 지쳐 버린다.

'우리 공주님! 그런 것은 몰라도 된단다', '그런 건 크면 다 알게 돼', 엄마의 인내심이 한계에 다다르면 '엄마 바쁘니까 나중에 물어봐'라며 때때로 짜증을 내기도 한다. 아이는 귀찮아하는 엄마를 보고 우울해진다. 아이는 더 이상 질문하지 않는다. '엄마와 사이좋게 지내려면 생각하지 않고 질문도 하지 말아야 해'라고 결심한다.

아이들의 세상은 호기심 천국이다. 궁금한 것이 너무 많고 질문도 끊임없이 한다. 아이들의 호기심은 발달 과정에서 반드시 있어야 할 필요조건이다. 부모는 이런 호기심을 가지도록 허가하는가? 치명적인 위험을 예방하는 장치는 반드시 있어야 하지만, 아이는 호기심에 대한 답을 얻기 위해 질문하고 만져 보고 뒤집어 보고 뜯어보면서 성장한다. 집 안을 엉망으로 어지럽히는 것을 싫어하는 부모가 아이의 세상 탐구, 실험, 검증하는 것을 억제한다면 아이의 사고력 발달에 많은 문제가 일어날 것이다.

아이들이 부모에게 다른 생각을 말하며 논쟁하고 토론하는 것을 부모에 대한 반항이나 위협으로 간주하는 것도 '생각하지 말라'의 금지어를 주는 것이다. 식사 시간에 활발한 대화가 오고 가는지, 정숙하고 조용하게 식사만 하는지의 차이가 아이의 사고력 발달에 영향을 주는 것은 분명하다. 시끄럽게 논쟁하는 것이 가족의 관습에 위배된다고 금지한다면 아이는 '생각하지 말라'의 금지어를 받는 것이다.

엄마가 아빠에게 신경질을 내면, 아빠는 뉴스를 보다 말고 엄마의 일을 돕는다. 이런 일이 다반사가 되면 아이는 '여자가 남자에게 무언가 원할 때는, 생각하지 않고 곧바로 행동으로 옮기는 것이 더 좋구나'라고 판단한다. 그리고 아이는 '생각하는 것은 쓸데없는 짓이다', '생각할 필요가 없어', '나는 아무것도 생각지 않을 거야'라고 결론 내린다.

> 어린 철수는 엄마, 아빠 얼굴을 그린 종이를 아버지에게 보여 준다. 그림을 본 아버지의 생각이 궁금하고 칭찬을 받고 싶다. 아버지는 뉴스를 보면서 최소한의 반응을 하거나 아무런 반응을 하지 않는다. 부모들은 아이들의 생각을 계속 무시하다 보면 '생각하지 말라'는 금지어를 주게 된다.

생각, 즉 사고하지 않는 것은 매우 위험한 일이다. '인간은 생각하는 동물이다', 사고가 허가되지 않으면, 인간에게만 유일하게 있는 자극과 반응 사이에서 '왜, 어떻게~'라고 하는 생각하는 공간이 없어진다. 생각하는 자유를 가진 것이 사람이 동물과 다른 이유다. 어떤 자극이 오면 생각 없이 즉각 행동으로 이행하는 것은 동물이나 다름없다. 사고가 허가되지 않은 사람은 위험하며, 규범을 잘 지키지 않거나 범죄를 저지르기 쉽다.

'생각하지 말라'의 금지어를 받고 자란 사람의 가장 큰 문제점은, 어떤 문제 상황이 발생하면 생각을 못하거나 사고력이 현저히 떨어지기 때문에 심한 혼란을 경험한다는 것이다. 문제를 해결할 생각을 하지 않고, 그 문제 때문에 생기는 감정에만 휩싸이게 된다. 이때 머릿속

'부모 자아'는 '너는 생각할 필요 없다', '너는 내가 생각하는 것만 생각하라'며 속삭인다. 자아(Ego)의 속성인 생각·감정·오감 중에서 생각이 배제된 상태로 감정이 우선적으로 작동하며, 주로 오감에 따른 목표를 추구한다.

성공적이라고 느끼지 말라(Don't feel successful)

자녀가 성과를 내도 부모가 만족하지 못하면 '아직 충분하지 않아!'라는 메시지를 보낼 수 있다. 이 메시지는 '성공적이라고 느끼지 말라'는 금지어이다. 이 금지어를 따르는 사람의 핵심 신념은 '내 인생을 생각하면 오직 후회뿐'이라는 것이다. 그리고 이들은 인생의 불행에 대해 자기나 타인을 향해 끊임없이 비난하고 자신은 '항상 실패한다'고 느끼는 사람이며, 그 원인을 타인에게 돌리며 '나는 모든 사람과 모든 것을 고치고야 말겠다'라고 결단하는 사람들이다.[78]

부모가 욕심이 너무 많고 사회적으로 괄목할 만한 성공을 거둔 사람 중에 이런 금지어를 보낼 수 있다. '아직도 그 정도야?', '좀 더 잘할 수 없겠니?'라는 부모의 말 한마디는 아이를 절망하게 만든다. '아이야! 더 잘하는 모습으로 나를 기쁘게 해다오'라는 유무언의 메시지가 지속적으로 아이에게 전달된다. 1등 성적표를 가져오더라도 부모는 '다음에도 1등을 하면 너를 인정해 줄게!'라고 한다. 이러한 부모의 욕심으로 아이는 자신의 재능에 회의를 가지게 될지도 모른다. 이런

덜미, 무엇이 나를 통제하는가

경험들은 낮은 자기효능감을 갖게 되는 동기가 된다. 아이는 더 잘하려고 노력하지만 부모를 만족시키기에는 여전히 부족하다.

'조금만 더 노력하면 넌 누구보다도 훌륭한 사람이 될 거야'라고 부모가 던진 메시지는 지금 이 순간에 있는 자신을 평가 절하하게 만든다. 성취감을 느끼기에는 가야 할 길이 멀고 그 시점은 아무리 노력해도 오지 않는다. 삶은 지금 이 순간에 있지 않고 항상 미래에만 있다. 내일은 미래지만 자고 일어나면 오늘이며, 내일은 여전히 상상 속에만 있다. 하지만 어린아이들은 미래는 절대 오지 않는다는 것을 모른다. 미래는 지금 이 순간에 이미 와 있다는 사실도 모른다. 과거는 사라진 것이 아니라 여전히 지금 이 순간에 머물며 지혜를 가르쳐 준다는 사실도 모른다. 드디어 어린아이는 '내가 이루어 놓은 모든 것은 보잘것없는 것이다'라고 결론을 내린다.

'성취감을 느끼지 말라'의 메시지를 받고 자란 아이들 중에는 성인이 되어서 '난 절대 무능하지 않아', '내가 성공하는 모습을 보여 주고 말 거야'라며 뼈가 부서지도록 일을 하는 사람이 있다. 하지만 결과마다 보잘것없다고 느끼며 만족하지 못한다. 사업에 성공했더라도 '겨우 그 정도야?'라는 내면에 있는 오래된 '부모 자아'의 은밀한 속삭임이 끊임없이 들린다. 결국에는 지치고 병든 자신의 모습을 보게 된다.

'잘난 체하지 마~' 또는 '겨우 그 정도야?'라는 뉘앙스의 메시지는 비판받고 비난받는다고 생각할 수 있다. 자신이 이루어 놓은 성과는 칭찬과 격려보다는 비난의 대상이 된다고 받아들이고, 이것이 반복되거나 단 한 번이라도 그 강도가 충격적일 때는, 아직 인생을 많이 살지 않은 어린아이의 내면에는 '나는 비난받아야 마땅해'라는 신념이 자리 잡게 된다. 이것은 절망적인 결단의 결과이다. 자신이 하는 일은 모두 비난받을 것이라고 결론을 내리면서, 세상 또한 비난의 대상으로 바라본다. 그리고 성장하면서 이러한 신념을 극복하는 방법으로 '이 세상에서 잘못된 것, 비난받는 것들을 기어코 바로잡을 것이다'라고 도전장을 던진다. 그러나 그 방법 역시 여전히 비난이며 고달픈 투쟁이다.

하지 말라(Don't)

'하지 말라'의 금지어를 따르는 사람은 행동하고 실천하는 것에 대한 두려움이 있다. 이들의 핵심 신념은 '행동과 실천에 대한 두려움과 불안은 내 삶을 옴짝달싹 못하게 한다'는 것이다. 이들은 '나는 뭘 하든 틀렸다', '나는 아무 대책 없이 살 것이다'[79]라며 삶에 대한 부정적인 신념에 빠져 있다. 결론은 수없이 생각하고 계획하지만 행동으로 옮기고 실천하는 것이 어려운 사람들이다.

이런 사람들은 어린 시절 부모로부터 '하지 말라'의 메시지를 받고 자랐을 가능성이 높다. 아이가 때때로 밖에서 놀다가 흙투성이가 되어 집에 들어오는 것이 허용되며 자라는가? 아이는 세상에서 위험을 무릅쓰고 모험하고, 탐험하고, 마음껏 뛰어놀 수 있는 환경에서 자라는가? 아니면 그저 다치지 않고 아버지 물건을 만지지 않고 장난감을

덜미, 무엇이 나를 통제하는가

망가뜨리지 않고 얌전하고 조용히 있어야 하는가?

'하지 말라(Don't)'는 '시도하지 말라(Don't try)' 또는 '아무것도 하지 말라(Don't do anything)'는 의미를 가지고 있다. 아이들이 다치거나 길을 잃어버릴 것 같은 두려움이 있는 부모들이 이런 금지어를 전달할 수 있다. 아이를 자유롭게 행동하도록 놓아두면 어떤 위험에 처할 수도 있으므로 사전에 예방해야 한다고 생각하기 때문이다. 현 상황을 유지하는 것이 최선의 방법이라고 생각하는 부모, 또는 세상은 위험으로 가득한 곳이므로 아무것도 하지 않는 것이 상책이라고 생각하는 부모도 있을 것이다. 그래서 아이에게 '생각하고 또 생각하라'라는 메시지를 준다.

이 금지어를 받고 자란 사람은 항상 생각하느라 모든 시간을 소비한다. 이것은 합리적이고 건설적인 생각을 못하게 하는 것이다. 어떤 부모는 아이에게 '무서운 사람 많으니까, 밖에 돌아다니지 마', '혼자서 돌아다니지 마', '길에서 놀지 마', '밤은 위험하니까, 해 지기 전에 들어와', '지금은 안 돼', '부모 허락 없이 밖에 나가지 마', '나대지 말고 가만히 있어'라고 할 수도 있다. 아이들이 할 수 있는 것은 극히 제한되어 있다. 허용하는 것보다 금지하는 것이 더 많다. 자녀를 바라보는 부모는 불안으로 가득하다.

'하지 말라'의 금지어를 따르는 사람의 기본 신념은 불안이며, 그래서 모험도 하지 않고, 새로운 것을 추구하지 않는다. 경험으로 가장 안전한 것만 취하며, 조금이라도 실수하거나 손해 볼 가능성이 있으면 어떤 것도 시도하지 않는다. 그래야 현 상태라도 유지할 수 있다. 항상 다니던 길로만 다니며, 항상 타던 차만 탄다. 돌다리도 수없이 두드려 보고서야 겨우 건너간다. 어쩌면 건너가는 것을 포기할지도 모르며 존재하지도 않는 다른 방법을 찾느라 많은 시간을 허비한다. 그의 무의식 속에는 아무것도 하지 않는 것이 위험을 피할 수 있는 가장 좋은 방법이라는 신념이 있다.

> 아버지는 둘째 아이가 눈에 보이지 않는 곳에서 무언가 하고 있으면, 큰아이에게 '하지 마'라고 말하라고 시킨다. 어지럽히고 망가뜨리고 날카로운 것을 만지다 다칠 수도 있기 때문이다.

이런 금지어는 아이가 하는 행동이 실제로 위험한 것이 아니라, 부모 자신이 가지고 있는 '하지 말라'라는 금지어 때문이다. 무엇인가를 시도하려고 하면, 자신의 무의식에서 무언가 올라와 실행에 옮기지 못하도록 저지한다. 그래서 생각과 계획은 열심히 하지만, 결국에는 실천에 옮기지 못한다. '나는 그 일을 할 수 있는 능력이 없어요', '제가 한 번도 해 보지 못한 일입니다. 다른 사람에게 맡기면 안 될까요?'와 같이 말하며 자신에게 주어진 업무를 혼자서 하는 것은 너무나 어렵다면서, 매사 다른 사람에게 도움을 요청하고 의존하는 경우도 이에 해당된다.

안전 금지어
(The Security Injunctive Message)

✕
✕
✕
✕
✕

즐기지 말라(Don't Enjoy)

'즐기지 말라'의 금지어를 따르는 사람들은 항상 일밖에 모르며 시간에 쫓기면서 살아간다. 이들은 부족한 것이 없는 세상을 만들겠다며 끊임없이 일의 탐욕에 빠져 있다. 그러나 즐기는 것을 모르는 삶은 공허할 뿐이다.[80]

아직은 시간의 진정한 의미와 가치를 모르는 어린아이는 '시간은 황금이다'라는 말을 자칫 '한시도 시간을 낭비하지 말라'는 메시지로 받아들일 수 있다. '소리 지르고 어지럽히며 놀지 않고 TV의 유익한 어린이 프로그램을 보는 것이 아이를 위해서는 더 좋다'라고 생각하는 부모도 있을 것이다. 어린 자녀가 천자문을 외우고 영어책을 척척 읽으면 부모는 좋아한다. 또는 심지어 어른도 잘 못하는 수많은 도시 이름을 척척 외우는 아이를 대견스럽게 생각한다. 물론 놀이보다 공부가 더 좋다.

'예습, 복습을 위해서는 시간이 그리 많지 않다'는 메시지를 전달받고 자라는 아이는 놀 수 있는 기회가 많지 않다. 학령기가 되지 않았음에도 불구하고 몇 개의 학원에 데리고 다니거나 과외 선생님을 불러들인다. 튼튼한 심신의 단련을 위해 운동을 배우게 한다. 모두 부모의 통제하에 진행된다. 이런 어린아이의 삶은 회사에서 일하는 어른들보다 더 바쁘다. 이런 아이들은 어린 시절부터 자신의 삶은 없다. 열심히 공부하는 자녀를 보는 것이 부모의 즐거움일지 모르지만, 아이는 전혀 즐겁지 않다. 아이는 부모의 통제와 권위 앞에 굴복하며 살아남기 위한 최선의 전략으로 순종하는 아이로, 착한 아이로, 어른스러운 아이가 되기로 결단한다.

때로는 재롱을 부려 부모를 즐겁게 하지만, 이 또한 전략일 수 있다. 적절한 보상과 칭찬이 주어질 때는 이러한 전략이 더욱 고양된다. 문제아가 된 청소년 부모가 '어릴 때는 착하고 똑똑한 아이였다'고 한숨짓는다. 그것이 어린아이가 살아남기 위해 취한 전략이었음을 알리가 없다. 이와 같은 '즐기지 말라'는 금지어가 의식적·무의식적으로 어린 자녀들에게 전달되는 경우는 흔한 일이다.

'즐기지 말라'는 금지어를 따르는 사람들의 내면에는 마땅히 있어야 할 '어린이 자아'가 없다. 부모의 훈육만으로 성장한다면, 그것이 아무리 교훈적이라 할지라도 심리적 절름발이가 된다. 이런 아이들의 삶에는 자율이라는 것이 없다. 어린 시절을 이렇게 보낸 사람은 항상 가슴 한편에 공허함을 느낀다. 이런 사람은 그 공허함을 채우려고 무차별적으로 먹거나 재미있는 거리를 찾아 방황하며 탐욕스럽게 쾌락을 추구하기도 한다. 그러나 자신은 내면에 있는 오래된 병든 '어린이 자아'가 있다는 것을 의식하지 못한다.

딜마, 무엇이 나를 통제하는가

감사하지 말라(Don't be Thankful)

부모가 '아가야! 네가 우리에게 태어나 주어서 정말 감사하다'라 생각하며 아기를 키운다면, 부모의 언어·몸짓·표정·피부의 온도 등으로 아기는 충분히 알아차린다. 그리고 아기의 내면에 저장되어 평생의 삶에 영향을 미친다.

만약 부모가 '네가 태어나서 우리는 정말 힘들다', '너를 낳은 것은 우리의 계획에 없었다', '넌 우리에게 주어진 선물이 결코 아니다'라고 생각한다면, 생각만으로도 그 의도가 아이에게 전달된다. 아이는 표현을 못하지만, '나는 누구에게도 감사의 대상이 되지 않는다', '세상에는 내가 감사하다고 느끼는 것이 어디에도 없다'고 결론 내린다. 자녀는 부모가 사람들을 만나고, 전화를 하면서 또는 혼자서 '감사해요'라는 말을 하는 것을 드물게 보거나 전혀 듣지 못한다면, 아이는 '감사하다고 생각하는 것들은 세상 어디에도 없다'는 믿음을 가지게 될 것이다.

'감사하지 말라'의 금지어를 따르는 사람은 작은 일에도 감사하고 만족할 줄 모른다. 성취한 것이 아무리 많아도 만족할 줄 모르고 감사할 줄 모른다. 그리고 자신은 유능한 사람이라 생각하며 하고 싶은 모든 욕망을 다 이루려고 모든 에너지를 소비한다. 그러나 항상 갈망이 점철된 삶을 살아간다.[81]

부모가 자녀를 키우면서 '그것이 그렇게도 고마운 일이냐?', '그 정도로는 충분하지 않아', '거기서 만족하지 말라, 더 추구하여 더 많은 능력을 가지도록 노력하라'며, 좀 더 새롭고 나은 것을 보여 주기를 원하고 있다면, 그 생각이 언어적·비언어적 메시지로 자녀에게 전달된다. 진실은 그것들이 아이가 원하는 것이 아니라, 부모가 원하는 것들이라는 점이다. 이 진실은 아이는 의식하지 못하는 가운데 전달받고, 부모는 부지불식간에 전달한다. 따라서 이 금지어에 각본화되어 있는 사람은 진실을 보는 것을 두려워한다. 아이는 부모의 욕망을 채워 주기 위해 너무나 바쁘고 고달프다. 이때 부모는 '다 너를 위한 것이다'라고 말한다.

'감사하지 말라'의 금지어를 따르는 사람은 자신이 가진 어떤 것에도 만족하지 못한다, 어떠한 성과에도 감사할 때가 아니라고 생각한다. 그러나 풍요는 항상 존재하지만 볼 수 있는 눈이 없기 때문에 현실에 안주하며 비관주의에 빠져 고통스러워한다. 아니면 불만족을 채우기 위해 탐욕적인 삶을 살아간다. 그러나 아무리 채워도 충분하지 않고 감사하는 마음이 일어나지 않는다.

느끼지 말라(Don't feel)

인간의 자아는 생각·감정·오감으로 드러난다. 만약 감정이 부족하거나 없다면 자아의 일부가 잘려 나간 장애가 있다고 할 수 있다. 그들은 냉정하고 둔하고 정이 없다. 이처럼 '느끼지 말라'의 금지어를 따르는 사람은 감정 표현이 없거나 부족하거나 서툴다. 이들은 부모로

딜미, 무엇이 나를 통제하는가

부터 '감정은 고통을 느끼게 할 뿐이며, 심지어는 위험하다'는 메시지를 전달받았을 것이다. 그래서 '나는 감정을 억누르기 위한 것이라면 무엇이든 할 것이다'라고 결단한다. 이들의 삶에는 따뜻함이 없다.[82] 그리고 이들은 감정에 휩싸여 있거나 사소한 일에 신경 쓸 시간이 없다고 생각한다.[83]

> 동생이 생긴 건우가 문지방에 걸려 넘어져 울음을 터뜨렸다. 엄마는 '건우야, 너는 이제 형이 되었다. 동생 앞에서는 울지 않는 거야'라고 말한다.

'착한 아이는 그렇게 화내는 게 아니란다', '두려움 없는 용감한 아이가 되어라' 등의 메시지는 아이들에게 어떤 감정을 표현하는 것을 억제할 수가 있다.

> 연우와 윤우는 '무섭다', '슬프다' 등의 감정을 표현하는 것은 나약한 사람이라고 배우며 자랐다. 어머니가 병에 걸렸을 때, 아버지는 감정 표현을 전혀 하지 않고 열심히 일했다. 슬픔을 표현하지 않고 열심히 일하는 것이 아내와 아이들을 위한 일이라 생각했다. 어머니는 아픈데도 내색 한 번 하지 않았다. 아버지는 아이들이 울면 '다 큰 아이들은 울지 않는 거야'라고 하면서 아이들에게 집안일을 돕도록 하고 그때마다 칭찬을 아끼지 않았다. 어머니가 돌아가신 후, 연우와 윤우는 더 이상 울거나 화를 내는 등의 감정 표현을 잘 하지 않게 되었다. 연우는 강하

게 자라 높은 계급의 군인 장교가 되었다. 윤우는 부지런했고 공부도 열심히 하여 변호사가 되었다. 그러나 이들의 태도는 항상 차갑고, 무표정하다.

아이들이 자라면서 감정을 표현하는 것이 허락되었는가? 강해지는 것이 가정교육의 중요한 이슈였는가? 슬픔, 분노 등은 나약한 사람이나 하는 감정 표현이라며 금지되었는가?[84]

가난해도 울거나 힘든 내색 한 번 하지 않고 억척같이 살아가는 어머니를 보고 자란 딸 지현은 아무리 힘들고 슬퍼도 좀처럼 울지 않는다. 지현은 학교 다닐 때도 선생님께 혼나거나, 친구들이 괴롭힐 때 절대 울지 않았다. '독한 아이'라는 말을 자주 듣는다.

어떤 부모는 슬퍼하는 것은 허락하지만, 화를 내는 것은 허락하지 않는다. 손가락을 다쳐도 아프다고 하는 것은 허약한 아이가 하는 말이라고 가르친다. '어떤 감정을 허용하지만, 경험하지는 말라'로 가르치기도 한다. 어떤 부모는 '감정을 느끼는 것은 좋지만 표현하지 말라', '무서워하는 것은 당연하지만, 참고 의연하게 행동하라'라는 메시지를 전달한다. 때때로 남자아이들은 '두려워하지 않는 용감한 남자가 되어라'는 말을 듣기도 한다. 이런 아이는 슬퍼하지도, 두려워하지도 않아야 한다고 결론을 내린다. 어떤 부모는 '내가 배가 고프구나, 너도 밥 먹어라…'라며 '내가 느끼는 것만 너도 느껴라'라는 메시지를 보낸다.

딜미, 무엇이 나를 통제하는가

긴장을 풀지 말라(Don't Relax)

불행한 사고는 언제나 일어날 수 있으며, 실제로 일어나고 있다. 이 사실에 집착하여 삶 자체가 '끝없는 경계'로 일관된 사람이 있다. 그들은 '아무리 조심해도 지나치지 않다'라는 신념이 있다. '긴장을 풀지 말라'의 금지어를 따르는 사람은 지금 안전하다고 해서 긴장을 풀어서는 안 된다고 생각한다. 완벽하게 안전할 때 비로소 휴식을 취할 수 있다고 생각한다. 이 금지어를 따르는 사람의 핵심 신념은 '내가 근심하고 있는 한 나와 내가 소유하고 있는 것들에 나쁜 일이 일어나지 않을 것'[85]이다. 따라서 항상 '빈틈없는 경계태세'로 긴장을 놓지 않는다. 이들은 '삶은 위협과 위험으로 가득 차 있다', '나는 한시도 방심하지 않고 나 자신을 지키겠다'[86]고 다짐한다.

자녀에게 '높은 곳이나 물가에 가서 놀지 말아라', '못된 친구가 있을지 모르니 항상 경계하라', '길을 걸을 때 사고가 나지 않도록 항상 주변을 살피며 걸어라'고 말한다. 혹시나 아이가 넘어지지 않을까, 부딪히지 않을까, 아무거나 입에 넣지 않을까, 위험한 것을 만지지 않을까 한시도 눈을 떼지 않으며 과도하고 강박적으로 주변을 통제한다. 이런 부모가 있는 가정은 '돌다리도 두드려 보고 건너라'가 생활 모토이다. 자녀들은 후에 '긴장을 풀지 말라'의 금지 각본을 따를 것이다.

'긴장을 풀지 말라'의 금지 각본을 따르는 사람은 경계를 멈추지 않고 자신이 안전하기 위해서는 한순간도 긴장을 풀어서 안 되기 때문에 강한 사람이 되어야 한다고 생각한다. 이 금지 각본을 따르는 사람은 자신의 내면에 엄청난 튼튼한 방어벽이 있다고 생각하므로 웬만한 공격에도 상처받는 모습을 보이지 않는다. 그들에게는 '철저한 경계를 위해서는 휴식도 해서는 안 된다'는 신념이 있다. 그래서 피곤한 모습을 보이지 않기 위해서 강인한 사람처럼 행동한다.

이 금지 각본을 따르는 사람은 무의식적으로 상황을 철저히 통제하여 나쁜 일이 일어나지 않도록 안전에 집중한다. 그러한 신념은 그들이 집중적으로 경계하는 것이 무엇이든 간에, 그러한 것들을 찾아내기 위해 에너지를 소비함으로써 자신의 내면의 안전을 지킬 수 있다고 생각한다. 그들의 감정의 중심에는 불안감이 있으며 불행한 일이 일어날지 모른다는 불안감에 대항하기 위해 초인적인 에너지를 소비한다.

행복해하지 말라(Don't be happy)

어린아이들은 '행복하다는 마음'을 다양한 방법으로 표현한다. 그것은 '행복해요'에서부터 '좋아요', '재미있어요', 아니면 웃음, 소리, 표정, 몸짓 등이다. 때로는 요란을 떨고 심지어는 귀찮을 정도로, 마냥 좋아하거나 행복하다는 마음이 생기도록 계속 무엇인가 제공해 주어야 한다는 부담감도 있다. 부모들은 자녀들의 이런 표현을 얼마나 허용하는가? 마음껏 표현하도록 허용하는가? 경우에 따라 제재하는가? 드물게 아니면 자주 제재하는가? 아니면 상당한 수준으로 통제

덜미, 무엇이 나를 통제하는가

하는가?

장난감을 선물 받은 영호가 너무 기분이 좋고 들떠 있다. 그런 아들을 보고 있던 엄마는 '그 장난감 잃어버리거나 망가뜨리면 가만두지 않을 거야!'라고 단호하게 말한다. 이때 아이는 걱정과 긴장감이 좋은 기분과 함께 교차한다. 이와 같은 일이 자주 일어나면서 영호는 생일이나 어린이날이 싫어진다.

성호가 받아쓰기 100점 받은 시험지를 아버지에게 보여 준다. 성호는 내심 기분이 좋지만 아빠의 눈치를 본다. 칭찬에 인색하고 무뚝뚝한 아빠는 '오늘은 문제가 쉬웠나 보다. 다음에도 100점을 받아 와야 너의 실력을 인정하겠다'고 한다. 아이는 '앞으로 아무리 잘해도 기분 좋아하지 않을 거야!'라고 결심한다.

교내 달리기 대회에서 일등을 하고 상장을 받은 광수가 집으로 뛰어 들어오며, '엄마'라고 큰 소리로 부른다. 자랑하고 싶었다. 그러나 전화로 친구와 수다를 떨고 있던 엄마는 반사적으로 '나가 놀지 말고, 빨리 씻고 밥 먹고 숙제해라'며 쳐다보지도 않고 날카로운 목소리로 말한다. 아이는 자기 방에 문을 쾅 닫고 들어간다. 엄마가 밥상을 차려 놓고 광수를 불러도 반응이 없고, 아이는 저녁 내내 자기 방에서 나오지 않는다. 엄마의 이런 태도로 어린 광수는 '잘했다고 자랑하는 것은 소용없는 짓이다'라고 결론 내린다.

지영은 어렸을 때, 한때는 가족이 화목했고 행복했다. 일류 대학 출신에 실패란 몰랐던 아버지가 사기를 당해 사업에 실패했다. 충격을 받은 아버지는 성격이 변했다. 아버지는 어머니에게 사업자금을 구해 오라고 다그치기도 한다. 아빠의 강한 자존심으로 다른 사람에게 아쉬운 말을 하지 못한다. 아빠는 하루가 멀다 하고 '당신이 나를 무시하니까 내가 하는 일이 잘 되지 않는 거야'라며 어머니를 괴롭힌다. 아버지가 병들고 무기력해진 후, 어머니는 혼자서 지영을 키웠다. 그녀는 과거 항상 어머니의 지친 모습만 기억한다. 그녀는 의과대학에 진학하여 장학금을 받으며 졸업했고 의사가 되었다. 그녀는 연애 한 번 해 보지도 못하고 아르바이트를 하며 졸업했다. 그리고 부모님께 생활비를 보태 주어야 했다. 그녀는 몹시 지쳐 있고 행복한 기분이 무엇인지 모른다. 그 누구도 지영에게 '행복하지 말라'고 말하지 않았지만, 고달픔의 연속이었던 지난날의 시간이 '너는 결코 행복할 자격이 없다'라고 내면에서 속삭인다.

'행복해하지 말라'의 금지어를 따르는 사람에게는 '삶이란 곧 슬픔'이다. 때로는 행복을 추구하려고 온갖 노력을 해 보지만, 강박적인 추구로 고단할 뿐이다.[87]

몰이어

몰이는 짐승이나 물고기를 잡기 위하여 빠져나갈 수 없는 곳으로 몰아넣는 일을 말하며, 그런 일을 하는 사람을 몰이꾼이라고 한다. 부모는 자녀에게 무엇인가 금지하는 것과 대조적으로 '~을 하라'고 가르칠 때가 있다. 여기서 '하라'는 '하고 싶을 때 자유롭게 하라'가 아니다. 때때로 부모는 '~하라' 메시지 속에 '~을 해야만 해', '~을 반드시 해야 한다', '만약 그렇게 하지 않으면 ~' 등 유·무언으로 강요의 의미를 담아 자녀에게 전달할 때가 있다. 이런 메시지를 보내는 부모를 몰이꾼으로 비유할 수 있다. 어린 시절 이런 몰이어를 자주 들었던 사람들은 자신도 모르게 어린 시절 각본화된 이 메시지를 재현시키며 살아간다.

이런 부모의 몰이어에는 '열심히 노력하라(Try hard)', '서둘러라(Hurry up)', '사람들을 기쁘게 하라(Please people)', '강해져라(Be strong)', '완벽하라(Be perfect)' 등이 있다. 몰이 행동은 표면적으로는 더욱 발전하도록 하는 동기를 주는 것처럼 보이기도 하지만, 결과적으로 몰이 행동을 더욱 강화할 뿐이다.

┃ 교사 건우는 '열심히 노력하라'의 몰이 각본을 가지고 있다. 그는 자신

의 과목을 쉽게 가르치려고 노력하지만, 학생들은 여전히 어려워하는 것처럼 보인다. 그래서 그는 더욱 분발하여 열심히 가르친다. 수업 시간에 학생들이 질문할 때는 자신이 너무 어렵게 가르친다고 느껴 비판당한다는 생각이 들기도 한다. 그럴 때면 표정이 변하거나 당황하며 말을 더듬거나, 혼잣말을 중얼거리기도 한다. 이런 교사의 행동에 학생들은 혼란스러워한다.

부장 지윤은 '서둘러라'라는 몰이 각본을 가지고 있다. 그녀의 발걸음은 빠르며 하루 업무를 시작할 때, 마음의 여유가 없다. '아직도 일할 준비 안 돼 있구나', '오늘은 중요한 업무가 많다. 커피마시며 잡담할 시간이 없다'라며 부하 직원들을 재촉한다. 그녀는 마음이 급해 계획된 일을 빨리 진행하려고 한다. 그녀는 말이 너무 빠르기 때문에 때때로 직원들은 말을 잘 알아듣지 못해 당황한다. 그럴수록 그녀는 더욱 재촉한다. 직원들이 질문을 하면 일의 진행이 늦어진다고 생각하여 짜증을 내기도 한다.

미용사 동석 씨는 '사람들을 기쁘게 하라'의 몰이 각본을 가지고 있다. 그는 화기애애한 미용실 분위기가 제일 중요하다고 생각하여, 동료 미용사들에게도 친절하고 유머러스하다. 관심을 가질 만한 뉴스나 사회적 가십거리를 주제로 대화를 즐기고, 유머를 써가며 매우 친절한 태도로 고객을 대한다. 때때로 고객이 응대하거나 질문하지 않아도 두발관리 방법을 혼자서 열심히 설명한다. 그래서 고객당 미용 시간이 오

딜미, 무엇이 나를 통제하는가

래 걸린다. 동료 미용사가 미용하는 시간이 길다 보니 수입이 줄어든다고 불평이며 자주 언쟁을 한다.

식당을 운영하는 미숙 씨는 몸이 각본 '강해져라'를 가지고 있다. 3대째 물려받아 운영하고 있는 전통 있는 식당이다. 그는 남다르게 부지런하다. 그녀는 휴식을 모른다. 그녀에게 휴식은 사치다. 사람들에게나 종업원들에게 철인처럼 보일 정도로 강인한 사람이라 배울 점이 많다고 하는 사람도 많다. 그렇다고 체력이 강하거나 질병이 없는 것이 아니다. 질병으로 입원을 해도, 퇴원하면 안정을 취할 시간을 충분히 갖지 않고 일을 시작한다.

직장인 지호 씨는 '완벽하라'의 몸이 각본을 가지고 있다. 그는 계획서 하나를 작성하는 데 다른 사람보다 훨씬 더 많은 시간을 소비한다. 한 치의 실수라도 있어서는 안 되기 때문이다. 수없이 생각하고 또 생각하여 완전하다고 생각될 때 멈추려 하지만 미흡한 부분이 계속 보인다. 그래서 신체적으로 정신적으로 엄청난 에너지를 소비해서 탈진할 때도 많다.

그런 사람들은 너무 힘들어 마음속으로 '조그만 실수는 괜찮아'라고 자신에게 말하지만 머릿속 '부모 자아(P)'는 '실수는 끔찍한 것이야'라고 끊임없이 속삭인다. 이 각본을 따르는 사람은 과로로 인한 질병이나 과로사를 조심해야 한다.

각본과 삶

승자 · 패자 · 비승자

각본은 당신을 승자로 인도하기도 하고, 패자 또는 비승자로 이끌기도 한다. 승자 각본에 대해 에릭 번은 '자신이 선언한 목표를 달성한 사람'을 승자로 정의하였다. 굴딩 부부는 '목표를 달성함으로써 세상을 더 나은 곳으로 만드는 사람'이라고 했다.

진정한 승자는 자신이 설정한 목표를 자신의 능력과 노력으로 충분히 달성할 수 있는 사람이다. 산 정상을 정복하는 것이 목표라면 정상까지 올라가는 사람이 승자이며, 산 중턱까지 올라가는 것이 목표라면 산 중턱까지 가는 사람이 승자이다. 진정한 승자는 다른 상대와 비교하여 결정되는 것이 아니다. 똑같은 수준에 있어도 다른 상대와 비교하는 순간 승자가 되기도 하고 패자가 되기도 한다. 자신이 달성한 목표에 얼마나 만족하느냐 하는 것도 중요하다. 패자는 그가 목표를 설정하여 행동으로 옮겼으나 목표를 달성하지 못한 사람이다.[88] 많은 부를 축적하였지만 여전히 불만족해한다면 그는 패자이며, 가난해도 행복하게 살아간다면 승자이다.

만약 잘못된 부모의 양육 방식으로 어린아이가 '내가 하는 일은 모두 실패할 거야'라고 결단하였다면, 그는 부자가 되든지, 사회적으로 성공하든지 최종적으로는 비극적인 결말을 달성하기 위해 살아간다. 비승자 각본을 가진 사람은 승자와 패자의 중간에 놓여 있는 사람이다. 이들은 성공도 실패도 하지 않는다. 오로지 세상에서 있는 듯 없는 듯 평범하게 살아가는 사람이다. 비승자는 직장 생활에서 열심히 일하지만 승진도 하지 못하고, 그렇다고 해고도 당하지 않고 일하다 무사히 기념패를 받으며 정년퇴직을 하는 사람이다.

그러나 주의할 점은 승자·패자·비승자 각본은 어디까지나 주관적인 판단이라는 점이다. 세상은 결코 혼자 살아가는 것이 아니다. 이 지구상에 많은 사람들은 서로 관계를 맺으며 어울리며 살아간다. 그래서 비록 자신이 설정한 목표를 무사히 달성했다면 승자라고 하지만, 다른 사람이 볼 때는 패자로 보일 수도 있고, 반대로 스스로는 패자라고 생각했지만 세상이 그를 승자로 바라볼 수도 있다. 또 어떤 사람에게는 승자·패자·비승자 각본이 섞여 있을 수도 있다.[89] 피와 땀을 흘려 일하여 부자가 되었지만, 가정불화로 아내와 이혼하고 우울증에 빠졌다면, 한편으로는 승자이지만, 다른 한편으로는 패자가 되기도 한다.

그러나 무엇보다도 중요한 것은 각본을 변화시킬 수 있다는 것이다. 즉 자신이 패자 각본을 가지고 있음을 깨닫는다면, 승자 각본으로 재결단할 수도 있다는 것이다.

시간 각본

각본은 개인의 삶에서 시간을 통제하고 제한한다. 즉, 시간으로부터 자유롭지 못하고 시간에 옭매이도록 유인한다. 이것은 내가 시간의 주인이 아니라 시간의 노예가 되는 것이다. 이것을 '시간 각본(script time)' 또는 '과정 각본(script process)'이라고 하며, 개인이 어린 시절 선택하고 결단한 비극적 각본을 일생 동안 살아가면서 어떠한 방식으로 재연하며 살아가는지를 보여 준다.

승자이건 패자이건, 각본이란 엄마의 품에서 하는 첫 번째 인사 '안녕'과 무덤으로 가는 마지막 작별 인사 사이의 시간을 구조화하는 하나의 방법이다.[90] 즉, '시간 각본'은 개인이 태어나서 삶을 마감할 때까지 시간을 어떤 방식으로 사용하며 살아가는가 하는 내용이다. 각본은 시간을 장악하여 고통을 가져다준다.

'시간 각본'은 모든 지역과 나라와 민족 그리고 문화와 성, 나이, 교육의 정도와 상관없이 공통적으로 하나 또는 그 이상의 유형을 보여 준다.[91] '시간 각본'은 여섯 가지 유형으로 나뉜다.

- '까지'식 각본('until' script)
- '그 후'식 각본('after' script)

- '결코'식 각본('never' script)
- '언제나'식 각본('always' script)
- '거의'식 각본('almost' script)
- '무계획'식 각본('open-ended' script)

'시간 각본'은 항상 불행하고 우울한 결말이 뒤따른다. 시간이 지난 뒤에야 잘못되었음을 비로소 깨닫지만 후회해 보아야 이미 늦었다. 우리는 각본이 진행되는 과정에 잘못되어 간다는 것을 깨닫고 변화를 위해 노력한다면 결말은 OK로 끝날 것이다. '시간 각본'은 각각의 주제와 관련된 부모명령인 몰이어에 뿌리를 두고 있다.

'까지(until)'식 각본

이 각본을 따르는 사람들은 '내가 (싫지만) 해야만 하는 ~을 끝낼 때까지는 내가 하고 싶은 것(좋아하는 것)을 시작할 수 없어'라는 삶의 방식으로 살아간다.

- 나는 이 과제를 완수할 때까지는 휴식을 취할 수 없어.
- 나는 내 집을 마련할 때까지는 여행을 갈 수 없어.
- 은퇴하기 전까지는 나의 진정한 삶은 없어.

사람들에게 '~때까지 ~하지 않을 거야'라며 진정하게 내가 하고 싶은 것을 하지 못하며 살아가는 경우는 흔한 일이다. 어떤 부모는 '아이들이 학업을 마치고 취직하고 독립할 때까지는 편하게 쉴 수가 없다'는 생각을 가지고 있다. 이것은 어디까지나 스스로 선택한 결과이다. 특히 부를 축적하기 위해 열심히 돈을 벌고, 승진을 위하여 직장에서 충성을 다하며 책임을 다하는 사람들에게서도 이 각본을 종종 볼 수 있다. 어떤 여자는 남편이 성공하기 전까지, 자녀가 성공하기 전까지는 자신의 건강과 즐거움을 추구하는 일을 일체 하지 않는다. 어떤 기업체 대표는 대기업이 되기 전까지는 가족 여행을 가지 않기로 결심한다.

우리는 어떤 책임과 의무를 다하기 위해서 항상 땀 흘리며 바쁘게 살아가지만, 진정으로 자신의 소중한 삶을 잃어버리고 살아간다. 그러고는 어느 순간 노인이 되었다는 것을 깨닫지만 이미 때는 늦었다. 이처럼 몰이어 '열심히 노력하라', '완전하게 하라' 등의 각본에 따르는 행동의 결과는 회한뿐이다.

그리스신화의 영웅 헤라클레스는 제우스의 아내인 여신 헤라의 미움을 받아 12가지 힘든 과업을 수행해야만 했다. 헤라클레스는 그 과업을 완수할 때까지는 결코 신이 될 수 없었으며, 헤라의 미움에서 벗어날 수 없었다.

딜미, 무엇이 나를 통제하는가

'그 후(after)'식 각본

이 각본은 '오늘 실컷 놀고 내일 시험은 망칠 거야'와 같이 올바르지 못한 생활 습관이 매일 반복되고, 그 후에는 고통이 뒤따르게 한다. 어떤 사람은 쾌락적 생활에 빠진 삶을 살다가 비참한 최후를 맞이하는 것처럼 혹독한 대가를 치르기도 한다. 먹고 싶은 것을 참지 못하고 폭식을 하다가 비만이 되는 것과 같이, 우리의 일상에서 흔히 보는 일이다.

- 오늘 술과 끝장을 보고, 내일을 엉망으로 만들 거야.
- 나는 뼈 빠지게 일하고 나서 몸져누울 거야.
- 여자 친구에게 명품 옷을 사 준 뒤, 빈털터리가 될 거야.
- 남편 뒷바라지로 자신을 돌보지 못한 아내는, 우울증에 빠졌다.
- 평생 사회봉사에 헌신한 K씨의 노후는 가난과 질병에 시달린다.

'그 후'식 각본은 항상 기분 좋은 일로 시작된다. 그러나 그 후는 자신이 한 일에 대한 대가를 치른다. 이처럼 항상 '그러나'로 그 행동의 반대인 고통스러운 결말이 뒤따른다. 우리는 왜 암울한 결과가 뒤따른다는 것을 알면서도 그 생활 패턴에서 벗어나지 못할까? 여기에는 우리의 내면에 각본화되어 있는 몰이어인 '타인을 기쁘게 하라'도 포함된다.

'그 후'식 각본은 신화 '다모클레스 검'의 이야기에서 찾아볼 수 있다. 그리스 왕 디오니소스의 신하 다모클레스가 왕의 권력과 부를 부러워하였다. 이를 안 디오니소스 왕은 자신의 왕좌에 앉아 볼 것을 제안한다. 다모클레스는 기뻐하며 기꺼이 왕좌에 앉았다. 그리고 디오니소스 왕은 그에게 천장을 바라보라고 했다. 다모클레스는 한 올의 말총에 매달린 날카로운 칼이 자신의 머리를 향하고 있는 것을 보게 된다. 다모클레스는 그가 그토록 원하던 최고의 권좌에 앉았지만, 그 후에는 언제 떨어질지 모르는 칼 밑에서 불안에 떨며 지내야 했다.

'결코(never)'식 각본

'결코'식 각본신념은 '나의 희망은 결코 이루어지지 않을 것이다.'이다. 어떤 여자는 '남편이 너무 괴롭혀 항상 고통 속에서 산다. 이혼하고 싶지만 결코 실행할 수가 없어'라고 결단한다. 사람들은 때때로 원하는 것이 있더라도, 준비와 노력 없이는 결코 성공하지 못한다. 또는 성공할 수 없는 조건을 타파하려 하지 않고 계속 원하기만 한다. 이것은 선택의 문제이지 운명의 문제가 아니다. 아름다운 여인에게 사랑을 고백하고 싶지만, 노력을 하지 않거나 용기를 내지 못하면 기회는 결코 오지 않는다. 이것은 사람들의 지나친 욕망과 관련이 있다. 지나친 욕망은 현실성이 없다. 목표를 세우고 열심히 시도하지만 충분한 준비와 노력을 하지 않으면 목표는 결코 이루어지지 않는다. 이 또한 역량과 자기효능감이 뒷받침되어야 한다.

덜미, 무엇이 나를 통제하는가

'결코'식 각본을 따르는 사람은 '순응하는 어린이 자아'가 '강해져라' 라는 어린 시절 부모가 준 몰이어를 따르고 있는 것이다. 사교 모임에서 카리스마 있고 돋보이는 모습을 보여 주고 싶지만, 그럴 만한 강단이 없고 준비도 되어 있지 않는 사람에게서도 이 각본을 따르고 있는 모습을 볼 수 있다.

'결코'식 각본의 유형은 물웅덩이 한가운데 영원히 서 있는 탄탈루스 신화에서 찾아볼 수 있다. 탄탈루스는 제우스의 아들이다. 그는 인간이지만 신의 아들이란 이유로 신의 세계에 마음대로 갈 수 있었으며, 신과 같은 대우를 받으며 거만하게 자랐다. 탄탈루스는 신들의 감로주인 '암브로시아'를 훔쳐 먹었으며, 인간에게도 나누어 주었다. 신들은 탄탈루스의 행동에 분노하여 물웅덩이가 있는 지하의 깊숙한 곳에 가두어 버리는 형벌을 내린다. 물은 목까지 차 있다. 탄탈루스가 갈증으로 물을 마시려고 고개를 숙이면 물이 아래로 내려가 결코 물을 먹을 수 없었다. 또 배가 고파서 가까이 있는 음식을 먹으려고 손을 뻗치면 음식은 멀리 도망가 버려 결코 먹을 수 없었다. 탄탈루스 신화는 자신의 잘못된 행동으로 원하는 것을 결코 얻을 수 없다는 '결코'식의 각본을 잘 설명해 주고 있다.

'항상(always)'식 각본

'항상'식 각본을 따르는 사람은 '나에게는 왜 이런 일이 항상 일어나는 거지?'라는 의문을 가진다. 그런 사람은 문제가 있는 생활 패턴을 항상 반복하고 있는 유형이다. 어떤 회사원은 항상 상사의 괴롭힘에 시달리는 상황에서 벗어나지 못한다. 어떤 사람은 부부 관계의 문제로 이혼을 하고, 다시 재혼하지만 또 같은 상황이 반복되어 또 이혼한다. 그리고 나에게는 '항상 왜 이런 일이 반복해서 일어나지?'라고 의문을 가진다.

이 각본을 따르는 사람은 자신의 행동이 잘못된 결과를 가져온다는 것을 경험했음에도 불구하고 항상 똑같은 선택을 반복한다. 이러한 행동에서 벗어나지 못하는 것은 어린 시절 부모가 준 '열심히 하라'의 몰이어와 관련이 있다. 그런데 열심히 노력하지만 항상 상황에 맞지 않는 방향으로 노력하거나, 결정적인 순간에 실수를 한다. 직장인 중에서도 맡은 일이 자신의 전문적인 분야의 일이 아니거나 리더십이 없는 상사에 대해서 항상 불만을 가지고 있으면서도 그 상황을 벗어나지 못하는 사람도 있다.

'항상'식의 각본의 주제는 고대 그리스의 아라크네 신화로 설명할 수 있다. 아라크네는 베 짜기에 빼어난 솜씨를 가지고 있어 그녀를 따를 자가 없었다. 아라크네는 베 짜기를 잘하는 여신 아테나보다도 더 잘한다고 뽐내고 다녔다. 여신 아테나는 노파로 변장하여 아라크네를 찾아가 너의 솜씨를 신과 비교하지 말고 신을 모욕하는 말을 하지 말라고 경고했다. 그러나 아라크네는 경고를 무시한 채 자신은 아테나의 솜씨보다 더 뛰어나다고 자랑하였다. 결국 아테나는 아라크네와 베 짜기 승부를 가리자고 했다. 아라크네가 짠 천은 신들도 감탄했지만 천에다 신들을 모욕하는 장면을 그려 넣어 아테나를 분노하게 했다. 그래서 아테나는 아라크네를 거미로 둔갑시켜 '항상(언제까지나)' 영원히 자기 배 속에서 실을 뽑아 베를 짜는 형벌을 내렸다.

'거의(almost)'식 각본

'거의'식 각본을 가진 사람은 '거의 다 됐는데', '조금만 더 하면 됐을 텐데'라는 말을 입에 달고 산다. 이런 사람은 항상 일의 매듭을 짓지 못한다. 열심히 노력하지만 마지막 순간까지 가지 못한다. 이런 생활 패턴이 습관화되어 있으며 항상 후회를 하지만, 또다시 같은 행동을 반복한다.

'거의'식 각본을 가진 사람은 표면적으로는 주어진 과제를 열심히 하지만, 마음속 깊은 곳에는 '최종적으로는 실패할 거야'라는 신념이 각본화되어 있다. 승진을 눈앞에 두고 결정적인 실수를 한다. 이 신념이 마음속 깊이 뿌리 박혀 있기 때문에 벗어나기가 힘들다. 실패할 것을 알면서도 같은 행동을 계속 반복하며 고통스러워한다.

'거의'식 각본은 시지포스 이야기와 같은 내용이다. 시지포스는 그리스 신화에 나오는 코린토스의 왕으로 매우 교활하면서도 지혜가 많은 인물로 유명하다. 시지포스는 어느 날 제우스가 강의 신 아소포스의 딸인 요정 아이기나를 유괴하는 것을 목격하고 아이기나의 아버지 아소포스에게 알려 주었다. 이를 안 제우스는 분노하여 시지포스에게 죽음의 신인 하데스를 보냈다. 그러나 시지포스는 하데스를 속여서 가두어 버리고 장수를 누리고 죽었다. 죽은 뒤에 신들을 기만한 죄로 커다란 바위를 산꼭대기로 밀어 올리는 형벌을 받았는데, 그 바위는 산꼭대기에 거의 다 왔을 때 아래로 굴러떨어져 버렸다. 시지포스는 바위를 다시 정상으로 힘들게 밀어 올리지만, 정상 근처에 다다르면 또다시 굴러떨어졌다. 시지포스는 이런 형벌을 영원히 되풀이하게 되었다. 시지포스 이야기의 초점은 온갖 노력을 다하여도 목표 지점에 거의 다 가서는 결실을 맺지 못한다는 것이다.

'공백(open-ended)'식 각본

'공백'식 각본은 특정 시점에서 잘못된 상황으로 변화한다는 점에서 '까지'식 각본이나 '그 후'식 각본과 비슷하다. 그러나 '공백'식 각본은 일상적인 상황이 진행되다가 어느 특정 시점이 되면 그 이후부터는 아무 시나리오가 없는 공백 상태가 된다는 점이 다르다. 이것은 드라마 시나리오의 후반부가 사라지고 없는 것과 같다.

가장 대표적인 사례가 부모가 자식들을 독립시키고 나면 집 안이 텅 빈 것처럼 느끼는 '빈 둥지 증후군'이다. 이때 부모는 우울증이 생기거나 인생이 허망하다는 생각이 든다. 자식을 잘 키우기 위해서 할 일도 많고 바쁜 삶을 살다가, 자식이 독립하고 나면 갑자기 할 일이 없어지는 것이다. 이때 일상이 공백 상태가 된다. 퇴직 후 백수가 되

딜마, 무엇이 나를 통제하는가

어 아무런 의미 없는 시간 보내는 것도 이와 같이 공백 각본이 실행되는 것이다. 어떤 목표를 수행하기 위하여 열심히 노력하여 목표를 달성하고 난 후에는 무엇을 해야 할지 모르는 사람들도 있다. 열심히 일하거나 목표를 향해 땀 흘려 달려가 목표에 다다르면 성공의 기쁨을 맛보지만, 남은 인생은 공백 상태가 된다면, 어떤 감정이 일어날까?

이 각본은 짧은 기간에도 일어난다. 학생이 과제를 열심히 완료한 후에는 무엇을 해야 할지 몰라 멍하니 있는 경우, 유명한 가수가 수많은 관중들로부터 박수갈채를 받으며 공연을 성공적으로 마치고 집에 돌아와 홀로 있을 때 고독함을 느낀다는 경우도 단기간에 일어나는 '공백'식 각본을 보여 준다. 열심히 살아가다가 어느 시점에 와서는 길이 없는 텅 빈 '공백'과 같이, 마치 사막에 서 있는 느낌이 든다면, 그리고는 아무것도 할 수 없다면, 반 토막의 삶만 있고 나머지 반 토막은 어디론가 사라져 버린 것이나 다름없다.

이 각본이 실행될 때, '순응하는 어린이 자아'는 '사람들을 기쁘게 하라'는 몰이어를, '부모 자아'는 '완벽하라'라는 몰이어를 따르고 있다. 이 각본을 가진 사람은 타인을 기쁘게 하려고 열심히 살았지만, 정작 자신을 기쁘게 할 준비가 되어 있지 않다. 또 빈틈없고 실수 없이 과제를 완벽하게 수행하려고 하지만, 어느 시점에 가서는 에너지를 다 소비하고 지쳐서 아무것도 할 수 없는 상황을 경험할 수 있다.

그리스의 신 제우스는 그의 아들 헤르메스와 함께 여행을 다녔다. 그들은 인간으로 변신하여 오랫동안 걸었기 때문에 배고프고 지쳐서 쉴 곳을 구하기 위해 여러 집들을 방문했으나 어느 집도 그들에게 먹을 것과 쉴 곳을 제공하지 않고 문을 걸어 잠그고 있었다. 그러다가 어느 외딴 곳에서 작고 초라한 오두막집을 발견했다. 그곳에는 바우키스라는 노파와 그녀의 남편 필레몬이 살고 있었다. 노부부는 배고프고 지친 손님들을 기꺼이 맞이하고 지극한 정성으로 접대했다. 제우스와 헤르메스는 노부부의 정성에 크게 감동하여 그들의 소원을 들어주었다. 소원은 서로의 죽음을 볼 수 없게 해 달라는 것이었다. 세월이 흘러 노부부는 죽음을 눈앞에 두고 있었다. 그때 자신들의 몸이 나무로 변해 가고 있다는 것을 알았다. 노부부는 참나무와 보리수로 변하여 서로 대화할 수도 볼 수도 없게 되었다.

번(Bern)은 필레몬과 바우키스 신화는 '순응하는 어린이 자아'가 '부모 자아'의 명령을 수행한 후, 더 이상 할 일이 없어져 나무가 된 노부부는 바람에 가지와 잎사귀가 흔들리는 소리처럼 의미 없는 말로 소곤거리며 할 일 없는 여생을 보내는 것으로 비유할 수 있다고 하였다.

딜미, 무엇이 나를 통제하는가

심리게임

사람들은 대화를 할 때, 겉으로는 순조롭게 끝났지만, 시간이 지나서 생각해 보면 기분 나쁜 감정이 올라오는 경우가 있다. 이럴 때는 심리게임을 했을 가능성이 높다. 심리게임은 부정적 감정을 가져오는 반복적인 관계 패턴으로서 숨겨진 뜻이 있는 대화의 이면교류에 뿌리를 두고 있다.

일반적인 게임은 유쾌한 기분으로 끝나지만, 교류분석에서 심리게임은 상호 간에 불쾌한 감정으로 끝나는 교류의 한 형태이다. 그래서 상대가 있어야 하고, 서로의 관계에서 일어난다. 게임의 결말은 사회적 수준, 즉 표면적으로는 순조로운 교류, 즉 'OK'로 보이지만 심리적 수준에서는 음모·속임수·함정·계략 등의 숨어 있기 뜻이 때문에 결과는 'not OK'로 고통·갈등과 같은 불쾌감이 일어나는 일련의 이면교류이다.

심리게임은 사람들이 어린 시절의 부정적 경험에서 얻은 어떤 신념과 결단을 통해 일생 동안 세상 사람들과의 관계에서 겪는 문제의 극복과 생존을 위한 나름의 최선의 방법이다. 따라서 성인이 되어 자신의 패러다임, 즉 색안경을 통하여 보는 채색된 세상을 진실한 것으로 믿으려는 각본 신념을 확인하고 강화하기 위하여 심리게임을 한다.

운동 경기에 각기 고유한 패턴이 있는 것처럼, 심리 게임도 정형화된 공식에 따라 진행된다. 게임의 시작은 말하는 사람이 상대의 약점을 찾아 계략을 꾸미는 것이다.

심리게임의 공식

속임수(Con) + 약점(Gimmick) = 반응(Response) → 전환(Switch) → 혼란(Crossup) → 결말(Payoff)[92]

'유혹 게임'의 사례로 본 게임의 공식

- 회사원 현정 씨는 일도 열심히 하며, 평소 애교가 많아서 인기가 많다. 하루는 저녁 늦게까지 일해서 배가 고픈 그녀는 부장에게 애교스러운 목소리로 '부장님, 오늘 저녁 맛있는 것 사 주실래요?'라고 말한다. 그녀는 평소 다른 사람에게 부탁을 할 때는 애교스러운 행동을 하는 습관이 있었으며, 자신도 깨닫지 못하는 자연스러운 행동이었다(유혹 게임의 시작).
- 미혼인 현정 씨는 자신에게 항상 친절하게 대하고 술을 좋아하는 부장이 자신의 제의를 받아들일 것이라고 생각하고 있었다(부장의 약점을 이용).

덜미, 무엇이 나를 통제하는가

- 현정 씨의 이면에 있는 숨겨진 의도는 '오늘 당신 주머니를 털어먹겠다. 하하'이다(현정 씨의 속임수).

- 부장은 '늦게까지 일하느라 고생이 많았어요, 오늘 저녁은 내가 내겠다'며 기꺼이 응한다. 여기서 부장은 현정 씨의 심리게임에 걸려들었다. 그러나 부장의 숨겨진 속마음은 '오늘 너와 함께 좀 즐겨야겠어. 하하'이다.

- 부장은 고급 레스토랑에 가서 저녁을 사 주었고 술도 같이 먹었다. 둘 다 술에 적당히 취했다. 술에 취한 부장은 시종일관 자신에게 다정하게 대하는 현정 씨가 자기를 경계하지 않는다고 생각하여 그녀의 어깨를 껴안으며 스킨십을 시도하였다. 현정 씨는 처음에는 당황하였으나 평소 자신에게 친절하게 대해 주었고, 사실상 상당한 권한을 가진 부장이기 때문에, 강하게 뿌리치지는 못했다(반응).

- 기혼인 부장은 이를 계기로 현정 씨와 친해졌다고 생각하여 매사 친근감을 표시하고 가끔은 술자리도 함께했다. 그 후 회사에서 부장과 현정 씨가 부적절한 관계에 있다는 소문이 돌기 시작했다. 소문은 온갖 추측으로 포장되고 와전되었다. 부장과 현정 씨에게는 예전과는 다르게 전혀 다른 복잡한 상황으로 변하였다(전환).

- 부장은 진실이 아니라고 항변했으나 소용없었다. 부장은 술 때문에 문제가 일어난 일이 여러 번 있었지만, 여전히 '나에게 왜 이런 일이 자꾸 일어나지?' 하며 이해할 수 없었고, 자책감과 분노와 함께 심각한 혼란에 빠졌다(혼란).

- 평소 애교가 많다고 알려진 현정 씨가 '부장에게 꼬리를 쳤다'는 소

문이 나돌았고, 돌이킬 수 없는 큰 사건으로 확대된 것에 몹시 당황하였다. 현정 씨는 부장과 마찬가지로 자신을 보는 시선에 몹시 화가 나고 부끄러웠다. 남자 친구와 사귀었다 헤어진 일이 몇 번 있는 현정 씨는 '나에게 왜 이런 일이 자꾸 일어나지?' 하며 결국에는 우울감에 빠졌다(혼란).

● 부장과 여직원은 사표를 냈고 '유혹 게임'은 끝이 났다(결말).

이 과정에서 반응 단계는 몇 초, 몇 시간, 며칠에서 몇 달 동안 계속되기도 한다. 실제로는 게임의 첫 단계인 '속임수-약점'의 교환은 반복적으로 일어나는 것이 일반적이다. 심리게임은 대부분 이와 같은 패턴으로 진행된다.

'나를 차 주세요' 게임

이 게임은 사회적 태도가 마치 '제발 저를 차지 말아 주세요'라는 표지를 달고 다니는 듯한 사람들이 하는 게임이다.[93] 표면적으로는 그렇지만 자신도 모르게 스스로 버림받는 행동을 자초한다. 버림받을 때마다 '결코, 다시는(never again)'이라 다짐하지만 또다시 같은 행동을 반복한다. 그래서 그는 '당신은 나를 괴롭히는 나쁜 사람'이라는 것을 증명하려 한다. 그리고 상대방의 성질을 건드려 화를 돋우거나 상대방의 책망을 유도하여 자신을 인정받지 못하는 사람으로 만들며

딜미, 무엇이 나를 통제하는가

결과적으로는 외톨이가 된다. 또는 규칙을 위반하거나, 처벌받거나, 비난받는 행동을 자초하는 사람도 이 게임을 하는 것이다.

> 정남은 한 번 이혼한 경력이 있다. 그는 지영이라는 마음씨 착한 여자를 만나 결혼하였다. 둘 다 재혼이었다. 결혼 생활의 출발은 순탄했다. 그러나 일 년이 되지 않아서 정남의 행동이 달라지기 시작했다. 그는 술에 취해 늦게 귀가하는 일이 잦아졌고 지영에게 자주 트집을 잡아 잔소리를 시작했고, 공격적인 행동을 자주 했다. 착한 지영은 남편을 이해하려고 애쓰고 참으면서 정남에게 더욱 잘해 주었다. 그러나 정남은 나아지지 않았고 오히려 점점 심해졌다. 이런 일이 계속되자, 어느 날 지영은 정남 곁을 말도 없이 떠나 버렸다.

정남은 사실 첫 결혼을 할 때도 착한 여자를 만났고 같은 행동으로 여자에게 버림받았다. 정남은 다시는 그러지 않겠다고 다짐했지만 고쳐지지 않았고 또다시 그런 행동을 반복하였다. 정남은 '나를 차 주세요'라는 심리게임을 했던 것이다.

'자, 맛 좀 봐라, 망할 자식' 게임

'나를 차 주세요'의 사례에서 지영이도 같은 상황을 반복해서 겪는다.

마음씨 착한 지영은 사귀는 남자마다 잘해 주다가, 결국에는 자신을 학대할 남자를 선택하였다. 지영은 남편에게 정성을 다해 내조하였다. 남편이 술을 먹고 자주 늦게 귀가해도 불평 한마디 하지 않았고, 거칠고 공격적인 행동을 하고, 외박도 자주 했지만 그럴 만한 이유가 있을 거라고 이해하려고 애썼다. 지영이가 남편을 그렇게 대해 주니 남편의 행동은 점점 심해졌다. 남편이 이런 행동을 계속하자, 지영은 어느 날 말없이 남편을 두고 떠나 버렸다. 그리고 지영은 왜 자기가 그런 공격적인 남자를 자꾸 만나는지 알지 못했다.

지영이의 첫 번째 결혼에서도 같은 성격의 남자를 만났고, 결국에는 남자 곁을 말없이 떠나 버렸다. 지영은 무의식적으로 자신을 학대할 남자를 선택하지만, 결국에는 그 남자를 두고 떠나 버림으로써 '저런 남자는 정말 나쁜 놈'이라는 것을 확인하려고 했던 것이다. 지영은 '자, 혼내 주겠어, 망할 자식' 게임을 하고 있었다.

이 게임의 또 다른 형태가 있다. '너 이번에 딱 걸렸어'라는 게임이다. 상대방이 나쁜 사람이라는 것을 증명하려고 하는 것은 마찬가지이지만, 매사 트집을 잡아 골탕을 먹이려는 경우이다. 상대방의 작은 실수나 과오를 찾아내어, 공격하고 자신의 쌓였던 분노를 발산하고 쾌감을 느낀다. 이런 사람의 인생태도는 기본적으로 'you're not OK'이다. 그래서 항상 상대가 틀렸다는 것을 확인하려 한다.

'스웨터' 게임

우리는 사람을 만날 때 서로 얼굴을 마주 보면서 악수를 하고 인사를 나눈다. 사람들은 결코 상대방의 등을 바라보며 인사를 하지 않는다. 즉, 서로의 앞모습을 보며 표정을 읽고 옷차림 또는 자세를 보고 상대에 대한 정보를 얻는다. 그때 뒷모습에 대해서는 알지 못한다. 설혹 등 뒤에 무기를 감추고 있다 하더라도 볼 수가 없다. 사람의 앞모습은 표면적으로 보이는 사회적 수준이고, 뒷모습은 비밀스럽게 숨겨진 심리적 수준의 모습으로 비유될 수 있다.

만약 어떤 사람이 앞모습과 뒷모습이 다르다면 분명히 보이지 않는 등 뒤에는 비밀이 있을 것이다. 이런 사람은 '스웨터'라는 심리게임을 하고 있는 사람이다. 스웨터의 앞면에는 '나는 언제나 당신 곁에 있겠습니다'라는 글귀가 적혀 있다면 뒷면에는 '그러나 나는 언젠가는 당신을 버릴 것입니다'라고 적혀 있는 것과 같다. 그러나 보는 사람은 스웨터의 등 뒤에 있는 메시지를 보지 못한 채, 앞에 적혀 있는 메시지만 보고 상대에 대해 판단한다.

위의 '자, 맛 좀 봐라, 망할 자식' 게임의 사례에서 '지영'은 스웨터 게임도 하고 있었다. 지영이의 스웨터 앞면에는 '나는 언제나 당신 곁에 있겠습니다'라는 글귀가 적혀 있다면 뒷면에는 '그러나 나는 언젠가는 당신을 버릴 것입니다'라고 적혀 있는 것과 같다.

'이렇게 한번 해 보면 어때요' 게임

이 게임은 컨설팅을 포함해서 온갖 집단, 파티에서 가장 흔히 하는 게임이기도 한다. 이 게임을 하는 사람은 온갖 생각을 짜내서 상대를 도와주려고 하지만, 상대는 끊임없이 이유와 변명을 늘어놓는다. 결국에는 마땅한 해결책을 제시하지 못하고 분노와 실망감, 자책감으로 대화는 끝이 난다.

다음 사례를 보면 사회복지사는 취업준비생을 도우려고 아무리 많은 조언을 해도 상대를 만족시키지 못하고 오히려 분노, 자책감과 실망감으로 끝이 난다.

- 취업준비생 : 선생님, 입사 면접에 또 떨어졌어요?
- 취업상담사 : 저런, 속상하겠군요. 제가 더 좋은 방법을 찾아보겠습니다.
- 취업준비생 : 네, 감사합니다. 그러나 계속 도움만 받을 수는 없을 것 같아요.
- 취업상담사 : 그래도 다시 채용 공고를 함께 찾아봅시다.
- 취업준비생 : 네, 감사합니다. 그러나 이젠 너무 지쳤어요.
- 취업상담사 : 그렇지만 취업은 꼭 해야지요.
- 취업준비생 : 네, 취업은 꼭 해야 합니다. 그러나 또 떨어질까 봐 두려워요.
- 취업상담사 : 두려워도 이겨 내야 해요. 다음에는 면접 준비를 좀

덜미, 무엇이 나를 통제하는가

더 많이 함께해 보십시다.

- 취업준비생 : 네, 그러겠습니다. 그러나 아무리 준비해도 면접관 앞
에만 서면 앞이 깜깜해지는걸요.

- 취업상담사 : …….(속마음 : 짜증, 자책감과 실망감을 느끼며, '도대체 너
는 나에게 어떤 말을 듣고 싶니?')

'네, 그러나' 게임

위의 '이렇게 한번 해 보면 어때요?' 게임에서 취업준비생은 '네, 그
러나' 게임을 하고 있다. '네, 그러나' 게임을 하는 사람은 처음에는 상
대방의 말을 수용하는 태도를 보였다가, '그러나, 나는 생각이 달라요'
라며 전혀 다른 의견을 내놓아 상대방을 당혹스럽게 하거나 화를 내
게 하는 것이 특징이다.

- 부장 : 오늘 점심은 비빔밥이 어때요?
- 직원 : 네…, 하지만 저는 오늘 돈까스가 먹고 싶어요.
- 부장 : 그럼 돈까스를 먹읍시다.
- 직원 : 네…, 그런데 오늘은 속이 불편해서 굶어야겠어요.
- 부장 : 속이 불편하군요, 약을 좀 사다 줄까요?
- 직원 : 네…, 그러나 좀 있으면 괜찮아질 거예요.
- 부장 : (짜증내며) 그럼 어쩌란 말이냐?

위 직원은 어린 시절 엄하고 지배적인 아버지에게서 자랐다. 어린 그는 부모의 말을 거역하지 못하고 항상 순종하였다. 그러나 마음속으로는 항상 반항심이 쌓이고 있었다. 그는 성인이 되어서 상대를 대할 때, 항상 '네' 하고 수용하는 말을 했다가, 갑자기 '그러나'라고 하면서 반대하였다. 이런 대화가 반복되면 상대방의 마음은 몹시 불편해지고 화를 낼지도 모른다. 그는 어린 시절 부모에게 반항하여 화나게 하고 싶었던 마음, 즉 미해결 상태로 남아 있는 과제를 성인이 되어 실천하고 있는 것이다. 그래서 상대를 골탕 먹이고, '화'나게 해서 자신의 목적을 달성한다.

'너 때문에 이렇게 되었어' 게임

이 게임을 하는 사람은 항상 잘못을 상태 탓으로 돌리고 자신의 책임을 회피하려고 한다. 자신의 잘못을 상대에게 투사하여 자기방어적 태도를 취하며, 기본적인 인생태도는 'I'm OK, You're not OK'이다.

부부 갈등 사례들을 보면 대부분 이 게임을 하고 있는 것을 볼 수 있다. 보통 폭력을 행사하는 사람들이 '너 때문이야'라고 하면서 상대로 하여금 죄의식을 느끼게 하는 것이 특징이다. 어린 시절 부모에게 지나친 보호를 받아 자율성을 키우지 못한 사람이, 성인이 돼서 도전하기를 두려워하거나, 하는 일마다 실패를 할 경우 자신의 잘못된 책

딜미, 무엇이 나를 통제하는가

임을 부모에게 돌리는 경우도 이 게임을 하는 사람이다. 직장에서도 이 게임을 하는 사람이 흔하다. 회사에서 항상 실적이 떨어진 부서의 부장과의 대화이다.

- 부장 : (직원들에게) 도대체 당신들은 왜 이렇게 일을 잘 못해요?(이면 : 사실은 나의 리더십이 부족한 탓이다. 이것을 인정하면 창피하므로 직원들에게 책임을 돌려야겠다)
- 직원 : 죄송합니다. 다음부터는 더 열심히 일하겠습니다.(이면 : 부장, 당신이 업무 지시를 잘못했잖아, 왜 우리 잘못이라고 하는 거야)

법정 게임

법정 게임은 대부분 제3자를 끌어들인다. 따라서 원고, 피고, 판사로 대표되는 삼각관계에서 공방을 벌인다. 또는 박해자, 희생자, 구원자의 드라마 삼각형을 형성하여 영원한 공방을 벌인다. 특히 부부 싸움에서 누가 옳으냐를 제3자를 끌어들여 공방을 벌이는데, 실제 법정에서 많이 벌어지며, 부부 상담실에서도 많이 일어난다.

법정 게임은 이웃들 간, 형제들 간이나 친구들 간의 싸움에서 제3자를 끌어들여 누가 가해자고 누가 피해자인지 열띤 공방을 벌이기도 한다. 이런 법정 게임이 가장 흔한 곳은 정치 현장이다. 이들은 법정에서 공방을 벌이며 결과를 예측할 수 없는 끊임없는 공방을 벌여

보는 사람들을 피곤하게 만든다.

이 게임을 하는 사람들은 권투 선수처럼 링 위에서 직접 결투를 하는 경우는 매우 드물다. 이들은 서부의 총잡이처럼 직접 결투를 벌였을 때 패배할지도 모른다는 불안이 숨겨져 있기 때문에 제3자를 끌어들여 책임을 떠넘기려는 경우가 많다. 이들의 기본 인생태도는 'I'm OK, You're not OK'이다.

덜미, 무엇이 나를 통제하는가

드라마 삼각형

박해자(Persecutor)·희생자(Victim)·구원자(Rescure)는 '드라마 삼각형'이라는 하나의 도식으로 설명된다. 심리게임을 하는 사람은 누구나 자신의 인생각본에 근거하여 이 세 가지 중 하나의 역할을 한다.

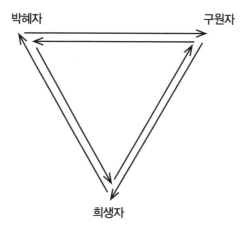

:: 드라마 삼각형 ::

박해자   구원자

희생자

각본의 드라마에는 인간관계가 연출되는 과정에서 이와 같이 세 가지 특징적인 전환점이 있다. 각본을 따르는 사람들은 서로가 삼각관계로 엮여 있으며 서로 영향을 주고받는다. 이것은 고된 삶에서 빠져나오기 힘들게 하는 굴레와 같다. 스티븐 카프만(Stephen Karpman)은 이런 세 가지 유형의 관계를 나타내는 드라마 삼각형이라는 다이어그램을 개발하였다. 이것은 간결하지만 매우 강력하며 인간관계 속에서 흔히 발견된다.

드라마 삼각형에서 사람들은 언제나 세 가지 역할 중 하나에서 출발한다. 박해자는 상대방을 괴롭히는 사람이다. 구원자도 상대방을 자신보다 약한 존재로 본다. 그래서 구원자는 상대방은 약하다고 생각하기 때문에 자신이 도와주거나 구원해 주려고 한다. 그래서 자신의 능력을 과대평가하고 권위 있고 힘 있는 자 입장에서 희생자에게 관심을 가진다. 희생자는 박해자로부터 괴롭힘을 당하는 사람이다. 희생자는 자신을 나약한 존재라 생각하며 자신보다 강한 사람을 찾아다닌다. 그래서 희생자는 자신이 약하다는 것을 재확인하고 '나는 약하다, 나를 구원해 줄 사람이 필요하다'고 생각하면서 구원자를 찾는다.

드라마 삼각형에서는 어떤 역할이든 진정성이 없으며, 모두 신뢰성이 떨어진다. 박해자는 자기보다 강한 자로부터 희생자로 전환되어 구원자를 찾기도 하며, 희생자 역시 앙심을 품고 칼을 갈아 박해자 역할을 할 수도 있다. 구원자도 구원의 대상을 낮추어 보는 입장에 있기 때문에, 언제든지 박해자로 역할이 바뀔 수도 있으며, 자기보다 강한 자를 만나 언제든지 희생자로 변할 수 있다. 따라서 어느 역할이든지 고정되어 있다고 볼 수 없다.

드라마 삼각형에서 인간관계는 모두가 서로 얽혀 있고 불안정한 관

덜미, 무엇이 나를 통제하는가

계에 있다. 그리고 세 역할 모두 어린 시절 결단한 각본에 따라 행동하며, 그 각본에 따라 심리게임을 한다. 그리고 각본을 따르고 있는 한 드라마 삼각형의 굴레에서 맴돌 수밖에 없다.

공생

자아 상태가 건강한 사람은 세 가지 자아가 모두 균형을 이루고 있다. 그러나 공생관계는 자신의 '어린이 자아'를 배제시킨 채 '부모 자아'와 '어른 자아'만 사용하고, 상대방의 '어린이 자아'를 사용하는 경우이다.

건강한 공생관계는 부모와 아기의 관계이다. 아기는 아직 '어린이 자아' 외에는 발달하지 않았다. 그러므로 부모는 아기를 정성껏 돌보기 위하여 자신의 '어린이 자아'를 접어 두고 아기의 '어린이 자아'와 함께 공생한다.

:: 건강한 자아 ::

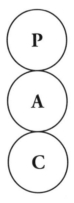

딜미, 무엇이 나를 통제하는가

그러나 부모는 아기의 자아가 발달하여 세 자아를 모두 갖추었을 때는 더 이상 공생관계를 멈추어야 한다. 아이도 부모와 같이 세 자아를 골고루 균형 있게 사용하도록 독립시켜야 한다. 그래야 아이도 건강한 자아를 형성할 수 있다. 이때 부모는 자신의 어린이 자아를 완전히 배제시켜서는 안 된다. 부모는 야외에 바람을 쐬러 가기도 하며, 때로는 외식도 하고 아빠와 엄마는 교대로 친구를 만나는 시간도 가져야 한다. 비록 짧은 시간일지라도 자신들의 어린이 자아가 활동할 수 있는 시간을 가져야 한다. 이럴 때에만 건강한 공생관계를 유지할 수 있다.

시간이 지나고 아이가 조금씩 성장함에 따라 아이는 혼자 장난감을 가지고 놀 수 있고, 혼자 그림책을 보기도 하며, 혼자 칫솔질도 할 수 있다. 아이는 엄마가 보이지 않아도 엄마가 있음을 알고 불안해하지 않는다. 이렇게 성장하면서 어린아이와 부모와의 공생관계는 자연스럽게 줄어든다. 이제 아이에게 '어른 자아'와 '부모 자아'가 형성되면서 서서히 독립해 가고 공생은 더 이상 필요하지 않게 된다. 이렇게 아이의 세 자아가 형성되었으나 아직은 갓 피어난 새싹과도 같다. 계속 성장하면서 아이의 세 자아도 함께 성장한다.

사람들은 성인이 된 후에도 일시적으로 공생관계가 일어났다가 사라지기도 한다. 여행을 갈 때 안전한 여행을 위한 계획을 세우는 사람은 '부모 자아'와 '어린이 자아'를 사용할 것이며, 즐거운 여행을 위한 오락 등을 준비하는 사람은 '어린이 자아'를 사용할 것이다. 이것은 정상적인 공생관계이며 일시적이다. 그리고 요리사와 음식을 즐기

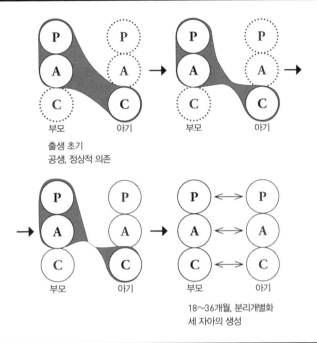

는 사람, 간호사와 환자도 의존적이지만 정상적인 공생관계를 맺을 수 있다. 이 공생관계는 대부분 일정 시간이 지나면 사라진다.

그러나 생애 초기에 부모와 아기의 공생관계가 불안정하게 작용했다면 이야기가 달라진다. 아빠나 엄마가 아기에게 감정이 섞인 말과 행동으로 거칠게 또는 무섭게 다루거나, 아기를 자주 혼자 두어 불안하게 한다면 아기는 건강한 공생관계에 놓여 있을 수 없다. 이렇게 아기는 부모의 미친 자아(부모 자아, 어린이 자아)와 공생한다. 이런 아기는 성장하면서 이 불편한 공생관계가 미해결된 상태로 무의식 속에

딜미, 무엇이 나를 통제하는가

풀지 못한 과제를 감추고, 억압된 상태로 계속 남아 있을 것이다.

특히 부부 관계에서 건강하지 못한 공생관계를 가지고 있는 경우도 많다. 남편은 어릴 때 부모가 했던 것처럼 '부모 자아'와 '어른 자아'만 사용하여 놀이를 금지당하고 항상 공부만 하였다. 아내는 어린 시절 방탕한 생활을 했던 부모에 의해 '부모 자아'와 '어른 자아'는 발달하지 못했고 '어린이 자아'만 사용할 수 있었다. 그래서 남편은 열심히 일하고 연구(P·A 자아)하고, 아내는 집안을 예쁘게 꾸미고 애교 있는 행동(어린이 자아)을 한다. 남자는 여자에게 매력을 느꼈을 것이고, 여자는 유능한 남자에게 이끌렸을 것이다. 그리고 결혼한 이 부부는 서로의 장단점을 보완하며 처음에는 매우 잘 어울리는 한 쌍의 부부로 보일 것이다.

그러나 시간이 지나면서, 남편은 어린 시절 충족하지 못했던 '어린

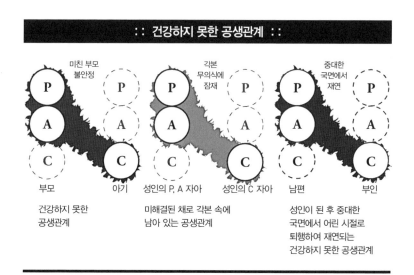

:: 건강하지 못한 공생관계 ::

미친 부모
불안정
부모
건강하지 못한
공생관계

아기

각본
무의식에
잠재
성인의 P, A 자아
미해결된 채로 각본 속에
남아 있는 공생관계

성인의 C 자아

중대한
국면에서
재연
남편
성인이 된 후 중대한
국면에서 어린 시절로
퇴행하여 재연되는
건강하지 못한 공생관계

부인

이 자아'에 대한 갈망이 의식 밑에 존재하지만, 자신의 진정한 '어린이 자아'가 여전히 기능하지 못하고 아내의 '어린이 자아'에만 의존하는 자신을 발견할 때 자괴감을 느낄 것이고, 아내도 '부모 자아'와 '어른 자아'가 발달하지 못하여, 유능한 사람이 되지 못한 것이 자신의 약점이라는 것을 알게 되어 괴로워할 것이다. 그래서 남편은 무능한 아내를 멸시할지도 모른다. 부부는 서로에게 불편과 불만을 가지고 때로는 부부 싸움을 자주 하지만, 서로에게 필요한 자아로 공생관계에 계속되고 있는 한, 결코 이혼하지 않을 것이다. 만약 헤어진다면 각본으로부터 해방되지 않는 한, 처음 만났을 때처럼 또다시 같은 상대와 만날 것이다.

디스카운트·수동성

디스카운트

수동적으로 행동한다는 것은 자신에게 일어난 문제 상황을 직시하는 것을 회피하거나 문제의 존재 자체를 무시한다는 뜻이다. 즉, 문제 해결과 관련된 정보를 무의식적으로 무시하는 것이다. 문제를 인지하더라도 '그것은 중요한 일이 아니다'라고 문제의 중요성을 평가절하하거나 무시해 버린다. 설혹 문제의 중요성을 인식한다 하더라도 그것을 해결하기 위한 어떤 방법의 선택 없이 아무런 행동도 하지 않는다. 여기서 평가절하 또는 무시한다는 말을 교류분석 용어로 '디스카운트(discount)'라고 한다. 따라서 디스카운트를 정의한다면 '문제 해결을 할 수 있는 모든 정보나 능력을 무의식적으로 평가절하하거나 무시하는 것'이라고 할 수 있다.

술을 먹은 사람이 운전을 하려고 한다. 이때 그는 '난 취하지 않았다'며 문제 자체를 무시, 즉 디스카운트한다. 또는 술에 취한 것은 인정하지만 '운전을 잘할 수 있다'고 하며 심각한 문제가 발생할 것이라는 '문제의 중요성'을 디스카운트할 수도 있다. 한발 더 나아가, 술에 취해 운전하는 것은 중대한 문제라는 것을 알면서도, 사고를 예방할 어떠한 대책이나 준비를 하지 않고 심각한 위험 상태에 그대로 노출된 상태, 즉 무방비 상태에서 운전할 수도 있다. 정확히 말하면 음주 운전을 하는 사람은 술이 시키는 대로 행동하는 것이다. 술의 노예가 되었다고 표현할 수도 있다. 술이 시키는 대로 행동할 때, 술을 각본으로 비유할 수 있을 것이다.

이런 사람은 어린 시절 술주정뱅이 또는 그와 같은 수준으로 행동하는 부모의 행동을 보고 배우고 자라면서 결단하여 각본의 일부로 내면화했을 수도 있다. 이런 사람은 각본이 그 사람의 삶을 통제하고 있고 각본의 노예로 살기 때문에 자율적인 삶이란 있을 수 없고 각본이 시키는 대로 수동적으로 행동할 수밖에 없다. 그래서 수동적인 사람은 스스로 문제를 해결할 의지나 능력이 없다는 것을 정당화하기 위해 '별것 아니야'라고 문제 자체를 디스카운트하는 것이다.

과장 행동

디스카운트할 때는 과장 행동이 수반될 때도 있다.

> 직장인 진호 씨는 오늘은 중요한 약속이 있어 일찍 퇴근해야 한다. 그래서 사장이 지시한 중요한 업무를 함께 수행하고 있는 팀원들에게 양해를 구해야 한다.

덜미, 무엇이 나를 통제하는가

만약 그가 능동적인 사람이라면 일과 중 자신이 몫을 열심히 수행하고, 팀원들에게 중요한 약속이 있다는 사정을 충분히 설명하고 양해를 얻어 일찍 퇴근할 것이다. 그러나 수동적인 사람은 약속이 있다는 생각이 온통 머릿속에 꽉 차 있기 때문에 일과 중 일에 열중할 수 없다. 그리고 다른 팀원들이 일에 열중하고 있고 부탁할 기회를 포착하지 못하거나 용기가 없어 속만 태운다. 그래서 결국은 오늘의 약속은 반드시 지켜야 할 것이 아니며 일찍 퇴근하지 않아도 된다고 하며 중요한 약속을 디스카운트한다. 그리고 자신의 퇴근 여부를 결정할 수 있는 결정적인 권한이 팀원들에게 있다고 생각한다. 즉, 팀원들의 권한을 과장하는 것이다. 이와 같이 나를 디스카운트할 때는 역으로 상대를 과장하게 된다.

또 다른 예를 들면, 친구에게 과제하는 것을 도와 달라고 부탁하고 싶다. 그러나 부탁할 용기가 나지 않는다. 용기가 나지 않고 무력감을 느낄 때, 자기 자신을 디스카운트한다. 그리고 나를 도와주거나 도와주지 않거나 하는 것은 전적으로 그 친구의 생각에 달렸다고 생각하며 그 친구의 존재 가치를 과장하게 된다. 상대를 과장하면 결코 수평관계를 유지할 수 없으며, 역으로 자신의 존재 가치가 축소될 수밖에 없다.

수동성

수동성은 스스로 행동하지 않고 외적인 것의 영향을 받아 행동하는 성질을 말한다. 특히 각본을 따를 때에는 능동적이지 못하고 수동적인 상태에 놓이게 된다. 각본에 따른다는 것은 부모의 영향을 받아 어릴 때 내린 결단을 기준으로 세상을 지각하고 판단하는 것을 말한다.

사람들이 인생을 살아가는 동안 어떤 문제 상황에 부딪혔을 때, 어떻게 대처할 것인가? 만약 자율적이고 능동적인 사람이라면 스스로 자신의 의지로 극복하려고 할 것이다. 그러나 수동적인 사람은 어린 시절 결단한 각본에 통제받고 있기 때문에 자율적으로 행동하기란 대단히 어렵다. 즉, 어린 시절 써 놓은 각본에 있는 그대로 행동을 따라 하는 것이다. 따라서 수동적인 사람은 자신의 생각·감정·행동을 자율적으로 관리하지 못한다.

수동적 행동

수동적인 사람이 공생적 삶에서 해방되기 위해서는 다른 사람을 불편하게 만들기보다는 자신의 불편함 또는 불안함을 스스로 감수해야 하며, 자기감정에 솔직해지고 책임지는 자세가 필요하다. 이를 위해서는 디스카운트와 공생을 유지시키는 자신의 태도에 정면으로 맞서야 가능해진다.

디스카운트할 때, 자신의 머릿속의 각본이 자신에게 말하기 때문에 외부적으로는 알 수가 없다. 그러나 그 머릿속의 말은 행동으로 이어지기 때문에, 그 행동은 관찰할 수 있다. 그 행동은 때때로 몇 가지 단계를 거친다.

- 아무런 행동을 하지 않음
- 과잉 적응
- 동요·불안
- 무기력·폭력

▶ 아무것도 하지 않음

지각을 자주 하는 중학생 영수가 지각을 했다. 담임교사는 화가 난 표정으로 얼굴을 붉히며 '너 오늘 또 지각이야!'라며 소리친다. 영수는 잠시 주춤하다가 무표정하게 그냥 자기 책상으로 들어가 앉는다. 담임교사는 자기가 화를 냈으므로 영수가 잘못을 빌거나 변명을 하는 등 어떤 반응을 보일 것이라 생각했지만, 아무런 말도 행동도 하지 않는다. 담임교사는 몹시 불쾌한 감정을 느끼며, '그래, 상관하지 않을 거야'라며 잘못을 덮어 주며 구원하고 싶은 충동을 느끼거나, '오늘은 절대 가만두지 않을 거야, 이 녀석!'이라고 하며 박해하고 싶은 충동을 느낀다. 영수는 지금 아무 반응을 보이지 않음으로써 담임교사에게 수동적 반항을 하고 있다.

사람들이 상대에게 어떤 반응을 보여야 할 상황에서 아무런 행동을 하지 않는다면 수동적 상태에 있다고 할 수 있다. 이때 상대는 몹시 불편한 감정을 느낀다.

▶ 과잉 적응

딸이 아침에 해야 할 일이 너무 많다고 투덜거리며 출근했다. 엄마는 딸의 방을 들여다보니 너무 어지럽혀져 있어 오랫동안 정성 들여 청소해 놓았다. 저녁에 퇴근하여 집에 온 딸은 자기 방을 보고 불같이 화를 냈다. 자기가 둔 물건들이 어디에 있는지 찾을 수 없다고 짜증내며, 자기 방의 물건들에 함부로 손대지 말라고 했다. 엄마는 몹시 당황하였다. 엄마는 딸의 방을 청소하느라 수영 강습도 가지 못했다. 엄마의 행동을 과잉적응이라 할 수 있다.

지영은 친구들과 모임이 있어 들뜬 마음으로 외출하려 한다. 그때 남편이 회사 팀원들과 회의가 있다며 갈아입을 옷을 준비해 주고 와이셔츠를 다림질해 달라고 한다. 그녀는 아무 말 없이 남편의 하라는 일을 즉시 시작했다.

과잉 적응을 하는 사람은 자기가 해야 할 일보다는 상대가 원하는 것에 우선적으로 적응한다. 위의 예에서 지영은 수동적 행동인 과잉 적응을 하고 있다. 따라서 상대가 좋아할 수도 있지만, 대개는 상대를 불편하게 할 때가 더 많다. 그리고 자기보다 다른 사람을 위하여 순응하고 도움을 주려고 행동하기 때문에 많은 스트로크*를 받는다.

▶ 동요 · 불안

사람들은 마음이 불편하거나 짜증이 날 때 또는 불안을 느낄 때, 몇 가지 특징적인 행동을 한다. 다리를 흔들거나 볼펜으로 책상을 두드리거나 의자를 이리저리 고쳐 앉기도 한다. 또는 말을 더듬기도 하고 담배를 피우거나 술을 마시기도 한다. 이런 행동을 한마디로 동요(agitation)라고 표현할 수 있는데, 대부분 자신의 생각이나 처지를 솔직하게 표현하지 못할 때 하는 수동적 행동이다.

아침 회의 때 상사가 오늘 하루 동안 할 업무에 대해 지시한다. 그런데 상사의 말을 분명하게 이해하지 못하거나 목소리가 작게 들릴 때, 능동적인 사람들은 '다시 한 번 말해 주세요', '조금만 더 크게 말씀해 주세요'라고 요청할 것이다. 상사에게 이런 말을 할 때는 약간의 용기가 필요할 것이다. '집중하세요'라고 역습을 당할 수도 있기 때문이다.

그래서 수동적인 사람들은 마음이 불편해지는 것을 느끼지만 직접적인 표현을 하는 대신, 볼펜으로 책상을 두드리거나 휴대폰을 만지작거리는 등의 행동으로 자신의 불편한 마음을 대체한다. 동요는 분노·죄의식·두려움·흥분 등의 다른 감정으로 이어질 수 있다. 이때 '어른 자아'를 활성화한다면 마음의 동요를 차단할 수 있을 것이다.

---

* 스트로크(stroke) : 교류분석 용어. 언어적으로나 비언어적으로 교류를 할 때 주고받는 자극과 반응으로, 인정의 한 단위. 상대에게 '헤어스타일이 참 예쁘네요'라고 하면 상대는 '네, 감사합니다'라고 할 때, 쌍방에 스트로크를 주고받았다고 할 수 있다.

'지금 일어나고 있는 일을 잠시 동안 조용히 생각해 보라, 나는 지금 무엇을 원하고, 무엇을 하려는 것인가?'라고….

▶ 무기력 · 폭력

수동적 행동의 '아무것도 하지 않음'으로부터 '과잉적응', '동요'의 과정에서 쌓인 내적 에너지는 '무기력 · 폭력'에 이르러 내·외적으로 폭발된다. 내적 폭발은 쌓인 스트레스가 마음속 내면에서 격렬한 갈등을 일으키다가 결국 모든 에너지가 소멸된 것 같은 현상이 일어난다. 문제를 해결할 수 있는 모든 힘을 잃어버리고 무력화되며, 외부의 도움 없이는 아무것도 할 수 없다.

예컨대 남편 없이 평생을 아들 하나만 바라보며 살았던 어머니가 아들이 여자 친구를 만나 결혼하고 독립하겠다고 했을 때, 엄마는 자신의 모든 것을 빼앗기고 잃어버린다는 느낌을 받고 삶이 허망하다고 생각한다. 어머니는 무기력 상태에 놓여 있으며 아들에게 비언어적으로 구원의 메시지를 보낸다. 이때 편두통·실신·구토·과호흡·허리 통증 등의 다양한 신체적 증상이 일어나기도 한다.

외적 폭발은 수류탄을 터뜨리는 것과 같다. 상사에게 심하게 혼이 난 남자가 밖에서 술을 마시고 노래방에 가서 목이 터져라 노래를 부르는 경우이다. 또는 귀가하여 아내에게 괜한 트집을 잡아 부부 싸움을 한다. 이와 같이 외부적으로 폭력적이고 파괴적인 행동을 한다. 이런 행동이 수동적 행동이라는 것에 의문을 가지겠지만, 문제 해결에는 전혀 도움이 되지 않기 때문에 수동적 행동이라 할 수 있다.

덜미, 무엇이 나를 통제하는가

- 교사 동현은 수업 중 떠드는 학생들 때문에 스트레스를 심하게 받는다. 그는 아이들이 조용하게 수업에 집중하기를 바라지만 그 방법을 찾지 못하고 아이들 행동을 애써 외면하고 '나 홀로 수업'을 하고 있다. 그는 '자신의 수업 방법이 잘못되지는 않았나?', '아이들이 자기를 무능한 교사로 보고 있지 않나?'라고 생각한다. 그는 불편한 감정이 내면에서 폭발하고 있지만, 외부적으로 전혀 표현하지 못하는 자신이 무기력하다고 느낀다(내적 폭발·무기력).

- 그는 수업 시간이 유난히 길게 느껴진다. 시간이 지나면서 자신의 내면에서 폭발하고 있던 감정이 포화 상태에 이르자 어느 시점에서 밖으로 튀어나온다. 그는 갑자기 아이들에게 소리 지르고, 교탁을 발로 차면서 불같이 화를 낸다(외적 폭발·폭력).

- 그러나 그의 이런 행동은 자신의 수업의 질을 향상시키는 데는 전혀 도움이 되지 않는다.

수동성 사이클

어떤 문제 상황이 발생할 때 자발적이고 능동적인 사람은 문제 상황을 정면으로 직시하고 적극적으로 해결책을 찾는다. 그러나 수동적인 사람은 문제 상황을 정면으로 대응하지 못한다.

수동적 행동은 역기능적인 공생관계에서 일어나며, 위에서 다루었던 네 가지 수동적 행동의 단계의 사이클이 진행된다. 건강한 사람들에게도 일시적으로 건강하지 못한 수동성이 일어난다. 영수가 '아휴! 더워'라고 말하자 친구 민재가 벌떡 일어나 창문을 열었다. 수동성 사이클은 자극, 문제, 선택을 자율적으로 반응하는 것을 회피하는 것이다. 그러한 행동을 통하여 건강하지 못한 공생관계에 들어가게 된다.

- 은주는 입사한지 일 년이 지났지만 아직도 회사의 분위기에 적응하지 못하고 있다. 그녀의 팀원들은 서로 협력하며 일을 잘하고 있지만, 서로 비방하는 분위기에는 익숙해지지 않고, 그냥 바라만 보고 있을 뿐이다(아무것도 하지 않음).
- 어느 날 부장이 당신 팀이 마음에 드느냐고 물었을 때, '아주 좋습니다'라고 말했다(과잉 적응).
- 그 후 그의 동료들이 정직하지 않다는 것을 알게 되었다. 한 동료가 다른 동료에 대해 뒷담화를 하는 것을 보았는데, 공개적인 자리에서는 비방한 일이 없었던 것처럼 행동하는 것을 보았다. 그녀는 시간이 지날수록 혼란스러워지고 일에 집중이 되지 않고 불안해지기 시작한다(불안·동요).
- 하루는 부장의 사소한 지시 사항을 잊어버렸다. 그날 밤 잠자리에서 '도대체 내가 왜 그랬을까? 별로 어렵지도 않은 일이었는데…' 자책하며 잠을 이루지 못했다(내적 폭발).
- 다음 날 출근 후 부장은 별다른 질책을 하지 않았다. 동료들은 근심에 찬 그녀를 보고 '누구나 항상 일을 잘할 수는 없다'며 위로해

준다. 그때 그녀는 갑자기 서류를 집어던지며 큰 소리로 울음을 터뜨리고 소리 질렀다. 그녀는 동료들이 분명히 자기가 없는 자리에서 비방하는 끔찍한 일이 일어날 것이라고 생각하니 견딜 수가 없었다 (외적 폭발).

4부

인생각본을 떠나 실존의 바다로
실존철학과 내적 수행

아이는 부모의 양육 방식에 따라

자기만의 패러다임이 생기고 그 패러다임이라는

안경을 쓰고 세상을 보고 받아들인다

이것은 실체를 볼 수 없는 심리적 안경이다

선택과 인생

자율성 회복

자율성은 교류분석의 중요한 개념 중 하나이다. 치유의 길로 가는 첫 출발점은 자율성 회복에 있다. 마치 건강한 삶을 되찾기 위해 새롭고 이로운 생활 습관을 창출하는 것과 같다. 자율성이란 개인의 삶이 각본에 얽매어 탈피하지 못하고 여러 가지 갈등과 문제를 일으키는 것에서 벗어나, 자신의 참자아를 회복하고 독립적인 자유의지로 살아가는 것이다. 자율성 회복을 위해서는 개인이 인생을 살아가는 동안 자신의 내면에 있는 긍정적 에너지를 충분히 활용하여 새로운 삶의 방식을 이끌어 내야 한다. 자율성 회복에 필요한 주요 요소는 수용·자발성·친밀감이다.

▶ 수용

자율성 회복을 위한 첫 번째 조건은 수용이다. 처음 세상에 태어난 아기는 외부로부터 오는 자극을 어떠한 여과도 해석도 하지 않고 있는 그대로 받아들인다. 즉 순수하게 있는 그대로 보고, 듣고, 맛보고, 느끼는 것이다. 성인들에게 있는 세상을 보는 자기만의 방식이 없다. 신체적 접촉에서도 느끼는 감각도 있는 그대로 받아들인다. 만약 성인들이 타인들로부터 오는 자극을 어린아이와 같이 아무런 필터링을 하지 않고 있는 그대로 받아들이고 반응한다면 진정한 공감과 수용이라 할 수 있다. 그러나 성인들은 어떤 형식으로든지 자신의 준거틀을 통해 필터링해서 받아들이므로 진정한 공감과 수용은 대단히 어렵다.

어린아이들은 자라는 과정에서 부모의 양육 방식에 따라 순수하게 수용하는 능력이 점점 쇠퇴되어 간다. 부모는 어떤 상황이나 사물에 자기만의 방식으로 정의를 내려 주고 옳고 그름이 무엇인지, 타인을 어떻게 바라보아야 하는지 교육하고 이름을 붙여 주고 어떻게 생각하고 어떻게 행동하며 감정을 어떻게 표현하는지 가르친다. 이제 아이는 더 이상 타인과 세상을 있는 그대로 바라보지 못한다. 부모가 가르쳐 준 수많은 조건을 기준으로 타인과 세상을 바라보고 해석하고 판단한다. 이렇게 해서 자기만의 패러다임이 생기고 그 패러다임이라는 안경을 쓰고 세상을 보고 받아들인다. 이것은 실체를 볼 수 없는 심리적 안경이다.

아무리 수정되어도 지도는 결코 영토 그 자체가 될 수 없듯이 패러다임이라는 안경을 쓰고 있는 한 타인들과 세상에 대한 진정한 모습을 보는 것은 불가능하다. 인간 사회에서 일어나는 갈등은 대부분 이것에 기인한다. 우리의 목적은 최초의 오염되지 않았던 순수한 수용, 그 자체를 회복하는 데 있다. 분명한 것은 우리의 내면에는 수용하는 마음 자세가 있다는 것이다. 이것은 인간 세상의 파도에 휩쓸려 살아가면서 잊어버린 것이지 결코 사라진 것이 아니다. 내면에 소외시켜왔던 진정한 수용 능력이 있다는 것을 알아차리는 것이 자율성 회복으로 가는 첫 번째 관문이다.

▶ 자발성

자율성 회복의 두 번째 조건은 자발성이다. 자발성은 어떤 자극에 반응할 때, 반응할 수 있는 여러 가지 대안 중 자유의지로 선택하는 능력을 말한다. 많은 사람들이 자신의 잘못된 행동을 외부 환경 또는 남의 탓으로 생각한다. 그러나 내가 고통스러운 것은 대상이 나를 고통스럽게 하는 것이 아니라 내가 그것에 대응하는 방식, 즉 고통을 선택했기 때문이다. 자유의지로 선택하고 반응한다는 것은 그리 간단하지 않다. 우리의 생각·감정·행동은 어떻게 일어나는가? 무엇을 보고 배우고 학습하고 정의를 내리는 것은 대부분 타인과 외부 세계의 영향을 받아 결정된다.

우리의 생활양식이 만들어지는 데 있어 어린 시절 부모의 영향이 결정적인 역할을 한다. 지금 당신이 생각하고 느끼고 행동하는 것이 진정으로 자신만의 자유의지에 의한 것인지, 스스로 자신에게 물어보라. 자신의 내면의 은밀한 곳에는 어린 시절에 경험한 '부모 자아'가 숨어 있다. 옛날의 부모 목소리는 마치 빙의된 것처럼 우리의 삶을 조종한다. 이것이 각본이다.

진정한 자발성은 자아의식에서 나온다. 자아의식은 외부 세계의 어떤 영향 없이 순수하게 자신이 독립된 존재임을 깨닫는 일이다. 이때 비로소 최악의 조건에서 살아남을 수 있고, 최상의 상황에서도 흔들리지 않는다. 언제 어디에 있든지 독립되고 자유로운 존재로 있을 수 있다. 자아의식과 함께 중요한 것은 자유의지이다. 자발성은 지금 이 순간에서 적절하게 '어른 자아'를 사용할 수 있는 능력이다. '어른 자아'를 사용하여 어린 시절 권위적인 부모로부터 가르침 받아 만들어진 생각·감정·행동 방식에서 벗어나고, 어린 시절에 '어린이 자아'가 가졌던 직관과 창의적 능력을 자유롭게 사용할 수 있는 것이 자유의지다.

자유의지와 함께 반드시 고려해야 할 것은 '양심'이다. 이것은 윤리적인 측면이다. 양심은 선악 또는 옳고 그름 등을 지혜롭게 판단하는 것을 말한다. 인간의 모든 행동은 윤리적인 것이 기본 바탕이 되어야 한다는 것은 동서고금의 모든 지혜로운 자들이 강조하는 바이며, 이 사실은 자연법칙과 같으며 인류가 존재하는 한 변하지 않을 것이다. 그리고 자발성에서는 '상상력'이 필요하다. 상상력은 공상이나 망상이 아니라 현재 상황을 뛰어넘어 '마음속으로 그려 보고 창조해 낼 수 있는 힘'이다. 상상력이 부족하거나 없으면 어떤 문제가 일어났을 때 대처할 수 있는 방법이 쉽게 떠오르지 않을 것이다. 상상력은 '어린이 자아'의 역할이다.

▶ 친밀감

자율성 회복의 세 번째 조건은 '친밀감'이다. 세상의 모든 현상은 서로 의지하며 존재한다. 사르트르는 대상이 없으면 나도 존재할 수 없다고 했다. '이것이 있으므로 저것이 있다'는 불교의 연기법과 같다. 대상을 알아차렸다는 것은 내가 주체가 되었을 때이며, 대상이 나를 알아차렸다면 대상이 주체가 된다. 이렇게 세상과 나는 주체와 객체로서 서로 의지함으로써 존재감을 느낄 수 있다.

독립된 나로 존재한다는 것은 오직 나만 있을 때가 아니라 대상이 있을 때 성립된다. 따라서 대상과 나는 필연적인 의존적 관계에 있으며 넓은 의미에서 '너와 나'는 '우리'이고 우리는 하나이다. 이를 알아차리고 수용할 때 비로소 친밀감이 형성된다. 친밀감은 상대의 감정 상태와 욕구를 서로 주고받으면서 형성된다. 친밀 상태에서는 서로의 이면의 메시지가 없고 서로에게 솔직하다.

어린 시절의 선택

인간은 탄생과 동시에 부모의 계획대로 양육된다. 즉, 부모는 자녀의 인생을 프로그래밍하는 것이다. 그 방법이 바람직하든지 그렇지 않든지 아이들은 부모의 양육 방식에 절대적인 영향을 받아 성격이 형성되기 시작된다. 유전적인 영향이 있다 하더라도 부모의 양육 방식은 매우 강력하다. 나쁘거나 좋은 유전자의 스위치가 닫혀 있어 비활성화되든지, 열려서 활성화되든지 하는 것은 자라나는 환경과 부모의 양육 방식에 따라 달라진다.

어린아이들은 부모의 행동에 어떻게 반응할지 스스로 선택한다.

덜미, 무엇이 나를 통제하는가

이는 부모들의 같은 행동에 모든 아이들이 같은 반응을 하지 않는 것을 보면 알 수 있다. 즉, 그 반응 방식은 대체로 아이들마다 다르다. 어린아이들은 이러한 다양한 반응 대안 중에서 자신만의 방식을 선택하는 것이다. 아이들의 이러한 선택은 전논리적*인 직관에 의해 실행된다. 즉, 논리적인 사고의 결과가 아니라 직관에 따른다는 것이다. 어린아이들은 논리적 사고력이 발달하기 전이기 때문에 직관에 의해 판단할 수밖에 없다. 따라서 아이들은 직관력이 성인들보다 훨씬 더 발달해 있다.

부모가 아이에게 어떤 행동을 하든 어떻게 반응할 것인지는 전적으로 아이 자신의 몫이다. 부모가 아이를 관용적이거나 통제적으로 다루더라도 아이들은 자기 나름대로 어떻게 하면 자신에게 유리한 결과가 올지 직관력에 의해 판단하며 최선의 전략을 세운다. 시간이 지나면서 아이들의 이러한 전략과 선택들이 축적되고 정형화되고 패턴화되면서 인생각본을 형성하는 데 결정적인 역할을 한다. 인생각본은 '성격' 형성의 근원이 된다. 이 성격이 부모의 양육 방식에 따라 만들어진다는 것이다. 성격이 운명과 삶의 질을 결정한다. 따라서 운명은 어떤 절대적 존재로부터 자신의 의지와 관계없이 주어지는 것이 결코 아니다.

생애 초기에서부터 부모는 아이의 각본을 물려주기 시작하고, 아

---

* 전논리(前論理) : '이성적 논리'의 상대개념. 감정적 논리(affective logic)라고도 한다. 프랑스의 심리학자 리보(Théodule-Armand Ribot)가 처음 주장한 이론. 미개인이나 어린이의 사고의 특징을 이루고, 정신발달의 전 단계에서 생긴다는 점에서 전논리라고 한다. 아이 자신의 욕구나 감정과 깊은 관련이 있으며 구체적 행동이나 동작과도 밀접한 관련이 있다.

이가 자라면서 외부 세계에 대한 탐구가 끊임없이 이루어지고 각본 구조는 온갖 경험들이 쌓여 가고 정교해지거나 복잡해져 간다. 어린 아이는 때로는 이해할 수 없고 심지어는 목숨을 위협하기도 하는 세상에서 생활하고 생존할 수 있는 방법을 찾아 선택한다. 한 개인이 왜 지금 이 시간에 특정 생각을 하고 특정 행동을 하는가? 이 물음의 해답은 어린 시절에 어떤 일이 일어났는지 알게 된다면 이해할 수 있을 것이다. 그러면 어떻게 어린 시절 그때의 상황에서 어떤 선택과 결단을 했는가를 이해할 수 있다. 그것은 비록 미래에 고통을 가져오는 선택일지라도, 어린아이로서는 최선의 선택이었을 것이다.

어린 시절, 아이들에게 부모는 슈퍼맨같이 엄청난 힘과 능력을 가진 존재이다. 부모의 명령을 잘 듣는 아이는 귀여움을 받거나, 부모에게 혼나는 것과 같은 위험을 피할 수 있다. 아이들에게는 이런 명령을 실천하기가 쉽지 않을 때도 있지만, 대체로 아이들은 '~을 하지 말라'는 부모의 금지어를 지켜야 한다고 생각한다. 그러나 부모의 금지어를 따르는 것, 따르지 않는 것을 선택하는 것은 오로지 아이의 자유다. 아이들은 이러한 부모들의 금지어에 근거하여 스스로 자신에게 유리해지는 방법을 알아차리고 선택하기로 결심하며, 그것이 어린 아이들의 삶의 방식이 된다.

선택과 인생

교류분석을 창시한 에릭 번은 어린아이들이 부모의 권위 아래 있더라도 자신의 행동을 선택하는 것은 결국 아이 자신의 몫이라고 하였다. 이는 선택하는 존재는 결국 자기 자신이라는 사르트르의 실존 철학과 맥락을 같이한다. 처음 태어난 아기는 그림을 그리기 이전의 흰 캔버스와 같은 자아가 텅 빈 존재이다. 즉, 인간은 '어떤 존재'이기 이전에 '아무것도 아닌 존재'로 먼저 존재한다는 것이다. 이것이 인간의 실존적 모습이다. 그러면서 세상과의 관계에서 자신의 모습을 만들기 위해 무엇인가 자유롭게 선택하면서 자신의 본질을 만들어 나간다.

즉, 인간 존재의 본질은 미리 주어져 있는 것이 아니라 개인 각자가 자유로운 독자적 선택을 통하여 그 자신의 존재의 고유한 본질을 형상하는 것이다. 이것은 사르트르의 '실존은 본질에 앞선다'[94]는 말과 야스퍼스(Karl Theodor Jaspers)의 '인간은 자유 그 자체이다'[95]라는 말로 함축된다. 이와 같이 선택은 실존주의의 핵심 철학인데, 교류분석에서 인생각본이 어린아이의 생존전략에 따른 선택의 결과라는 점에서 공통성이 있다. 실존주의와 교류분석이론은 태생부터 서로 다른 뿌리를 가지고 있고, 선택에 대한 개념은 서로 다른 철학적 배경을 가지고 있지만, 자유-선택이라는 의미는 교류분석과 함께 설명될 수 있는 부분이며, 실존철학을 앎으로써 교류분석을 이해하는 폭을 한층 더 넓게 해 준다.

인간의 세상에 태어나고 자라나는 과정과 성인이 되고 무덤 속에 갈 때까지 끊임없이 선택의 순간을 맞이하며 어떤 선택을 하느냐에 따라 삶의 질이 결정되며 어떤 형태의 죽음을 맞이할지가 결정된다. 이렇게 인생이란 끊임없는 선택의 연속 위에 있다. 인간은 자신의 의지와 관계없이 세상에 홀연히 나타났고 탄생과 죽음으로 빚어진 아무것도 채워지지 않은 빈 질그릇 같은 삶을 부여받았다. 이 빈 그릇에는 태초에 주어진 사명이나 의무도 없었다. 성공과 실패, 안전도 위험도 예고되지 않았다. 인간에게는 무엇을 채워 나가든 자유다. 무엇인가 채우면 나의 모습이 된다. 채운 것을 비우거나 더 많이 채우거나 다른 것으로 바꾸거나 하는 것은 전적으로 자유다.

칼을 잘 다루는 사람은 그 재능으로 여러 가지 길로 갈 수 있다. 칼로 폭력을 쓰거나 멋진 요리사가 될 수도, 외과의사가 될 수도 있다. 표면적으로는 그럴 수밖에 없는 이유가 있다고 보일 수 있지만 본질적으로는 이들 중에 무엇을 선택하느냐는 전적으로 자신의 자유이다. 이 선택이 좋은 의미를 가지고 주체적인 자유의지에 의해 선택한 사람이라면 '위버멘쉬(Übermensch)'라 할 수 있다. 보통 '위버멘쉬'를 '초인'이라고 번역한다. 실존주의 철학자 니체에 의하면 '위버멘쉬'는 항상 자기 자신을 극복하는 존재이며, 인간 자신과 세계를 긍정할 수 있는 존재이자, 지상에 의미를 부여하고 그 의미를 완성시키는 주인의 역할을 하는 존재이다.

인간은 부모, 성직자, 선생님 또는 존경하는 사람들의 온갖 가르침으로부터 자유로워야 한다. 그럼으로써 순종적으로 따르는 것이 아니

덜미, 무엇이 나를 통제하는가

라 어떤 가르침을 어떻게 자신의 삶에 적용할 것인지를 자유롭게 결정할 수 있다. 따라서 같은 선택으로 반복적인 고통스러운 결과를 가져오는데도, 그런 삶의 방식에서 벗어나지 못하는 사람들은 '누구나 새로운 선택을 할 수 있는 자유가 있다'는 사실을 깨닫지 못하는 사람이다. 나쁜 결과가 오는 행동을 반복적으로 하는 사람은 그런 행동을 하겠다고 스스로 선택했기 때문이다.

자유

교류분석에서 자율성 회복은 어린 시절 통제받으면서 만들어진 각본으로부터 자유로워지는 것이다. 때때로 부모의 허가는 아무런 의미가 없을 때도 있다. 그 허가 또한 통제의 수단으로서 진정성이 없는 경우에 그렇다. 또한 부모가 자녀를 과보호하거나 지나치게 통제하는 과정에서 주어지는 허가는 상당한 부작용이 따른다. 그러나 대체로 자녀에 대한 부모의 긍정적인 허가는 자녀의 자율적인 삶에 좋은 영향을 준다.

교류분석에 의하면, 어린 시절 부모의 권위로부터 살아남기 위한 전략을 선택하기로 결단함으로써 각본이 만들어지며, 특별한 변화가 없는 한 각본 행동의 결과는 대부분 일평생 크고 작은 고통으로 이어진다. 따라서 교류분석의 재결단 이론에서는 어린 시절 결단한 것을 바람직한 방향으로 새롭게 선택하고 결단함으로써 각본으로부터 해방된다고 한다. 따라서 유해한 각본으로부터 해방되기 위해서는 어린 시절 결단한 것이 무엇인지 찾아내어 새로운 선택과 결단을 해야 한다는 것이다.

그러나 실존주의를 이해한다면, 반드시 각본이 무엇인지 찾아내고 해결책을 찾고, 각본으로부터 해방되려고 애써야 가능한 것은 아니다. '인간은 영원히 자유롭도록 선고받았다'[96]라는 사르트르의 말처럼 우리의 자유는 탄생과 동시에 천부적으로 주어진 것이다. 따라서 자유는 본래부터 우리의 내면에 있었고 지금도 변함없이 있다. 다만 각본이라는 어두운 그림자에 가려 보이지 않을 뿐이며, 인지하지 못하고 있을 뿐이다.

우리는 자신 내면의 깊은 곳에 있는 참되고 자유로운 자기를 찾기 위해 부단한 탐험을 해야 한다. 이 탐험이 마음의 수행이다. 수행은 온갖 탐욕과 욕망, 편견, 오해 등을 일으키게 하는 외부 세계의 영향에서 떠나 온전한 자신만의·세계에 머물며 조용히 성찰하고 사색하는 시간을 갖는 것이다. 현실 생활의 세속적인 삶에 파묻혀 빠져나오지 못한다면 자유를 찾는 자기 성찰은 요원하다. 이 또한 환경이 그렇게 만드는 것이 아니라 자신이 세속적인 삶에서 빠져나오지 않기로 선택했기 때문이다.

누구나 수행을 통하여 자신 내면의 중심에 있는 진정한 자유를 가진 참자아를 발견하고 통찰함으로써 진정한 자유를 누릴 수 있다. 자유는 없던 것이 주어지는 것이 아니라 본래부터 있었던 것을 발견하는 것이다. 자신에게 자유가 있음을 통찰하는 순간, 각본을 찾아내어

덜미, 무엇이 나를 통제하는가

해결하려 하지 않아도 각본은 무릎을 꿇는다.

　이러한 '자유'에 대한 통찰과 깨달음은 한순간에 일어날 수도 있고, 오랜 시간이 걸릴 수도 있다. 깨달음 없이 고뇌와 번민으로 일관한 어두운 삶을 살다가 죽음을 맞이할 수도 있다. 그러나 만약 이 통찰이 이루어진다면 새장에서 벗어나 상공으로 훨훨 날아가는 새처럼 대자유를 얻을 것이다. 새에게 새장은 인간의 각본과 같은 것이다. 성자들은 최고 경지의 자유를 깨달은 사람들이다. 그러나 보통 인간들은 작은 자유라도 깨우칠 수 있다면 행복한 삶을 살 수 있다. 작은 자유라고 결코 보잘것없는 것이 아니다. 작은 자유는 작은 씨앗과 같이 무한한 가능성을 가지고 있다.

　진정한 자유는 실존적 삶의 토대가 된다. 자유는 자신이 당면한 현실에서 '하는 것'과 '하지 않는 것'에 대한 '책임'이 뒤따른다. 실존적 자유는 불안을 동반한다. 프랭클(Viktor Emil Frankl)의 말처럼 '책임을 감당해야 하는 것에의 자유'[97] 때문이다. 그는 한발 더 나아가서 '어떻게 인간이 내일을 창조하느냐 하는 책임의 위대함'[98]이라 했다. 누구에게나 행동할 자유가 있다. 우리는 무엇을 하든지 행동하기로 '선택'한 것이며, 그 행동에는 반드시 결과에 대한 책임이 뒤따른다. 지금 당신이 어떤 행동을 하고 있다면, 그런 행동을 하려고 스스로 선택했기 때문이다. 만약 타의에 의해 행동했다고 생각한다면, 그 생각 또한 그렇게 생각하기로 선택한 것이다. 자신의 행동에 대한 책임을 지지 않기 위해서다.

일제 강점기 때 독립운동을 한 김구 선생은 진정한 자유를 아는 사람이었다. 일제의 노예로 지배받고는 살 수 없다고 결심한 자유정신의 소유자였다. 김구 선생에게는 특별한 권한이 주어질 때만 자유로워진 것이 아니라 자신에게 주어진 상황에 상관없이 근본적으로 자유로운 사람이었다. 김구 선생은 어린 나이에 동학 접주가 될 만큼 지식과 지략 그리고 용맹함을 가지고 있었다. 김구 선생은 아직도 어려 보이는 청년의 나이에 황해도 안악군에 있는 항구 마을 치하포에서 국모를 죽인 원수를 갚는다며, 한국인 복장으로 위장한 '스키다 조스케'라는 일본인 중위를 발견하고 호통을 치며 그의 칼을 빼앗아 잔인하게 죽였는데, 그 장면을 보고 있던 주위 사람들이 벌벌 떨면서 머리를 숙여 '장군님'이라고 불렀다고 한다. 그 후 김구는 자신의 행동에 대한 책임을 지겠다며 도망가지 않고 있다가 살인죄로 체포되어 호된 옥살이를 하였다.

김구에게 있어 감옥이라는 공간은 자신을 철저히 통제하는 좁은 공간이었지만, 그의 영혼은 한없이 자유로웠다. 자유는 멋대로 하는 것이 아니다. 자유에는 감옥과 같이 한계가 있다. 자유와 한계는 분명한 실존적 현실이며, 이것을 깨달은 사람은 진정한 실존주의자다. 그는 실존철학을 알고 있었는지 모르지만 그의 삶은 실존적 삶임에는 분명하다.

김구는 고문을 받으면서도 일본 간수에게 호통을 치기도 했다. 글을 모르는 자가 많은 수감인들을 위해 글을 가르치는 선생 역할도 했는데, 그의 감옥 생활은 같은 죄수들에게 무한한 귀감이 되었다. 김구는 법정에서 다리뼈가 드러나는 고문을 받으면서도 일본 경찰에게 호통을 치며 꾸짖었다. 심한 고문으로 걷지 못하는 김구를 간수가 등에 업고 법정에서 나오면서 참관하러 온 그의 어머니를 보고 '어쩌면 이렇게 호랑이 같은 아들을 두셨소'라고 말했다.

이 모든 행동은 김구 본인의 자유의지에 의한 '선택'의 결과였다. 이렇게 아무리 악질적인 일본인이라도 김구 선생의 육신은 마음대로 통제할 수 있었지만, 그가 가지고 있는 '자유정신'은 결코 통제하지 못했다. 김구는 독립운동을 멈출 수 없다는 생각으로 감옥을 탈주하는 용감함을 보여 주었다. 김구는 그의 모든 행동을 자유의지로 선택한 진정한 실존주의자였다. 김구의 일제 감옥 생활에서 보여 준 자유정신은 프랭클이 쓴 《죽음의 수용소》에 나오는 자아의식에 관한 이야기와 매우 비슷하다.

김구는 아주 어린 나이에 부엌칼을 들고 자기를 괴롭힌 친구를 죽이려고 했다가 동네 청년들에게 두들겨 맞고 칼을 빼앗긴 일이 있었다. 어릴 때부터 폭력성이 있었다. 이것은 부모의 영향을 받았던 것 같다. 상놈이었던 그의 아버지 또한 걸핏하면 술에 취하여 양반들을 두들겨 패서 관아에 끌려가는 일이 다반사였으며, 그의 삼촌 역시 비슷하였다.

김구는 상놈 집안에서 태어났지만 공부하는 것을 좋아했다. 아버지를 졸라 상놈의 아이들을 모아서 인기 없는 서당 선생을 모셔 열심히 공부했다. 양반들이 다니는 서당에 갈 수 없었기 때문이다. 학문에 충실하고 똑똑한 김구를 좋아하는 양반들이 생겨났다. 이 모두 우연히 일어난 일이 아닌 김구가 선택한 결과였다. 어린 시절의 행동이나 치하포에서 일본 군인을 잔인하게 죽인 것으로 보아 김구 선생은 사람을 죽일 살기를 품고 있는 호전적인 각본이 있었던 것으로 보인다.

> 김구는 유학(儒學)뿐만 아니라 실용학문에도 관심을 가져 관상서, 병법서 등도 공부하였으며, 동학·불교·천주교에도 깊은 관심을 가졌다. 김구는 관상을 공부하면서 자신의 관상이 귀하고 좋은 상은 없고 천하고 흉한 상만 있다는 것을 알고 슬퍼하다가 관상은 나쁘지만 '마음 좋은 사람이 되겠다'고 결단했다.

이 또한 실존주의에서 말하는 선택의 자유를 실천한 것이다. 김구는 자신의 관상대로 살기를 거부, 즉 자신의 운명을 거부하고 삶의 방향을 자유롭게 선택한 자유정신이 있는 사람이었다. 이런 점에서 김구 선생은 진정한 실존주의자이며 교류분석에서 말하는 자발성을 실천한 사람이다. 누군가 노예로 삼는다 해도 그 사람의 자아의식*은

* 자아의식 : 한 개인이 스스로 자신을 인식하는 것. 마음은 직접적인 성찰 과정을 통하여 자신의 의식의 과정과 내용을 알아차린다. 자아의식은 외적인 모든 것과의 관계, 즉 자기개념, 종교, 지식, 가치관, 사회관계 등을 끊은 순수한 자신의 내면세계이다. 순수한 자아의식은, 즉 반성·자각과 같은 내면적 성찰 과정에 의해서 자유와 책임 등의 근거가 성립된다.

덜미, 무엇이 나를 통제하는가

결코 박탈할 수 없으며, 자아의식이 있음을 깨달은 사람이 바로 자유로운 사람이다. 김구 자신에게 어느 것에도 영향을 받지 않는 자유로운 자아의식이 있다는 것을 깨달은 사람이다.

김구 선생은 실존주의자처럼 어떠한 행동을 하든지 그것은 자신이 자유의지에 의해 선택한 일이며, 자신의 한 일에 대해서는 책임져야 한다는 사실을 아는 사람이었다. 김구 선생은 일제의 압제자들이 원하는 대로 노예의 삶을 선택하지 않고, 자신의 자유를 옭아매는 일제의 탄압을 단호히 거부하고 독립운동의 길을 선택했다. 김구 선생은 각본으로부터 벗어나려는 노력으로 자유를 행사한 것이 아니라, 천부적으로 주어진 자유가 있음을 깨닫고 행동으로 옮김으로써 각본에 통제당하고 조종당하는 삶을 변화시켜 각본을 관리할 능력을 지닌 주체자로서의 '자유인'이었다.

자유의 한계

선택의 자유에도 한계가 있다. 인간은 자신의 의지와 관계없이 어떤 자극에 반응할 수 있다. 이것은 선택과 무관한 것이다. 개그맨의 웃기는 행동에 반사적으로 웃음을 터뜨리거나, 자신의 의지와 관계없이 성적인 반응을 할 수도 있다. 무서운 영화를 보고 공포를 느끼는 것도 무서워하기로 선택했기 때문이 아니다. 또한 정신 이상자가 하는 행동은 자신의 행동을 전혀 제어할 수 없다.

이와 같은 상황에서는 인간의 모든 행동에 대한 책임은 전적으로 자신에게 있다는 논리는 합리적이지 않다. 사르트르는 자유와 책임에 대해 타협하지 않는 매우 강경한 주장을 한 철학자였다. 결국 책임에 대한 사르트르의 주장은 결연한 의지와 냉철한 판단으로 자신의 행동에 대해 최대한 책임을 지고 변명을 최대한 줄이는 삶이라 할 수 있다.

이처럼 인간의 자유는 무한적인 자유가 아니라 한계상황이 있는 자유이다. 미국의 대표적인 실존주의 상담자 롤로 메이(Rollo May)는 '자유란 타고났으면서도 동시에 체득한 인생의 한계 속에서 선택할 수 있는 능력'[99]이라고 했다. 야스퍼스는 한계상황을 변화시킬 수 없는 벽과 같은 것이며 인간이 제어할 수 없는 '마지막 상황'이라고 했다. 인간의 한계상황을 가장 잘 설명하는 것은 죽음이다. 죽음은 누구도 피할 수 없다. 한계상황은 궁극적이고 근원적인 상황으로써 변화하는 것이 아니라, 하나의 본질적인 현상이다.

야스퍼스에 따르면, 인간은 한계상황 속에 있다는 것은 인간은 유한한 존재라는 것이다. 한계상황은 인간을 자기의 존재의 유한성을 자각하게 되고 삶에 대해 성찰하게 한다. 또한 인간은 한계상황을 수용함으로써 자기 자신을 넘어설 수 있고 초월할 수 있다. 초월은 시간적·공간적 제약을 넘어서는 것이다. 초월적인 사유는 주관과 객관을 허물어 버리고 자신 그리고 자신과 함께 있는 모든 존재의 전체적인 것으로 시선을 두는 것이다.

인간은 자기 자신을 찾는 것이 실존이며, 실존은 곧 자유를 획득하는 것이다. 초월은 인간이 근원적이고 본질적인 자신으로 다가가는 과정으로서, 인간으로 하여금 자유를 누리게 하고 진정성 있는 본래적인 자기 자신을 발견하는 것이다. 교류분석의 기본 철학은 '인간은 모두가 OK다'라는 것인데, 이 'OK'가 인간의 본질적인 모습이라고 말할 수 있다.

불안 · 자기기만

어떤 일을 하든 자유로운 선택에 달려 있다는 사실은 우리를 불안하게 한다. 어린아이가 부모로부터 배척당하지 않고, 사랑을 받기 위해 어떤 행동을 할 것을 선택했을 때, 비록 그 선택이 전적으로 아이 자신의 전략이라 할지라도 불안이 존재한다. 아이는 자신이 자유롭게 선택한 전략이 성공하기를 원하지만, 실패할 수도 있기 때문이다. 그래서 이런 행동이 반복되고 습관화되면 각본이 되고, 각본은 항상 불안한 상태에 있다. 자유는 언제든지 위험하고 실패할지도 모르거나 부끄러운 일을 하는 것을 제한하지 않는다. 그래서 자유는 고통을 불러올지도 모르는 잘못된 선택을 할 수도 있고, 잘못된 선택을 할지도 모른다며 불안해할 수도 있다.

사막이나 망망대해에서 지도나 지침도 없이 '네가 자유롭게 가고 싶은 대로 가라'고 한다면 불안 없이 자유롭게 가고 싶은 대로 갈 수 있을까?

적으로부터 도망가다 절벽을 만났다. 포로가 되어 고문받다 죽거나 절벽에 뛰어내리거나 선택은 자유다. 이 두 가지 선택 가운데서 심각한 갈등을 일으키도록 하는 것이 각본의 목표라면 어떻게 할 것인가?

이런 상황에서 대부분은 불안을 느끼고 현기증을 느낀다. 사람들은 이런 자유-불안을 피하기 위해 자신은 자유롭지 않다는 전략을 선택한다. 나는 뛰어내릴 자유도 없고 잡혀 죽을 자유도 없다. 적에게 잡히는 나와 절벽에서 뛰어내리는 나의 투쟁이 일어난다. 이것이 실존적 현실이다. 투쟁의 결과는 갈등으로부터 벗어나기 위한 것이며, 나를 괴롭히는 현실에 대한 반항이다. 이러한 투쟁과 갈등이 일어나는 엄연한 현실을 도피하려는 사람은 '나에게는 아무것도 선택할 자유가 없다'고 결단한다.

이런 상황에 빠졌다면 어린 시절 만들어진 각본에 조종당한 것이다. 이럴 때 인간은 옴짝달싹 못하는 교착상태에 빠진다. 결국 자신의 의지와 관계없이 적에게 잡혀 죽거나 절벽에 떠밀려 죽음을 맞이할 것이다. 만약 적에게 잡히느니 절벽에 뛰어내리기로 스스로 선택했다면, 그의 죽음은 진정한 실존적 죽음이다. 또는 적을 향하여 마지막 주먹을 휘두르며 장렬히 전사하는 것도 실존적 죽음이다.

교류분석에서는 각본에 '순응하거나 대항'하다가 결국에는 옴짝달싹 못하는 상황에 빠지는 것을 교착상태(Impasse)라고 한다. 교착상태는 갈등 중에 최고조에 달하는 상황이다. 교착상태에 빠지면 심각한 불안에 휩싸이면서 자유롭게 행동할 권한을 잊어버리거나 무시하거나 거부한다. 그럴수록 불안과 현기증은 더욱 심해진다. 이것은 앞서 말했듯이 실존적 현실에 도피하는 것이며, 선택의 자유가 있다는 자기 자신을 기만하는 것이다.

하지만 분명한 것은 자기기만은 불가능하다는 점이다. 왜냐하면 자유란 내가 선택한다고 생기는 것이 아니라 태생적으로 있었으며 항상 존재하고 있기 때문이다. 그리고 자기기만이 불가능하다는 또 다른 이유는 어떤 누구든 타인을 속일 수 있을지 모르지만 자신을 속일 수는 없기 때문이다. 사르트르는 '거짓의 본질에는 거짓말하는 사람은 자신이 감추려는 진실을 완전히 알고 있다'[100]는 뜻이 포함되어 있다고 했다. 따라서 '자기기만'은 고의적인 무지이다.

우리는 재난 상황에서 아기를 가슴에 품고 사망한 엄마가 있다는 뉴스를 접할 때가 있다. 이때 죽음을 맞이하는 아기 엄마는 분명 실존적 선택을 했다고 볼 수 있다. 독립투사가 교수대에서 기꺼이 죽어갈 때, 그는 죽음을 자유롭게 선택한 사람이다. 이들에게 자기기만이란 없다. 자신의 실존적 현실을 수용하고 인정하지 않는 자기기만은 죽음도 삶도 없는 옴짝달싹 못하는 교착상태에 빠지는 지옥을 경험할 것이다. 이와 같이 우리를 교착상태에 빠지게 하는 것은 각본 때문이다.

각본은 어린 시절 부모의 권위와 통제에서 살아남기 위한 전략이 반복됨으로써 미숙한 확신에 의한 결단의 결과다. 물론 아이로서는 최선의 선택이었을 것이다. 이렇게 만들어진 각본에 따르는 삶은 항상 교착상태를 경험한다. 그러나 교착상태가 자기기만이라는 사실을 깨닫는다면 드디어 새로운 선택이 가능해진다. 새로운 선택은 자기 극복이며 초월이며 창조이다. 사르트르에 의하여 인간은 본래 결핍상태에서 이 세상에 홀연히 나타난 존재이다. 따라서 이 결핍을 채우려는 의지의 작용이 일어난다. 이것은 니체가 말하는 '힘의 의지'이다.

인간은 결핍을 채우면서 자신의 본질을 만들어 나가며 미래로 나아간다. 이것은 자기 극복의 과정이다. 자기 극복의 과정에서 새로운 선택은 언제나 가능하다. 인간은 가능성의 존재이기 때문에 새로운 선택을 통해서 미래로 나아갈 수 있다. 이 가능성은 누구에게나 내면의 중심에 존재하고 있다. 다만 이를 통찰하지 못하고 있을 뿐이다. 우리는 일상생활에서 사소하거나 심각한 교착상태를 자주 만나 힘들어할 때가 많다. 우리의 일상생활은 보이지 않는 화살처럼 날아가며 고정된 실체가 없는 시간이라는 함거* 속에 갇혀 있다. 자유정신을 가지고 지금 이 순간에 살지 않고, 이 시간의 화살과 함께 흘러가는 한 삶은 고될 수밖에 없다.

---

* 함거(艦車) : 옛날, 죄인이나 맹수를 실어 나르던 수레.

멀미, 무엇이 나를 통제하는가

품기·멈추기

품기

'품기'는 수용이나 받아들임보다 더 따뜻한 표현이다. 힘들고 고생스러운 자신에 대한 자기 연민은 인간이 본래부터 가지고 있는 마음 씀씀이로서 엄마가 아기를 품듯이 스스로 자기 자신을 따뜻하게 품어 안는 것이다. 고통을 주는 대상이나 상황이 싫고 고통스러워하는 자신에게 불만을 가진다면 고통은 더욱더 기세를 부린다. 고통을 없애려고 애쓰거나 억누른다면 고통은 더욱 심해진다. 이것을 경험한 사람은 많을 것이며 이해하는 것은 그리 어렵지 않다. 상처를 누르면 더 아픈 것과 같다. 결국 고통에 굴복하고 말며 삶은 깊은 나락으로 떨어진다.

고통은 마치 누르지 않고 가만히 놓아두면 튕기지도 않고 얌전히 있는 스프링과 같다. 이것이 고통의 속성이다. 진실은 고통이라는 놈의 모습은 거의 허세에 불과하다는 것이다. 고통이라는 놈의 진짜 모습은 매우 나약하다. 그 나약함이 허세 뒤에 숨어 있다. 그리고 자신의 나약함을 찾아 주기를 간절히 바라고 있지만 용기가 없어 고백하지 못하며 오히려 반대의 모습으로 나타난다. 즉, 자신의 약함을 감추기 위해 반동형성*을 하는 방어기제와 같다.

니체는 '자신이 운명을 사랑하라(amor fati)'는 유명한 말을 했다. 자신이 못났거나 잘났거나 자신을 사랑하지 않으면 변화란 일어나지 않는다. 또한 니체는 '있는 것은 아무것도 버릴 것이 없으며, 없어도 되는 것은 아무것도 없다'고 말했다. 번뇌에 휩싸여 고통받는 자신을 스스로 품어 안음으로써 삶에 보다 더 깊은 의미와 가치를 부여할 수 있다. 고통이 고통을 치유하며 상처가 상처를 치유한다.

> 취업 시험에 합격하지 못할까 지속적으로 불안해한다면, 불안은 홍수에 물이 불어나듯 점점 커질 것이다. 그 감정에 사로잡힌 것을 멈추지 않는다면 결국은 실패의 결말을 맞을지도 모른다.

멈추기는 내면에 있는 자신의 참자아를 만나는 것이다. 불안은 감정이다. 감정이란 환경과 조건에 따라 언제든지 변할 수 있으므로 나무나 돌같이 변하지 않는 실체가 아니며 바람이나 연기와 같다. 따라서 괴로운 감정은 내가 아니다. 일시적으로 나타나는 하나의 현상일 뿐이다. 명상이나 여타의 방법으로 꾸준히 내적 수행을 했다면 그 감정에 사로잡힌 나를 한 발짝 물러나 관찰하고 바라볼 수 있다. 그냥 나의 집, 육신에 잠시 왔다 가는 손님처럼 바라볼 수 있다. 그러나 더 좋은 것은 그 감정을 가만히 끌어안고 품어 주며 친절하게 대접해 주는 것이다. 그렇다면 그 고통스러운 감정은 위안받고 있음을 알고 얌전해진다.

* 자신의 감정이나 욕구를 억압하고, 정반대의 행동으로 바꾸어 행동하는 심리적 태도.

멈추기

우리의 생각·감정·오감은 일시적으로 생겼다 사라지기를 반복하는 구름과 같고 이슬과 같다. 상황·환경·대상에 따라 끊임없이 변하는 성질을 가지고 있어서 수없이 일어났다 사라지는 파도나 물결과도 같다. 교류분석에서 말하는 자아(Ego), 즉 '부모 자아'·'어른 자아'·'어린이 자아'도 그 자체로 고정되어 있지 않으며 상황에 따라 끊임없이 그 질량이 변하는 성질을 가지고 있다. 우리는 이런 자아에 집착할 때 필연적으로 고통이 뒤따른다.

우리의 삶이 복잡하고 생각도 복잡한 것은 이런 자아 때문이다. 알베르 카뮈*는 말한다. 가령 나 자신이 확신하는 자아조차 막상 포착해 보려고 하면, 그것을 정의하고 요약해 보려 하면, 그것은 손가락 사이로 새어 나가는 물에 불과해진다고 말이다. 자아는 생각·감정·오감을 통해 자신을 드러내려고 한다. 이 자아로 인해 온갖 번민에 시달릴 때가 많다. 그러나 자아의 실체를 알고 나면 문제는 한꺼번에 해결된다.

무엇을 멈출 것인가? 우리의 의지와 관계없이 머릿속에는 수없이 일어났다 사라지는 생각, 감정들을 멈출 수 있어야 한다. 가만히 있어도 생각은 벌 떼같이 일어난다. 생각은 뭍에 던져져 펄떡거리는 제어하기 힘든 물고기와 같다. 이것이 우리의 자아이다. 때때로 뜻하지 않

---

* 알베르 카뮈(Albert Camus, 1913~1960) : 프랑스 작가, 저널리스트, 철학자. 1957년 43세에 노벨문학상 수상. 실존주의자로 분류되지만, 정작 본인은 그러한 평가를 거부했다.

는 생각, 감정이 머릿속을 침범해 들어와 마음을 초토화시킨다. 우리의 의지와 관계없이 생각이 머릿속에서 홀연히 일어나 어물전 미꾸라지처럼 마음을 온통 흐려 놓는다.

생각은 제멋대로이다. 생각을 메모지처럼 압정으로 고정시킬 수도 없다. 내가 생각하고 싶은 것만 생각한다면, 그 생각이 잘못되었다 하더라도 그래도 다행이다. 생각은 내가 하고 싶은 대로 따라 주지 않는다. 여기 있으라 하면 저기로 가고, 저기 있으라 하면 여기로 온다. 이것 때문에 우리의 삶은 엉망진창이 되기도 한다. 우리는 생각·감정·오감을 통제하는 자유가 없으며, 생각·감정·오감에 이끌려 다니며 인생을 허비한다. 그 많은 생각들을 머리에 넣어 두고 있으면 그 무게가 무쇠 천근만근보다 더 무겁다.

> 사르트르의 소설 구토의 주인공 로캉탱은 '생각하는 것만 그만둘 수 있어도 낫겠다 … 머릿속이 연기로 가득 찬 것 같다 … 생각하는 것을 생각하고 싶지 않다'며 고민한다. 그리고 로캉탱은 인간은 생각하므로 존재한다고 결론 내린다.

생각하는 것이 인간의 속성이니 옳은 말이다. 그러나 생각을 관리하는 것과 생각에 지배당하는 것은 다르다. 로캉탱은 생각에 지배당하고 있었던 것이다. 우리는 하루 중에 어느 순간에는 삶에서 가치 있고 의미 있고 생산적인 생각을 하더라도, 생각이란 속성은 시간이 지나면 그 의미가 바뀌고 또 바뀌는 것이 반복된다.

덜미, 무엇이 나를 통제하는가

우리의 자아(Ego), 즉 생각·감정·오감은 변덕이 무척 심한 것이 분명하다. 생각은 마치 라디오 잡음처럼 시끄럽고, 새 떼처럼 쉴 새 없이 머릿속에서 지저귄다. 이때 우리의 머리는 주파수 혼선이 온 라디오나 새가 갇힌 새장과 같다. 돌이나 나무는 실체가 있으니 존재한다고 할 수 있다. 생각은 마치 야생마와 같이 얌전하게 있지도 않으며 붙들어 매기도 힘들다. 생각은 존재하는 것이 아니다. 바람에 일렁이는 물결처럼 끊임없이 일어났다 사라지기를 반복하니 실체가 없다. 그래서 '생각이 난다'라고 하지, '생각이 존재한다'라고 하지 않는다.

생각은 좀처럼 지금 이 순간에 머물러 있지 않는다. 한순간에 머물러 있다가도 생각은 언제나 날개를 달고 달아나 버리고 어디선가 날아온 낯선 새처럼 다른 생각들이 침범해 들어온다. 바로 어제 있었던 일과 함께 과거의 온갖 기억들, 추억, 후회, 미련 그리고 끊임없는 미래에 대한 추측과 아직 실천되지 않는 계획들, 아직 이루어지지 않는 성공에 대한 흥분, 실패에 대한 불안, 기적, 행운, 질병, 그리고 죽음까지. 이렇게 생각은 과거와 미래로 떠돌이처럼, 바람에 날리는 낙엽처럼 날아다닌다. 앞에서 길게 이야기했던 인생각본의 근원에는 생각이라는 괴물이 있다고 한마디로 설명할 수 있다.

우리는 삶을 피곤하게 하는 이 복잡한 생각들을 멈추고 고요하고 평화로운 상태로 있을 수는 없을까? 이 온갖 생각들에 끌려다니는 생각의 노예가 되지 않고 생각의 주인이 되어 지금 이 순간에 깨어 있으면서 자유로울 수는 없을까?

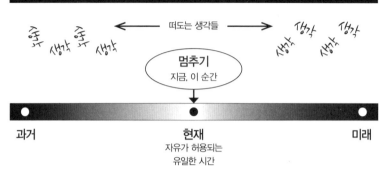

:: 멈추기와 지금 이 순간 ::

떠도는 생각들

생각 생각 생각 생각 생각 생각

멈추기
지금, 이 순간

과거   현재   미래
자유가 허용되는
유일한 시간

인간은 끊임없이 과거를 생각하며 추억하고 후회하고 미련을 버리지 못한다. 미래에는 지금 불만족한 것들이 채워지기를 바라고, 욕망이 이루어지기를 꿈꾼다. 그래서 마음은 끊임없이 미래를 바라본다. 생각이 욕망을 일으킨다. 욕망은 항상 불만족에 있고 불만족은 화를 일으킨다. 욕망과 화로 인하여 사리 분별이 흐려지고 어리석은 판단을 한다. 실존주의에 따르면 완전하고 만족하는 성취가 있는 미래, 결핍 없는 미래에 도달하려는 것이 욕망이다. 욕망은 항상 결핍 상태에 있기 때문에 결코 행복감을 주지 못한다. 그러나 욕망을 채워 주는 미래는 결코 오지 않으며, 현재는 항상 결핍된 상태로 있다.

이런 속성은 잘못된 것이 아니라 당연한 것이다. 이 당연함은 우리의 냉혹한 현실이자 진실이며, 이것이 실존적 결핍이다. 그러나 실존적 결핍은 항상 가능성과 함께 있다. 이 가능성이 새로운 나를 만들기 위해 앞으로 나아가게 한다. 우리는 이 진실을 기꺼이 받아들여야 한다. 완전한 만족은 현실에서 결코 이루어지지 않는다는 것을 받아들여야 한다. 이 진실을 받아들임으로써 욕망을 놓을 수 있다.

지족(知足)은 항상 분수를 지키며 현재에 만족하고 감사하라는 말이다. 누구나 한 번쯤은 들어 본 말이다. 너무나 당연한 말이라 때때로 잊고 살기도 한다. 지족은 동서양을 막론하고 인류의 모든 스승들이 가르치는 말이다. 창조적 삶도 지금 이 순간에 머물고 지족함으로써 가능하다. 미래는 결코 오지 않지만 미래에 대한 가능성은 언제나 지금 이 순간에 있다. '아직 실현되지 않는 가능성'은 엄연히 현재에 실존한다. 그 가능성이 곧 소망이다. 소망은 새로운 창조의 길을 열어 준다. 새로운 창조는 자유를 획득했을 때 가능해지고, 자유는 지금 이 순간에 머물러 있을 때 획득할 수 있다. 즉, 날개를 달고 제멋대로 날아다니는 생각을 멈춘 지금 이 순간에 있어야만 진정한 자유를 획득할 수 있다. 이때 비로소 현재에 만족하며 자유롭고 창조적인

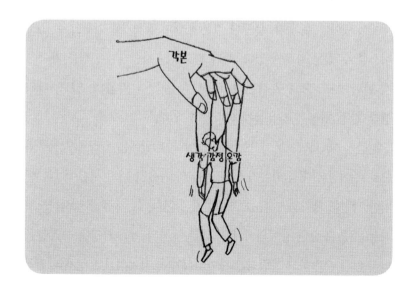

삶을 위한 선택이 가능하다.

자아(Ego)는 생각·감정·오감의 결과이다. 자아는 술 취한 사람이 비틀거리듯 가만히 있지 않는다. 우리는 현실 세계에 적응하며 살아가기 위해 일관된 감정을 유지하기 어렵다. 상황에 따라 생각이 바뀌고 감정도 바뀐다. 이런 생각과 감정들은 물결처럼 일어났다 사라지는 것을 반복하는 하나의 정신적 사건일 뿐이다. 이런 정신적 사건들은 온갖 스트레스, 번민과 고통을 가져온다. 우리는 이런 낭비의 삶을 멈출 수는 없을까?

우리를 괴롭히는 생각의 배후에는 각본이 있다. 각본은 생각과 감정, 오감을 숙주로 삼고 있다. 그러므로 생각·감정·오감이 일어나지 않으면 각본은 할 일이 없어진다. 엄밀히 말하면 각본에 매달린 것은 자아이며, 어린 시절 그렇게 덜미 잡혀 매달리기로 스스로 선택하고 결단한 것이다. 따라서 생각이 멈추어야만 그 배후에 있는 각본의 통제에서 벗어날 수 있다. 누구나 각본에 덜미 잡히기를 거부할 수 있고 취소할 수 있는 자유가 있다. 생각 멈추기는 자발적인 선택을 가능하게 한다. 나도 모르게 각본에 조종당하는 것을 막을 수 있고, 나의 생각·감정·행동을 자유롭게 선택할 수 있다.

멈춤은 내면으로 들어가는 출입문이다. 내면에는 우리에게 천부적으로 주어진 절대적 자유가 있다. 내면의 자유를 가진 사람에게는 어떠한 각본도 생각과 마음을 조종하지 못한다. 그 자유를 행사하도록 하는 것은 독립된 자아의식이다. 외부 세계의 어떤 환경에도 영향을 받지 않는 순수하고 독립적인 자아의식이다. 자아의식은 신체의 면역

력과 같다. 감기는 밥그릇 밑에 떨어져 나간다는 옛말이 있다. 감기 바이러스는 직접 죽이지 않아도 밥 한 그릇 거뜬히 먹고 충분한 영향을 섭취하고 휴식을 취하면 항생제 없이도 무력해진다. 이처럼 자아의식은 각본에 비할 바 없는 강한 힘을 가지고 있다.

내적 수행은 인간은 우주에서 티끌보다 작은 존재이지만 우주의 온 에너지를 느낄 수도 있고, 내 의식 안으로 들어오게 할 수 있다. 이런 통찰이 있기 위해서는 내 안에 자유로운 자아의식이 있음을 믿고 깨달아야 한다. 이것은 앎이 아니라 실천이며 경험이다. 내적 수행은 절대적 자유와 한계상황을 통합시킨 전체로서의 나를 깨닫는 것이며, 자신의 삶을 외부 세계의 영향을 받지 않고 스스로 선택하고 책임지는 주도적인 삶을 살아가기 위한 것이다. 이 자아의식이 곧 참자아이다.

'롤로 메이'는 '사람들은 멈춤 속에서 침묵을 경청하는 법을 배운다'[101]고 했다. 우리는 멈추면 비로소 생각나는 것, 느끼는 것, 들리는 것, 보이는 것이 있다. 또 진정한 자기 자신의 내면의 소리를 들을 수 있다. 멈춤은 진정한 나를 돌아볼 겨를도 없이 살아가는 일상적인 삶을 잠시 내려놓고 의식 내면의 세계로 들어가는 것이다. 우리에게는 '이것이냐, 저것이냐' 선택하는 자유가 있다고 실존주의 창시자 키에르케고르(Søren Aabye Kierkegaard)는 말했지만, 일상적인 삶에서는 이 선택의 자유를 실천하기란 여간 어려운 것이 아니다. 즉, 일상생활에서는 냉정한 현실에서 살아남기 위해서 끊임없이 갈등하고 투쟁하며 살아가기 때문에 의식 내면의 가장 중심부에 있는 참자아를 들여다볼 여유가 없다.

우리가 타인과 외부 세계와의 관계에서 나타나는 현상은 모든 인간 각자의 주관적 관념에 따라 온갖 모습으로 규명되기 때문에 진실이라고 할 수 없다. 때로는 이 규명이 보편적 가치로 인식되어 객관적 평가나 검증 없이 맹목적인 믿음이 되기도 한다. 이것은 모두 개인의 주관적 성향과 탐욕과 두려움과 어리석음이 그 원인이다. 이런 가운데 참자아를 잃어버린 채 살아간다. 우리는 현실 속의 상황과 자아를 객관화시켜 관찰할 수 있는 통찰이 이루어져야 한다. 그 통찰하는 주체가 내면의 참자아이다. 참자아로 있기 위해서는 일상을 멈추고 지금 이 순간 내면으로 들어가야 한다.

멈춤은 영원으로 들어가는 문이다. 영원 안에서 진정한 생명의 가치를 깨닫게 되고 멈춤 안에는 무한한 창조의 세계가 있고 우주가 열려 있다. 그곳에는 우리를 괴롭히고 불안하게 하는 시간도 없다. 여기서 시간은 우리가 말하는 과거, 현재, 미래로 분별하는 시간이다. 우리의 의식의 시간은 시계처럼 끊임없이 흘러간다고 생각하지만, 시간은 찰나의 연속이며 멈춤의 연속이다. 순간은 영원으로 가는 통로인 것이다.

멈춤의 순간은 보석을 실에 꿰어 놓은 원형의 목걸이처럼 끊임없이 연속된다. 니체는 이것을 영겁회귀*로 설명하고자 했다. 우리는 이 연결된 길을 걸어왔다. 이 원형의 중심에는 우리의 내면에서 우주

---

* 니체가 《자라투스트라는 이렇게 말했다》에서 주장한 근본 사상. 영원한 시간은 원형(圓形)을 이루고, 그 원형 안에서 우주와 인생은 영원히 되풀이된다는 사상.

까지 통한다. 멈춤은 우리에게 진정한 지혜를 주고, 멈춤에서 그동안 몰랐던 미지의 나를 발견할 수 있다. 만약 우리가 이런 경험을 조금이라도 하지 못하고 죽음을 맞이한다면 진정으로 슬픈 일일 것이다.

멈추고 내면으로 들어간다는 절대 쉬운 일이 아니다. 왜냐하면 우리의 현실은 외부 세계와 끈으로 매여 있고 외부 세계의 끊임없는 방해가 있기 때문이다. 사실 그 방해꾼은 나 자신이다. 외부 세계와 연결되어 있는 끈을 놓지 못하는 것도 나 자신이다. 우리가 '이것이다. 저것이다'라고 하는 외부 세계의 모습은 실제가 아니다. 외부 세계는 우리의 생각·감정·오감으로 필터링되어 들어오기 때문에 실제와 전혀 다르다. 그렇다고 실망할 필요는 없다. 우리가 실수하거나 잘못한 것이 아니기 때문이다. 이것이 지금까지 모든 유기체가 존재해 온 방식이기 때문에 어쩌면 외부 세계를 바라보고 있는 방향을 내면의 세계로 돌리기가 어려운 것은 당연하다.

멈춤의 세계에는 불안, 분노, 질투 그리고 각본 등 어떤 고통도 스스로 다스릴 수 있는 자유로운 영혼을 가진 참자아가 있다. 일상적 삶에서는 분노가 나의 감정을 지배하지만 멈춤으로 들어가면 내가 분노를 다스릴 수 있다. 일상에서는 각본에 조종당할지 모르지만 멈춤의 세계에서는 내가 각본을 통제할 수 있다. 멈춤의 세계에서는 내 의식의 빛은 무엇과도 견줄 수 없이 밝다. 내 의식의 빛으로 세상의 모든 것을 비추어 볼 수 있다. 멈춤의 세계에는 외부 세계가 간섭하지 못하는 내면의 자유가 있다.

일상의 삶을 멈춤으로써 만날 수 있는 찰나에는 과거, 현재, 미래도 따로 나누어진 시간이 아니다. 모든 시간이 멈춤 안에 함께 있다. 어렸을 때 나, 지금의 나, 미래의 나, 삶도 죽음도 이 멈춤의 세계에 모두 있고 통합되어 있다. 시끄럽고 요란스럽지도 않다. 그래서 울고 있는 어린 나를 달랠 수 있고 화난 지금의 나를 진정시킬 수 있고 불안한 미래의 나를 따뜻하게 안아 줄 수 있다. 멈춤 속에서는 우울, 불안, 분노, 절망, 즐거움, 행복, 희망 등이 각각 어지럽게 흩어진 조각들이 아니라 그 모든 것을 품어 안은 통합된 전체로서의 내가 있다. 그 전체로서의 나는 자유로운 영혼이며 지혜로운 나이다. 전체로서의 나의 의식은 우주보다도 넓고 깊기 때문에 생사(生死)의 모든 것을 안고 품어도 창조적인 공간은 무한히 남아 있다.

조용한 개울가를 찾아 나무 밑에 앉아 지금 이 순간을 느껴 보아라. 얼굴을 스치는 공기의 흐름, 햇볕의 따스함, 바람과 나뭇잎의 속삭임, 싱그러운 풀 내음 등 멈추지 않으면 결코 느낄 수 없는 것들이 있다. 내가 바람이 되고, 내가 나뭇잎이 되고, 햇빛이 된다. 멈춤은 내가 느껴 보지 못했던 새로운 세계로 초대하고 그곳에서 나와 시간을 초월하여 영원 속에 존재하는 근원적인 내가 있다.

지금 하던 일을 멈추고 당신의 방에 있는 모든 시계를 없애고 앉아 조용히 호흡하며 멈춤의 세계를 느껴 보라. 이것이 진정한 자기를 찾는 여정의 시작이다. 멈춤의 세계에 들어가면 입구에서는 미소를 머금은 참자아인 내가 반갑게 맞이한다.

실존 자아

참자아

인간은 자신의 존재를 확신하는 것은 자기반성을 통해 솔직한 자신을 마주하게 될 때이다. 이 솔직한 자신이 실존적 자아이다. 실존적 자아로 있을 때, 누구나 자신은 부족한 상태에 있다는 것을 알게 된다. 부족함은 불성실하고 노력이 부족함을 뜻하는 것이 아니다. 부족한 것은 지극히 정상이다. 우리는 부족하기 때문에 성장할 수 있다.

'인간은 항상 결핍된 상태에 있으므로 무엇인가 채우면서 자신을 만들어 간다'라고 한 사르트르의 말처럼 인간은 항상 미완성의 상태에 있다. 야스퍼스의 표현으로는 인간은 항상 가능성으로 실존한다.[102] 즉, 현재는 곧 가능성을 의미한다. 참담한 상황이라 할지라도 내면을 들여다본다면 가능성이 항상 실존하고 있음을 알게 될 것이다. 참담한 상황에서 느끼는 감정은 결코 내면에서 일어나는 것이 아니라 생각·감정·오감에 오락가락하는 주체성 잃은 마음의 얕은 곳에 숨어 있는 자아의 허구적인 판단일 뿐이다.

인간은 결핍되고 미완성인 상태에서 내면에 실존하는 가능성이란 자양분으로 현재를 초월하여 미래로 변화하고 자신을 만들어 나아간다. 가능성이란 내면의 힘은 곧 니체가 말하는 '앞으로 나아가려는 힘의 의지'이다. 그리고 이 내면으로 통하는 길은 자기반성과 성찰의 길이다. 인간이 자기 성찰을 하는 동기는 스스로 삶의 주인이 되려는 의지로부터 나온다. 그리고 자아 성찰은 실존적 자아를 찾아가는 과정이다.

인간은 외부 세계와의 수많은 관계 속에서 살아간다. 개인의 존재감도 대상과의 관계 속에서 규명된다. 즉 '나는 누구인가?'라는 의문의 답을 외부 세계와의 관계 속에서 규명하려 한다. 관계는 인간에게 소유·지위·지식·자격을 가지도록 요구하며, 상황에 맞는 조건과 색깔의 옷을 입도록 요구한다. 순수하고 본래적인 나에게 온갖 색깔을 입혀 놓고서 '나'라고 한다. 그리고 본래의 나를 잊은 채 살아간다. 이 과정은 항상 고통을 동반하며 갈등, 긴장과 투쟁의 연속이다.

인간에게 있어서 자기반성과 성찰은 순간순간 변화와 자기 창조를 위해 초월하고 극복해 가도록 해 준다. 자기반성과 성찰은 '내적 수행'을 통해 이루어진다. 내적 수행은 마음의 정화시키는 것과 같다. 즉, 오염된 물을 깨끗하게 정화시키는 것과 같다. 이 오염된 물의 오염 물질을 각본으로 비유할 수 있는데, 오염된 물이 질병을 일으키듯이 각본 또한 삶의 질을 병들게 한다. 물을 정화하듯이 마음을 깨끗이 정화하면 본래의 내가 드러난다. 야스퍼스는 '정화는 결코 끝나지 않는 지속적인 자기됨의 내적 과정이다'[103]라고 했다. 이 정화가 자기반성이며, 성찰의 과정이다. 또한 정화는 실존적 자아를 탐구하는 과정이라 할 수 있다.

딜미, 무엇이 나를 통제하는가

마음의 정화는 달콤하고 유혹적인 과육을 걷어 내면 씨앗이 드러나는 것과 같다. 과육은 달콤하지만 생명이 없다. 그대로 두면 썩어 없어진다. 과육이 세상에 대처하는 우리의 삶이라면 씨앗은 삶을 창조해 주는 에너지이다. 씨앗은 달콤하지 않지만 그 자체로 생명을 품고 있고 과육처럼 부패하지 않으며 미래의 모든 가능성을 가지고 있다. 씨앗은 작지만 미래를 열어 가는 소모되지 않는 에너지를 가지고 항상 지금 이 순간에 깨어 있다. 씨앗은 생명이고 창조 가능성이다. 그러나 우리는 과육과 씨앗이 함께 있을 때 과일이라고 한다. 이 과일과 같은 것이 바로 '나(self)'이다. 따라서 생명이 존속되고 있으려면 과육이 신선하고 부패하지 않아야 하는 것처럼, 우리의 생각·감정·오감으로 이루어진 현실에 대응하며 살아가는 삶에서는 양심이 삶의 중심이 되어야 하고 탐욕에 물들지 말아야 한다.

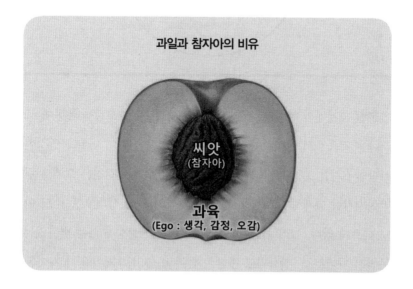

본래의 내가 참자아이다. 참자아는 자아의식을 알아차린 나이며, 씨앗처럼 우리의 내면의 가장 중심부인 영적 공간에 자리 잡고 있다. 참자아는 모든 외적 세계에서 드러나는 자신을 떠나 자기 성찰을 통해 알아차린 순수한 내면세계에 존재하는 근원적인 나이다.

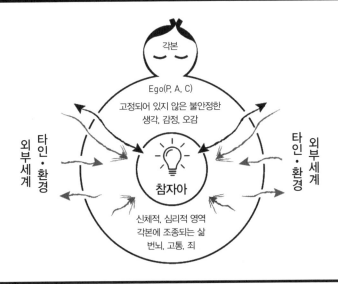

:: 참자아와 자아 그리고 외부세계의 관계 ::

현실 세계에서 살아가는 자아(ego)는 생각·감정·오감을 통하여 드러나는 것으로서 끊임없이 생겨나고 사라지고 변하여 마치 불안정한 화학물질처럼 고정된 실체가 없다. 특히 이 생각과 감정은 고삐 풀린 망아지처럼 통제하기도 힘들다. 교류분석의 자아 상태(P·A·C)도 이와 다르지 않다. 그러나 참자아는 의식 내면의 중심에 있는 변함없는 근원적 자아로서, 진실되고 변함이 없는 마음의 본체이다. 참자아는

덜미, 무엇이 나를 통제하는가

주체와 객체, 나와 대상의 경계를 넘어서 있으며 내면의 중심에서 항상 외부로 향하고 있다. 내면의 신성한 영적인 영역에 있는 참자아는 타인, 환경, 외부 세계와 단절되어 있지 않고 유연한 관계를 유지하고 있다. 참자아는 궁극적인 자유의지를 가지고 있으며 불안정한 현실적 자아를 관리하며 극복하고 초월하여 변화와 창조를 위해 자신을 앞으로 나아가게 한다.

참자아는 이 우주와 인간 세계와의 관계에서 객체적 존재가 아니라 주체적 존재이다. 참자아가 있는 자리는 우주와 영원으로 통하는 신성한 영역이다. 따라서 참자아의 자리에는 과거, 현재, 미래가 지금 이 순간에 통합되어 있다. 참자아는 언제나 인간적 우주 속에 현존한다.[104] 참자아의 자리야말로 인간적 우주의 중심이며 절대적인 신성의 영역이며 무로부터 스스로 본질을 만들어 나가는 창조적 자아이다.

:: 참자아의 본질 ::

생각, 감정, 오감

참자아

심리적 공간

참자아

자유
지금 이 순간
우주의 중심
창조적 자아

따라서 우리 스스로 창조자가 될 수 있다.[105]

참자아는 자기의 본래 모습이며 속세의 때가 묻지 않은 순수한 심성이다. 참자아는 이 세계 속에서 스스로 만들어 놓은 울타리 안에 구속되지 않은 진정한 자아다. 니체는 '우리는 마치 매 순간이 영원한 것처럼 살아야 한다'고 말한다.[106] 참자아가 존재하는 지금 이 순간은 바로 끊임없이 영원히 이어진다. 참자아는 과거나 미래에 존재하지 않는다. 참자아는 항상 지금 이 순간에 존재하고 있다. 인간은 지금 이 순간에 참자아를 알아차리고 깨어 있을 때 자유롭고 창조적인 삶이 가능하다. 참자아는 마음의 내면에 항상 현존하고 있으며 세계와 분리되거나 별개로 존재하지 않으면서도 주체적인 역할을 한다. 참자아는 야스퍼스의 말대로 내면에 보이지 않는 절대의식의 초월적 존재이다. 인간의 자아는 내면의 절대의식의 초월자와의 진지한 만남을 통해서 인간의 자유의식이 최고조로 고취될 수 있다.[107]

외부 세계와 대상들과 어울려 살아가는 현실적 자아는 내면의 참자아와 언제나 연결되어 있다. 그러나 이 세계에서 경험하고 익히고 배운 모든 것들이 참자아와의 접속을 방해하고 있다. 그래서 현실세계에서 드러나는 것들, 즉 자아, 즉 생각·감정·오감에 의해 필터링되어 들어오는 것들을 진실이라고 오해하고 있다. 이것은 착각이고 허구이다.

마음을 정화시키는 내적 수행을 통해서 자신의 내면을 바라보면 궁극적인 자유를 가진 근원적이고 초월적이며 창조적인 참자아를 만날 수 있다. 참자아는 소멸되지 않는 빛과 같이 존재한다. 내면의 참

덜미, 무엇이 나를 통제하는가

자아의 빛은 항상 외부 세계로 향해 있고 관찰하고 소통하고, 지혜의 빛을 발산하고 있다.

참자아란 니체가 말하는 위버멘쉬, 즉 초인과 같다. 초인이란 슈퍼맨 같은 사람을 뜻하는 것이 아니다. 초인은 자기 자신을 다스리는 능력, 자기 자신을 형성하는 능력이 있는 자이다. 그래서 니체는 '너는 너의 주인이다'라고 말했다.[108] 초인은 자유의지와 자유정신을 가지고 우주와 세계 속의 주체자로서 선한 힘의 의지를 가지고 지금 이 순간 창조적 삶을 살아가는 자이다. 초인은 자기 자신의 삶에 대해 주인정신을 가지고 살아가는 자이며 진정한 강자이다.

참자아는 세상 무엇과도 걸림이 없는 대자유를 가지고 있으며, 자신의 행동을 스스로 선택하고 결단할 수 있으며, 최악의 비참한 상황이라 할지라도 스스로 자신의 태도를 선택할 수 있고 삶의 의미를 부여할 수 있는 자유를 가지고 있다. 자유는 무분별한 자유와 다르다. 인간은 유한적인 존재로서 피할 수 없는 질병과 죽음, 죄, 경쟁, 결코 벗어날 수 없는 신체적 구속 상황 등과 같은 피할 수 없는 유한성 속에 살아간다. 야스퍼스는 이것을 한계상황이라고 했다. 그러나 그 한계상황 속에서도 결코 구속되지 않는 자기 초월적인 자유를 가지고 있는 참자아가 있다.

등산을 하는 사람이 산의 높이를 바꿀 수 없고 배를 타고 바다를 항해하는 뱃사람은 날씨나 파도 등의 자연환경을 바꿀 수는 없다. 사르트르는 이것을 상황이라 했다. 인간은 자신이 태어날 시대, 어떤 부모에게서 태어날 것인지는 선택할 수 없다. 이것 역시 상황이다. 그러나 선택할 수 없는 상황에서도 어떤 행동을 하고 어떤 관계를 맺느냐는 자유롭게 선택할 수 있다. 이런 자유로운 선택을 가능하게 하는 것이 참자아다.

선택의 자유에는 반드시 책임이 뒤따른다. 그러나 결과는 결코 선택할 수 없다는 것이 인간이 처해 있는 실존적 상황이다. 키에르케고르에 따르면, 자기의 존재의 특성은 선택하고 결단할 수 있음이다. 인간은 선택의 과정에서 자기 자신에게로 좀 더 가까이 다가갈 수 있다. 이처럼 인간은 다른 생명체에는 없는 고유한 선택권을 가지고 있다. 타인이나 외부의 영향으로 선택되는 것은 자기에게 주어진 삶을 돌보지 않는다는 것을 뜻한다.

내적 수행은 멈추기로 시작된다. 멈춤은 지금 이 순간에 머무는 것을 의미한다. 지금 이 순간에 머물러 있음으로써 참자아를 만날 수 있다. 참자아는 모든 것으로부터 자유로운 나이며, 자기를 초월하고 극복하여 미래로 기투하는 자아*이며 세계와 나를 이분법적으로 분별하지 않는다.

인간의 일상은 끊임없는 세속적인 외부 세계의 영향 아래 있다. 멈추기를 통하여 내면으로 들어간다는 것은 이런 모든 일상으로부터 자유로워지는 것을 의미하며 진정한 본질적 자기인 참자아를 만나는 것이다. 일상으로부터 자유로워진다는 것이 일상으로부터 도피하는 것이 아니다. 일상에 얽매어 있지 않고 세계를 바라보는 주체가 되어

---

* 현재를 초월하여 미래에로 자기를 내던지는 실존적 존재 방식. 하이데거나 사르트르의 실존주의의 기본 개념이다.

참자아, 자유

상황 〉 멈춤 〉 내적 경험 〉 행동 선택 자유 〉 결과 〉 책임

내적 수행   선택불가

주체자로서 나와 상황을 분리하여 바라 봄
상황을 주도적으로 관리함(각본에 통제받지 않음)

자신의 삶을 관찰할 수 있고 자신의 삶을 관리한다는 것을 말한다. 이것이 바로 자기 삶에 대해 주인 정신을 가진 자기주도적인 삶이다. 멈추기는 내면으로 들어가는 문이며, 이 문을 열고 들어가는 것이 진정성 있는 실존적 태도이며, 프랭클이 말하는 주체로서 상황을 분리하여 바라보는 태도적* 가치를 실현하기 위한 것이다.

각본 행동

교류분석에서 각본은 의식의 얕은 곳에 교묘히 숨어 있다. 그 뿌리는 약하며, 허약하다. 마치 약한 접착제로 붙어 있는 것과 같다. 그러

---

* 빅터 프랭클의 세 가지 실존적 가치 : 창조적 가치, 경험적 가치, 태도적 가치. 창조적 가치는 일이나 예술 활동을 통해 삶의 의미를 발견하고 스스로 만들어 가는 가치이며, 경험적 가치는 타인과의 관계 속에서 삶의 의미를 경험하는 가치를 말한다. 태도적 가치는 인간은 한계상황 속에서도 스스로 삶에 의미를 부여할 수 있는 태도를 취할 수 있는 자유가 있다는 뜻이며 창조적 가치와 경험적 가치보다 우위에 있다.

나 교묘하게 숨어 있기 때문에 찾아내기가 쉽지 않다. 마치 얕은 곳의 복잡한 산호초 속에 숨어 있는 것과 같다. 그 복잡한 산호초를 우리의 생각·감정·오감으로 비유할 수 있다. 그러나 각본의 힘을 무력화시키는 방법이 있다면 굳이 힘써 찾으려 노력하지 않아도 스스로 자신의 모습을 드러낸다. 각본의 본색을 알지 못해도 각본의 움직임을 쉽게 감지할 수 있다. 각본은 참자아의 레이더망을 결코 피할 수 없다.

각본은 자기 본색을 드러내지 않고 생각·감정·오감을 조종한다. 각본 충동에 빠져들고 조종당한 우리의 자아(Ego)는 무엇에 조종당하는 것인지 모른 채 행동한다. 이것이 각본 행동이라 하는데, '시간 각본'에 빠져 있거나 생각·감정·오감에 혼란을 가져오거나 조상이나 부모 또는 운명을 탓하거나, 일어나지도 않는 기적을 바라거나, 타인과의 교류에 문제를 일으키거나 심리게임을 하거나 디스카운팅하는 것을 말한다. 항상 고통의 결과를 가져오는 삶의 패턴이 그것이다. 이런 삶의 패턴은 각본에 조종되어 대부분 자신도 모르게 반복되지만 '나에게는 왜 이런 괴로운 결과가 반복되지?', '나는 왜 되는 일이 없지?'라는 생각에 '다시는 그런 행동을 하지 말아야지!' 하면서도 또 같은 행동을 반복한다.

각본은 마치 바이러스에 감염된 감기와 같다. 항생제로 사용하지 않아도 충분한 영양 섭취와 휴식으로 바이러스를 무력화시킬 수 있고 감기를 치료할 수 있듯이 내적 수행으로 '마음의 근육'을 열심히 키워 준다면 각본은 힘을 발휘하지 못한다. 참자아로 있다는 것은 마음의 근육이 충분히 키워진 상태를 말한다. 이때 각본은 힘없이 제

모습을 드러내며 잡초 뽑듯이 간단히 폐기 처분할 수 있다.

마음의 근육을 키우는 첫 번째 단계는 앞서 말한 '멈춤'이며, 멈춤과 함께 마음의 정화가 이루어진다. 마음의 정화는 우리의 삶을 고통으로 몰아넣는 각본을 솎아 내는 작업이다. 멈춤의 공간에 머물면 그동안 보지 못했던 것들을 볼 수 있다. 우리의 마음을 들었다 났다 하는 각본에 조종당하는 생각·감정·오감의 작용이 자명하게 보인다. 마음의 정화는 내적 수행을 통해 이루어지며 그 목표는 자신이 본래 면목인 참자아를 되찾기 위한 것이다.

탐욕과 분노의 감정은 어디서 온 것인가? 탐욕을 일으키게 하고 분노를 일으키게 하는 대상은 무엇인가? 그 대상의 이름이 탐욕이거나 분노는 아니다. 어떤 대상을 보고 가지고 싶은 마음이 생기면 탐욕이고, 감당할 수 없다고 생각하면 두려움이 생기고, 내가 원하는 것이 아니라면 분노가 일어난다고 할 때, 그 대상이 욕망이나 두려움이나 분노는 결코 아니다. 감정은 모두 내가 만들어 낸 외부 세계에 대한 의식의 투영일 뿐이며, 그런 감정이 일어난 것은 자신의 의식 안에서 일어난 하나의 물거품 같은 현상에 불과하다. 따라서 이 현상은 실제로 존재하는 것이 아닌데 실재한다고 생각하는 잘못된 믿음 때문에 일어난 것이며, 각본의 충동으로 일어난 허망한 마음의 분별과 판단으로 일어난 정신적 사건일 뿐이다.

내 안에 있는 태생적으로 있었던 참자아의 자유가 있음을 알아차린다면 이 허망한 사건은 결코 일어나지 않을 것이며, 일어난다 해도 지혜롭게 대처할 수 있고, 삶의 질에 아무런 영향을 주지 않는다. 참자아는 항상 주체로 기능하며 주체로서 모든 것을 관찰한다. 따라서 물결처럼 일어났다 사라지기를 반복하는 자아(ego), 즉 변화무쌍한 생각·감정·오감의 작용을 객체화시켜 관찰하는 것이 참자아다. 만약 감정이 주체가 되어 자아가 감정에 통제당한다면, 그 자아는 아직 내면으로 들어가지 못한 상태에 있는 것이고, 감정의 노예가 되어 연약한 자아로 남아 있을 것이다. 이때 자아는 고통에 시달린다.

실존적 삶

우리의 의식은 대상, 즉 객체를 향하여 자신의 주관적 가치관을 통하여 보는 것이므로 객체의 본래적이고 완전한 모습을 본다고 할 수 없다. 즉, 대상의 진정한 모습이 아닌 주관으로 필터링하여 본 것을 실제라고 믿은 것으로 개인적 견해일 뿐이다. 물론 개인의 관찰력에 따라 얼마나 실제에 가깝게 인식하느냐는 그 정도가 개개인마다 다를 것이다. 인간의 의식으로는 무엇인가를 판단하기 위해 어떤 현상이나 대상을 빠짐없이 전체를 조명해 볼 수 없다.

나무 한 그루를 바라볼 때 인간은 한 시각적 방향으로만 본다. 하지만 다른 각도에서 보면 또 다른 모습으로 보인다. 나무의 전체를 보려면 지상, 땅속, 상하, 좌우 빠짐없이 모든 각도와 시간, 환경에서한 번에 보아야 하지만 그것은 불가능하다. 물론 항상성이라는 심리작용으로 대상의 한 면만 보더라도 전체의 모양을 인지할 수 있다. 그렇다고 완전히 인지하는 것은 아니다. 삶에서 일어나는 상황도 부분적으로 알아차릴 수 있지만 모든 상황을 항상성의 원리로 통찰할 수는 없다. 그래서 때때로 많은 오해와 오류가 일어난다. 따라서 항상성의 원리는 부분적으로만 적용된다.

이런 점에서 프랭클이 항상성의 원리가 더 이상 타당하지 않다고 말한 것은 설득력이 있다.[109] 전체를 한 번에 보는 것은 지적인 과정이 아니라 체험의 과정이다. 체험은 전체와 부분을 구별하지 않으며 있는 존재나 현상을 있는 그대로 느끼는 것이다. 아는 것과 체험은 근본적으로 다르다. 아름다운 노을을 보고 있을 때, 노을을 지적으로 인지하는 것이 아니라 노을 앞에서 온몸으로 체험하는 것이다. 삶은 앎으로 구체화되는 것이 아니라 체험으로 구체화되며, 이것을 실존적 삶이라 할 수 있다.

천재 화가 피카소는 미술사조의 입체파의 원조이다. 그는 '사물을 한 각도에서 보는 것은 진짜 모습이 아니다. 여러 각도에서 입체적으로 보아야 진실한 모습을 볼 수 있다'고 했다. 그래서 이것을 그림으로 표현하였다. 물론 그림에는 모든 각도에 보이는 모든 부분을 모두 표현하지 못했지만, 인물을 여러 각도의 모습을 분해하고 재조합하여 한 화면에 그렸다. 그림을 보는 사람들은 지금까지 보아 왔던 사실적인 인물화가 아니라 거의 추상화와 같은 비현실적인 모습으로 보였으며 기괴하며 비상식적이라 생각했다. 그 당시 이 표현 방법이 미술계에 큰 충격을 주었고 미술사에 한 획을 그었다.

피카소의 〈우는 여인〉

그래서 인간의 능력으로는 대상의 진짜 모습 전체를 한 번에 보는 것은 불가능하다. 자신에게 일어나는 상황도 마찬가지다. 앞서 말했듯이 항상성의 개념으로 볼 때 예측은 가능하지만 예측이 모두 맞는 것은 아니다. 우리의 머릿속에서 일어나는 생각도 이와 같다. 어떤 대상에 대한 생각이 진실이라고 확신하는 순간 모순에 빠진다. 다른 각도, 다른 환경, 다른 시간마다 각각 다른 모습을 하고 있기 때문이다. 따라서 일단은 생각을 버려야 진실이 보인다. 이것을 우리에게 친숙한 단어로 표현하면 고정관념으로 비유할 수 있다. 한 개인의 고정관념뿐만 아니라 인류의 고정관념도 그렇다. 세상에 일어나는 모든 상황을 결코 인간의 언어로 모두 표현할 수 없고 판단할 수도 없다.

우리 마음 안에는 심리적 방해꾼이 숨어 있다. 이 방해꾼이 대상과 상황 판단을 더욱 엉망으로 만들어 버린다. 그것은 각본이다. 신체와 마음이 불편해지거나 내적 수행을 그만두고 싶거나 다른 생각이 자꾸 떠오르는 것도 각본의 방해 때문이다. 그 움직임과 싸우려 하거나 거부하려고 하면 각본은 더욱 기승을 부린다. 그 힘에 계속 조종당하면 내적 수행은 물 건너가게 된다. '너무 어렵고 힘들고 귀찮아!', '굳이 해야 할 필요가 있나', '별 효과도 없구나', '다 소용없는 짓이야' 그리고 번뇌의 소용돌이 속으로 다시 빠져든다. 이것이 각본이 하는 짓이다.

그렇다고 적이라고 대처하지 말며, 물리치려고 하지 말아야 한다. 내적 수행을 열심히 하고 일상화해야 한다. 그래서 마음이 평정되면, 그것을 조용히 바라보기만 하면 된다. 어떤 마음 작용이 일어나든 객관화시키고, 있는 그대로 바라볼 수 있는 것이 곧 진정한 지혜이다. 각본은 조종할 대상이 없으면 기능하지 못한다.

인간은 우주 가운데 측정이 불가능할 정도의 지극히 작은 미시적인 존재이다. 일시적으로 일어난 순간의 현상이거나 환영일 수도 있으니, 인간이 우주의 일부라 하기에는 너무나 과분한 평가이다. 더욱이 인간의 사유가 아무리 높은 가치가 있다 하더라도 어디까지나 인간의 관점일 뿐, 부질없고 허망한 것이다.

한편, 현실 세계에서 인간은 부질없는 집착에 매달려 헤어나지 못하므로 폭풍우 속의 파도같이 일어나는 생각과 감정을 잠재우는 것은 대단히 어렵다. 그럼에도 불구하고 모든 생각을 내려놓지 않으면 안 된다. 더 나아가 모든 사유에 대한 집착과 생사에 대한 집착을 남김없이 내려놓고 사유의 바다를 건너가면 우주의 가치와 맞먹는 참자아를 만날 수 있다. 그러나 끊임없이 생각을 요구하는 현실 세계에서 생각하지 않고서는 삶을 유지하기 어려운 것이 딜레마다.

인간은 이런 현실적 상황을 극복하고 더 높은 존재의 가치를 추구할 수 있는 방법이 있다. 내적 수행을 하는 동안에 세속적 사유의 영역을 벗어나 내면의 공간으로 들어갈 수 있다. 그러면 우리의 일상적 자아가 아닌 새로운 자아로 전환된다. 이것이 참자아다. 참자아로 있으면 모든 번뇌의 근원적 원인인 생사의 문제를 초월할 수 있는 값진 경험이 될 것이다. 지금 이 순간 참자아로 존재한다면 우리의 삶을 옭아매어 번뇌와 고통으로 몰고 가는 환경의 장벽을 초월할 수 있다. 참자아란 날개를 달고 번뇌란 장벽을 자유롭게 넘어갈 수 있다. 중요한 것은 이 내면의 탐구를 위한 수행의 결과나 수준이나 높은 경지에 집착해서도 안 된다는 점이다. 깨달음의 경지에 올라서려고 애쓰거나, 수행자들처럼 용맹정진하려고 한다면 집착이라는 큰 바위에 압사하고 말 것이다. 즉, 결과보다 과정이 중요하다.

지금 이 순간, 현재의 내 모습을 의도하거나 조작하지 않고 있는 그대로 받아들이고 인정하고 만족하고 감사하며, 자기 자신을 향해 친절한 자세와 의지로 내적 수행에 임해야 한다. 이것은 수준 높은 지식으로 되는 것이 아니다. 지식은 오히려 방해가 된다. 지식은 인간의 사유의 한계 안에 있으므로, 지식에 의존하면 병아리가 알을 깨고 나오지 못하고 죽듯이 사유의 영역의 틀을 깨고 나올 수 없다.

내적 수행은 절대적 자유와 에너지가 충만한 참자아가 있는 내면으로 들어가기 위해 성실하게 노력하는 과정이고 수행의 과정인 동시에 현재 진행형이다. 앞서 말했듯이 수행의 결과를 의식하면 수행은 물 건너간다. 수행의 과정이란 순례자처럼 순례길을 묵묵히 걸어갈 때 한 발짝 한 발짝마다 마음의 평화와 행복을 위한 새로운 선택의 길이 열린다. 틱낫한 스님의 말처럼 발걸음을 한 발짝 내디딜 때마다 목표를 달성하는 셈이다.

참자아가 있는 내면의 공간에는 외부 세계로 인해 일어나는 고통을 야기하는 어떠한 감정도 침범할 수 없는 튼튼한 벽이 있다. 그러나 이 벽은 내면의 참자아에게는 결코 벽이 아니다. 언제든지 나가고 들어올 수 있는 자유로운 에너지가 있기 때문이다. 참자아는 내면에 자리 잡고 있으면서도 외부 세계에 일어나는 모든 현상을 꿰뚫어 보고 관찰할 수 있다. 참자아는 밝은 빛이다. 빛은 외부로 비출 수 있고 모든 것을 관찰할 수 있다. 참자아는 현실 속에서 일어나는 모든 삶의 현상을 관찰하고 관리할 수 있다. 이것이 우리가 내면의 참자아의 공간으로 들어가야 하는 이유이다.

생활과 수행

내적 수행

내적 수행은 참자아로 들어가는 과정이다. 이 과정에서 우리의 자아인 생각·감정·오감은 점점 줄어들고 참자아는 점점 확장된다. 내적 수행의 가장 효과적인 방법이 명상이다. 명상을 자신의 삶을 되돌아보고 자기반성과 성찰을 통하여 진정한 자아, 참자아를 통찰하게 하고 천부적인 자유를 획득하도록 해 준다. 자유는 신체와 정신 그리고 심리적 차원을 초월한 내면의 중심에 있는 공간에서 경험된다.

우리는 지금 이 순간의 참자아로 깨어 있을 때 비로소 자유를 행사할 수 있다. 우리의 생각은 과거의 기억 속에 빠져 있거나, 미래의 성공을 꿈꾸거나 실패할 것을 불안해하며 좀처럼 지금 이 순간에 머물지 않는다. 우리에게 자유가 허용되는 시간은 오직 지금 이 순간뿐이다. 선택도 지금 이 순간에만 가능하다. 과거나 미래에서는 그곳에 머물 수도 없고 내 의지대로 할 수 없으므로 자유도 없고 선택도 불가능하다. 그래서 항상 지금 이 순간에 깨어 있어야 한다. 지금 이 순간만이 선택의 자유를 행사할 수 있기 때문이다.

명상은 항상 지금 이 순간에 깨어 있게 한다. 우리의 마음 가장 깊은 곳에는 깊은 산속 맑은 약수터와 같은 공간이 있다. 이곳이 진정한 자유를 가진 내가 있는 곳이며, 수많은 가능성을 가진 창조적인 내가 있는 곳이다. 내 의식의 자유를 찾으러 가는 여행이 곧 내적 수행의 과정이며 명상이다. 명상은 진정한 자신의 실존적 모습을 통찰하게 한다. 명상을 어렵고 귀찮게 여겨 필요성을 느끼지 않을 수 있지만, 좀 더 성숙된 삶과 행복, 마음의 평화를 원한다면 의지를 가지고 배우고 실천해야 한다. 명상은 조용한 곳에서도 하지만 일상 속에서 하는 생활 명상도 있다.

명상의 효과는 다양한 방법으로 검증되었다. YTN의 방송 《재충전의 시간, 나를 찾아서》(2022.7.7)에서 자연 속에서 명상을 하는 동안 뇌파가 어떻게 변하는지 실험했는데, 도심에서보다 스트레스 지수가 현저히 낮아지는 것을 볼 수 있었다. 온몸을 이완하고 명상을 하면 마음이 편안해지는 것은 머릿속에서 떠돌며 요란을 떠는 온갖 생각과 감정들이 조용해지기 때문이다.

만약 심한 우울, 불안 등 기타의 임상적 수준의 심리 상태라면 의사의 도움을 받는 것이 좋다. 요즘은 의학이 발달하여 좋은 약이 많이 개발되었다. 약물은 질병 수준의 증상을 상당히 완화시킬 수 있고 고통을 견뎌 낼 힘이 생긴다. 그러나 약물이 상처받은 기억을 없애거나, 잘못된 가치관, 습관 또는 성격을 바꾸지는 못한다. 또한 인생을 살아가면서 원하지 않는 고통스러운 결과가 반복해서 일어난다면 각본 때문이다. 따라서 약물은 각본도 제거하지 못한다. 그러나 질병 수준의 응급한 상태에서 벗어나면 훨씬 효과적으로 마음 수행을 할 수 있다. 명상은 과거의 기억을 제거하는 것이 아니라 기억 속의 상처를 관리할 수 있는 지혜를 준다.

내면의 참자아로 들어가기 위한 첫 번째 관문이 멈춤의 문을 통과하는 것이다. 멈춤의 문을 열고 들어가면 진정한 나인 참자아가 반갑게 맞이한다. 자기의 통찰과 치유는 멈추기를 통해 내면의 세계에 들어감으로써 가능해진다. 이 모든 과정이 명상이며 호흡으로부터 시작된다.

호흡

잠시 하던 일을 멈추고 조용한 곳에 바른 자세로 앉아 호흡해 보라. 우리는 일상생활 속에서 호흡을 하고 있지만 호흡하는 것을 인식하지 못한다. 이것은 호흡이 생물학적으로 기능하고 있기 때문이다. 이때는 생물학적 기능이 주체가 된다. 그러나 의식적으로 호흡할 때는 의식이 주체가 된다. 의식이 주체가 될 때는 호흡의 결과로 생물학적 작용이 일어난다. 의식이 주체가 되었다고 호흡을 억지로 하는 것이 아니다. 호흡하는 나의 몸을 어떤 의도를 가지고 관리하는 것이 아니라 가만히 어떤 판단도 하지 않고 자연스럽게 있는 그대로 관찰하는 것이다. 아름다운 풍경을 바라보듯이 호흡하는 나의 몸을 어떤 조작도 하지 않고 관찰하는 것이다.

이렇게 호흡을 하다 보면 의도적으로 호흡하려고 애쓰지 않아도 자연스럽게 마음과 호흡이 하나가 된다. 이때 호흡하는 나를 객관적으로 관찰할 수 있다. 호흡하는 것을 인식하면서 호흡으로 일어나는 신체의 감각들을 온전히 느껴 본다. 머리에서 발끝까지 어디에도 힘을 주지 말고 온몸을 이완시키고 호흡을 계속한다. 이완과 불안은 원칙적으로 양립할 수 없다. 따라서 몸을 이완하면 분노 또는 불안이 일어날 수 없다. 이것이 이완하면 몸과 마음이 편안해지는 이유다. 그래서 호흡은 마음 치유에 매우 효과적이다.

명상을 할 때 호흡에 몰입하면 편안해지는 것을 알 수 있다. 호흡은 생존하고 있는 한 우리와 함께한다. 호흡을 집에다 두고 외출할 수 없는 것처럼 호흡은 무엇을 하든, 무엇을 느끼든, 무엇을 체험하든 또는 어디에 가 있든 항상 우리와 함께한다.[110] 따라서 호흡 명상은 누구나 쉽게 할 수 있다.

방바닥, 의자, 조용한 숲속의 나무 밑 어디서나 다 좋다. 편안한 자세로 앉아 온몸을 이완하고 숨을 들이쉬고 내쉬며 산소가 코로 들어가고 기도를 통해 폐로 들어가는 것을 조용히 느껴 본다. 숨을 들이쉬면 가슴과 배가 올라오고, 내쉬면 가슴과 배가 내려가는 것을 천천히 반복하며 온전히 느껴 본다. 호흡하는 동안 다른 생각이나 영양가 없는 잡념이 일어나면 떨쳐 내려고 애쓰거나 어떠한 판단도 하지 말고 '아! 내가 다른 생각을 하고 있구나!' 하고 그냥 알아차리기만 하면 된다. 알아차렸다면 다시 호흡으로 되돌아온다. 잡념이 일어나는 것은 아주 자연스러운 현상이다.

호흡하는 데 강하게 집중하거나 몰입하려고 애쓰는 것도 오히려 명상에 방해가 된다. 몰입하려고 애쓰는 것은 긴장 상태가 될 수 있기 때문에 이완하는 데 방해가 되는 것이다. 성실히 수련하여 호흡에 익숙해지면 생각이 일어나는 것이 점점 줄어들고 마음은 고요해진다. 갖가지 생각들이 자신의 주위에 맴돌거나, 설혹 머릿속에서 떠도는 수많은 생각들이 심술을 부려도 나의 내면은 동요하지 않는다. 마음이 고요해진 것은 참자아가 있는 내면의 공간에 들어왔기 때문이다. 태풍의 핵으로 비유해도 좋다.

이것은 어떠한 망념도, 허깨비 같은 감정에도 흔들리지 않고 중심을 잡을 수 있는 강력한 에너지를 가지고 있는 참자아가 있는 깊은 내면의 공간이다. 호흡하는 수련을 일부러 휴가를 내서 할 수도 있지만 날짜와 시간을 정하여 꾸준히 할 수도 있으며 생활 명상이라고 해서 일상생활 속에서도 명상은 얼마든지 할 수 있다. 단, 연습과 노력이 필요하다. 세상에 공짜로 되는 것은 없다.

호흡에 익숙해지고 일상화되면 당신의 신체를 온전히 느끼게 될 것이다. 성실히 호흡 수행을 계속하면 그동안 잊고 있던 살아 숨 쉬는 생명체로서의 당신의 몸을 만난다. 몸은 반갑게 당신을 맞이한다. 나의 의식이 온전한 나의 몸을 만나는 것이다. 이 얼마나 기막힌 조우인가. 드디어 내가 숨을 쉬고 있다는 생생한 느낌으로 시작하여 심장이 뛰는 느낌, 침이 넘어가는 느낌, 온몸의 핏줄을 통해 산소가 흐르는 것을 느낄 수 있다. 그리고 나의 신체를 구성하고 있는 머리, 팔, 다리, 눈, 코, 입, 신체 내부의 모든 장기들, 이 모든 기관과 조직에 대해 존귀한 생명체라는 것에 탄복하고, 이 생명을 유지하게 해 주는 자신의 신체에 대해 감사하는 마음을 가진다.

참자아	참자아	
에고 : 생각 감정 오감 생각 감정 오감 생각		참자아
호흡 명상 ┈┈┊┈>		
에고 : 생각 감정 오감 생각 감정 오감 생각		
참자아	참자아	

생각이 점점 줄어들며, 참자아는 점점 확장된다.

호흡에 익숙해져서 생각의 영역을 완전히 벗어나면 지극히 고요한 상태에 머물게 되고 존재의 참모습을 온전히 만날 수 있는데, 이때 내면의 공간은 밝게 빛난다. 마지막에는 호흡을 하고 있다가 호흡하고 있는 감각이나 의식조차도 벗어난 상태에 이르는 것이다. 이것이 참자아를 알아차리는 완성 단계이다.

그러나 이 단계까지 가면 좋지만 반드시 가지 않아도 된다. 과정이 중요하며 어느 수준에 있든지 성실한 자세로 명상에 임한다면 충분하다. 최고의 경지로 들어가려고 애쓸 필요도 없다. 애쓴다는 것은 집착을 의미한다. 집착의 결과는 고통뿐이다. 최고의 경지는 항상 우리 내면에 자연스럽게 존재하고 있다. 수준 높은 명상가가 아닌 보통 사람들에게는 잘되든 미흡하든 성실히 수행하는 과정이 수준 높은 경지에 도달하는 것보다 더 가치 있다. 내적 수행에 성실한 자세로 임하는 것 자체로도 충분히 훌륭하다.

지속적인 수련으로 호흡에 익숙해지고 잡념이 줄어들고 마음이 고요해지면 나의 몸이 나에게 무슨 말을 하려는지도 알아차릴 수 있다.

특별히 긴장되거나 조금이라도 통증을 느끼는 신체의 일부가 있다면 몸이 나에게 하고 싶은 말이 있다는 신호다. 몸은 마음의 신호등과 같다. 특별히 긴장되는 몸의 부위에 관심을 가지고 호흡해 본다.

만약 무릎에 긴장감을 느낀다면 무릎이 숨을 들이쉬며 내쉬고 있다고 상상하며 호흡한다. 그리고 가만히 손을 얹고 대화를 시도해 본다. 그곳에서 진솔한 대화를 할 수 있다. 실제로 이런 수행을 할 때 평소에 알아차리지 못했던 병변을 발견하기도 한다. 각각의 신체 부위로 이동하면서 호흡하고 대화할 수도 있고, 온몸으로 호흡하고 온몸으로 대화할 수도 있다. 그동안 가지고 있던 온갖 물음들의 대답이 그곳에 있다.

되어 보기

눈을 감고 나무 밑에 앉아 호흡에 집중해 본다. 그리고 나뭇잎이 되어 본다. '나는 나뭇잎이다'라고 상상한다. 바람에 흔들리는 느낌, 밝게 비추는 햇볕의 따스한 느낌을 느껴 본다. 아래로 보이는 흙, 풀, 돌을 내려다본다. 나무 밑에 앉아 있는 당신을 보아라. 생각에 잠겨 있는 당신은 누구인가? 지금 당신을 바라보고 있는 나는 누구인가?

힘차게 흐르는 물가에 앉아 물소리에 집중해 본다. 물이 온몸을 통하며 흐르는 것을 상상해 본다. 다른 생각이 머릿속에 침범해 들어오면 떨쳐 버리려고 애쓰지 말고 그냥 알아차리고 자연스럽게 다시 물소리로 돌아온다. 이제 자신이 물이라고 생각하며 물이 되어 본다. 바위틈 사이로 줄기차게 흐르는 것을 온몸으로 느껴 본다. 물소리를 귀로 듣는 것이 아니라 온몸으로 느끼는 것이다. 멈춤은 놀랍고 창조적인 새로운 세계를 경험하게 한다. 여기에서 더욱 몰입하면 외부 세계에서 내면의 세계로 들어오게 되고 마음은 한 치의 흐트러짐이 없이 이 경지에 멈추어 있게 된다. 이것이 참자아의 모습이다. 여기에 어떤 경계나 한계에 구속되지 않는 진정한 자유가 있다.

자아란 타인과 외부 세계와의 관계에서 드러난다. 자아는 하나의 의식으로서 항상 대상을 향하고 있다. 만약 대상이 없으면 자아도 드러나지 않는다. 의자의 본질은 앉기 위한 것이며, 생성되고 소멸될 때까지 변하지 않는다. 그러나 인간에게는 자아의 불변하는 본질은 본래부터 없었으며 대상과 환경에 따라 자아의 본질은 끊임없이 만들어지고 변한다. 자아란 허구적 개념이다. 자아란 나와 대상, 주체와 객체, 너와 나의 관계에 의해 생겨나는 불안정하고 변덕스러운 성질일 뿐 본질적으로 고정된 성질이 없다.

교류분석의 자아 상태(P·A·C) 역시 이와 다르지 않다. 자아 상태는 보통 나라는 것, 한 개인의 성격을 보여 주는 성질의 것이지만, 엄격히 말하면 허구적이고 관념적이다. 자아는 주어지는 자극, 환경, 대상에 따라 끊임없이 변하는 성질을 가지고 있으며 항상 불안정한 상태에 있다. 자아는 마치 액체와도 같다. 자아는 물이 담는 그릇의 색채나 크기나 모양에 따라 담겨 있는 모습이 달라지는 것과 같으며, 어떤 성분을 추가하느냐에 따라 색이 달라지며 음식이 되기도 약 또는 독이 되기도 한다. 온도에 따라 고체가 되기도 하고 기체가 되기도 한다.

따라서 교류분석의 세 가지 자아 상태(P·A·C) 역시 인간의 생각과 감정의 변화에 따라 변덕스럽게 변하는 의식이 만들어 낸 관념적인 개념이다. 그렇다고 무시할 수 없다. 자아 상태는 분명히 존재하고 항상 불완전한 상태에서 우리의 삶의 질을 예측 불허하게 좌지우지하기 때문이다. 이렇게 항상 불안정한 자아 상태로 말미암아 인간의 의식은 매우 혼란스럽다. 이 자아 상태를 흔들어 대는 범인은 각본이다.

우리의 내면의 가장 깊은 곳에 진정한 주체자로서의 모든 것을 초월하는 '창조적인 나, 자유의 나'가 있다. 그곳은 영원과 우주로 통해 있다. 사르트르의 말로 표현하면, 인간은 자기 자신 속에 갇혀 있는 것이 아니라 인간적 우주 속에 현존한다. 인간적 우주라 함은 인간은 우주 속에 한 객체로서의 존재가 아니라 주체자로서의 존재라는 말이다. 인간 내면의 중심이 곧 우주의 중심이며 진정한 평화와 자유가 있는 피안의 공간이다. 피안의 세계는 우리 의식 밖의 어떤 비밀의 공간이나 신성한 곳에 있는 것이 아니라 우리의 내면 중심에 있다. 여기는 우리가 보고 느끼고 듣고 냄새 맡는 것들, 욕심과 감정과 어리석음이 난무하는 현상계를 떠난 절대적인 평화와 자유만이 존재하는 피안의 세계이다.

니체는 말한다. 우리 밖에 있는 피안의 세계가 무너져도 우리 내면의 피안의 세계는 결코 무너지지 않는다고.[111] 인간은 끊임없이 자기 자신을 초월하며 창조해 나가는 존재이며, 자기 자신 외의 그 어떤 것

딜미, 무엇이 나를 통제하는가

도 고통과 불안과 위험으로부터 벗어나도록 해 주지 못하며, 오로지 우리는 자신의 참자아를 찾아 스스로를 구원해야 한다. 스스로가 아니면 그 무엇도 해 주지 못한다.

진정한 자아란 자기 자신이라는 변덕스러운 허구적인 자아 개념을 완전히 버려 버리고 넘어서고 초월한 상태, 즉 무아(無我)이다. 여기서 아(我)란 집착에 빠져 있는 나를 말한다. 인간의 운명은 본래부터 그 어떤 무엇으로부터 주어진 것이 아니다. 인간의 운명은 아무것도 없는 상태에서 자유롭게 스스로 만들어 가는 것이다. 인간은 이 자유 때문에 불안을 느끼며, 불안을 회피하기 위해서 운명을 들먹이며 책임을 다른 것에 돌리려 한다. 이것은 자기기만이며 진정성이 없는 태도이다. 즉, 거짓의 본질에는 사실상 거짓말하는 사람이 자신이 숨기려는 진실을 완전히 알고 있다. 그래서 사르트르는 자기기만에 저항하고 맞서라고 했다.[112] 자신의 운명은 전적으로 자신이 만든 것이며, 모든 것이 자신에게 책임이 있다. 이것을 인정할 때 비로소 지금의 나를 극복하고 초월해서 새로운 나로 창조해 갈 수 있다.

내적 경험으로 현상계에서 일어나는 온갖 생각과 감정을 배제한 나를 경험한다면, 우리의 목표인 참자아를 만났다고 할 수 있다. 좀 더 나아간다면 초월적 자아, 영원으로 통하는 우주의 중심에 있는 자아, 즉 무아를 만날 수 있다. 무아란 모든 옷을 벗어 버린 벌거벗은 상태와 같이 모든 생각과 감정과 오감마저 벗어 버린 벌거벗은 자아, 지금 나라고 생각하는 자기 개념조차도 벗어 버린 상태이다. 여기서 가치 있고 의미 있는 새 옷을 입고 모든 것을 다시 시작할 수 있다.

이것이 각본을 폐기 처분하기 위한 재결단이며 새로운 선택이다.

지금 이 순간은 무한한 가능성으로 충만해 있다. 가능성은 결과는 아니지만 분명히 지금 이 순간에 실존한다. 가능성은 희망이며 삶을 예술로 승화시켜 준다. 그러나 참자아를 알아차리지 못한다면 결코 가능성을 볼 수 없다. 참자아로 있을 때, 참자아의 앞에는 무한한 가능성이 밤하늘의 빛나는 별처럼, 더 넓은 아름다운 꽃밭처럼 펼쳐져 있음을 볼 것이다.

이제 내적 수행을 위해 양파 껍질 까듯이 자아의 허울을 한 겹씩 벗겨 가며 의식의 내면으로 들어가 보자. 햇볕이 되어 본다. 눈을 감고 의식이 하늘 한가운데로 올라가 있다고 상상해 본다. '나는 햇볕이다', '나는 땅 아래를 비추는 밝은 빛이다'라고 상상해 본다. 지금 땅 아래에 앉아 있는 나의 육신을 비추어 본다. 땅 아래 앉아 있는 나는 누구인가? 땅 아래 앉아 있는 나를 비추고 있는 나는 누구인가? 땅 아래 앉아 있는 나는 육신과 함께 생각·감정·오감이라는 자아의 파도에 휩쓸리며 온갖 상념에 빠져 있는 나이다. 그러면 위에서 빛이 되어 바라보고 있는 나는 누구인가?

나는 육신도 없고 생각·감정·오감도 없으므로 상념에 빠져 있지도 않다. 나는 온전한 의식뿐이다. 이 의식은 빛이며 그 자체로 우주이다. 그러면 저기 앉아 있는 나와 빛으로 비추고 있는 의식뿐인 나는 별개인가? 그렇지 않다. 내면의 의식이 탈출하여 외부에서 나를 바라보는 것이 아니라, 내 생각과 감정을 객관화시켜 그 자리에서 시간과 공간을 초월하여 관찰하고 있는 것이다. 그렇게 해야 그동안 자기라고 생각했던 망상적인 자아, 즉 상황과 조건에 따라 변화무쌍한, 변덕스럽고 실체가 없고 불안정한 자아인 생각·감정·오감의 늪에 빠져들지 않고 휩쓸리지 않는다.

순수한 영혼으로 빛이 되어 바라보고 관찰하던 참자아는 자신의 살던 집, 육신으로 되돌아온다. 그렇다고 빛은 이동하는 것이 아니라 확장되어 속세의 어두운 그림자에 가려 있는 육신의 외·내면을 환하게 비춘다. 확장된 빛은 육신의 안과 밖 모든 곳에 함께 존재하며 하나가 된다. 이제 자신의 본질을 끊임없이 창조하고 자신의 실존적 가치를 성숙시킬 수 있는 진정한 내면의 자유를 누릴 수 있다. 어떤 모습이든지 자기 자신을 친절하게 대할 수 있고 삶은 더없이 풍요로워지고, 세속적인 삶에서 일어나는 온갖 번민과 고뇌를 평화로운 마음으로, 기차에서 창가로 스쳐 지나가는 풍경처럼 바라볼 수 있다.

빛을 경험하는 아주 쉽고 현실적인 방법이 있다. 캠핑을 좋아하는 사람이라면 대부분 불멍*을 해 보았을 것이다. 장작불의 불꽃도 빛이다. 그 불빛을 멍하게 바라본다. 멍하다는 것은 아무 생각도 판단도 하지 않고 불빛만 응시한다는 뜻이다. 일상생활에서 겪는 온갖 스트레스가 사라져 버리고 마음의 평화와 고요함을 경험한다. 장작불이 타면서 빛을 발하는 것을 바라보면서 '빛나려면 타는 과정을 견뎌야 한다'[113]는 것을 배운다. 불멍하는 사람들은 명상을 배우지 않아도 이미 명상을 하고 있는 것이다. 그래서 명상은 앎으로 하는 것이 아니라 체험으로 하는 것이다.

---

* 장작불의 불꽃을 보며 모든 생각, 감정을 내려놓고 멍하게 있는 것을 의미하는 신조어.

불멍을 계속하고 있으면 빛은 외부에 있는 다른 존재가 아니라 나의 내면에 있는 참자아의 빛과 연결되어 있음을 느끼며 빛 에너지가 자신의 내면에도 가득하게 차 있음을 느낀다. 이 불빛을 응시하는 자신은 분명 참자아이다. 이와 같이 개개인의 방법이 달라도 명상은 일상생활 속에서도 얼마든지 할 수 있다. 탐욕이나 집착이 배제된 상태에서, 화가가 그림을 그리고 있을 때, 가수가 노래를 부르고 있을 때, 활을 쏘는 사람이 과녁을 응시하고 있을 때, 축구 선수가 공의 움직임을 응시할 때, 요리사가 요리의 삼매경에 빠져 있는 것도 이와 다르지 않다.

아름다움에 취해 본다

우리의 자아의 깊은 내면의 풍경은 새벽 일출의 아름다운 태양처럼 아름답다. 마음의 울림을 주는 시 한 편을 읽거나, 음악 감상을 하면서, 그림이나 조각 작품 앞에서 그 아름다움에 취해 넋을 잃어 본 일이 있는가? 그때 작품의 아름다움에 취해 있는 내가 참자아이다. 대자연이나 인간이 만들어 놓은 불가사의한 거대한 유적지처럼 우리의 마음을 압도하는 아름다움을 숭고미라고 하며, 꽃이나 나비, 보석 등 작은 것을 보고 느끼는 아름다움을 우아미라고 한다.

아름다움은 먼 곳에도 있겠지만 가까운 우리 주위에도 항상 있다. 아름다움에 취해 있을 때 눈물을 흘리는 경우가 있다. 이때 눈물은 정화의 눈물이다. 마음속 불순물이 걸러지는 과정이다. 감동적인 영화 한 편 속으로 들어가 보는 것도 이런 경험을 할 수 있다. 아름다움 앞에서는 생각·감정·오감이 결코 우리의 삶을 쥐락펴락하며 장난을 치지 못한다.

명상을 통한 심오한 경험이 아니어도 좋다. 잠시 일상을 벗어나 여행하면서 아름다운 자연 속에서 자신을 돌아보는 것도 내면을 경험하는 또 하나의 방법이다. 타인들과의 관계에서 온갖 스트레스 받으며 살아가는 일상, 도태되지 않기 위해 전력을 다하면서 늘 피곤에 지쳐 있는 고달픈 일상, 때로는 삶의 방향을 잃고 방황하면서 자신의 진정한 존재감을 찾지 못하고 살아가는 일상에서 잠시 낯선 곳으로 떠나 보라. 먼 곳도 좋고 가까운 곳 어디라도 좋고 산책도 좋다. 지금 바로 모든 것을 놓고 현실을 떠나는 선택을 해 보라. 당신에게는 이렇게 떠나는 것을 선택할 천부적인 자유가 있다.

산의 정상에서 피어나는 꽃처럼 올라오는 일출이나 바닷가에서 일몰의 형용할 수 없는 아름다움의 극치에 흠뻑 젖어 보라. 이것은 단적이고 직접적인 우리의 '내적 경험'으로 느끼는 자연이 주는 기쁨은 태양계의 종말보다 더 현실적이다.[114] 한순간의 체험이 전 생애에 삶의 의미를 줄 수 있다.[115] 또한 아름다운 음악을 감상하면서 그 순수한 아름다움에 도취되어 두려울 만큼 강한 감정에 휩싸이는 체험을 했다면 그 순간의 체험만으로도 이미 산 보람을 느꼈다고 할 수 있다.[116] 아름다움에 취하면 애쓰지 않아도 일상의 복잡한 생각과 감정들은 자연스럽게 얌전해지고 내면에 있는 진정한 자유 그리고 기쁨이 지금 이 순간을 가득 채운다.

　인간에게는 누구나 자유와 기쁨을 누릴 의무가 있다. 누릴 수 있는 것은 기회가 아니라 의무이고 책임이다. 우리를 괴롭히는 어떤 생각이나 감정도 아름다움을 이길 수 없다. 아름다움에 취해 있는 것도 최고의 선의 경지에 있는 것이다. 아름다움을 탐험하고 경험해 보라.

취미 생활

　취미 생활도 참자아를 경험하는 좋은 방법이다. 음악, 문학, 미술, 운동과 관련된 취미 생활을 하는 것도 마음 수행에 많은 도움이 된다. 찾아보면 일반인들이 별로 관심이 없지만 재미있고 몰입하게 하는 숨어 있는 취밋거리가 매우 많다. 취미 생활은 자신의 삶을 성찰하게 하고 삶의 질을 높이는 데 명상 못지않게 좋다. 호흡하면서 모든 생각과 감정을 내려놓는 것처럼 취미 생활에 젖어 들면서 모든 생각과 감정을 내려놓을 수 있고 행복감을 느낄 수 있다. 취미가 없다면 삶은 메마른 건초처럼 무미건조하다.

　교류분석의 세 가지 자아 중 '자유스러운 어린이 자아'가 발달하지 않은 경우에 대체로 즐거움을 추구하는 취미 생활을 잘하지 못한다. 만약 취미가 없다면 지금 찾아보라. 발달하지 못한 자아들(P·A·C)들은 노력에 따라 얼마든지 성장할 수 있다. 시간이 없다고 하지 말라. 시간에 쫓기는 삶은 진정 자기 자신을 잃어버리고 사는 것이다. '진짜

딜미, 무엇이 나를 통제하는가

시간이 없다고!'라고 변명하지 말라. 이것은 자기기만이다. 시간에 지배받지 않고 시간을 자기 것으로 만들고 관리할 수 있는 능력을 키우도록 자기 리더십을 배우고 실천하고 길러야 한다. 혼자서 안 되면 배워야 한다.

취미 생활은 요리에 양념을 넣어 맛을 배가시키듯이 삶의 질을 배가시킨다. 취미 생활을 지위나 직업적으로 필요한 대인 관계 등을 목적으로 해서도 안 된다. 직장 상사가 바뀔 때마다 취미가 바뀐다는 웃지 못할 말이 있다. 이런 서글픈 현실에서 벗어나야 한다.

유머

유머는 유일하게 인간에게만 나타나는 현상이다. 동물들은 절대 웃을 수 없다. 무엇보다도 중요한 것은 유머가 인간으로 하여금 균형 잡힌 시각을 갖게 하고 자기 앞에 어떤 것이 놓여 있든지 그것과 자기 자신 사이에 거리를 두고 바라볼 수 있도록 해 준다는 점이다. 그렇게 함으로써 자신을 완전히 통제할 수 있는 능력을 갖도록 해 준다.[117]

아무리 열심히 살아도 마음 한구석에 채워지지 않는 공간이 있는 사람이 있다. 이것이 실존적 공허이다. 실존적 공허는 승자, 패자, 비승자 등 누구에게나 있을 수 있다. 실존적 공허가 있는 사람은 항상 그 공간이 무엇을 원하는지 알지 못하기 때문에 아무리 채워도 채워지지 않은 채 늘 피곤한 상태에 있고 투쟁적이다. 살아가는 것이 전쟁이다. 이것이 내적 공허 또는 실존적 공허이다.[118] 할 일 없는 사람의 권태와는 다르며, 소중한 것이 떠나 버려 공허한 것과도 다르다. 웃음은 하나의 실존적 사건이다. 적어도 웃는 순간에는 실존적 공허가 한순간에 날아가 버린다. 인간은 웃음을 통해서 심미적 차원의 삶의 의미를 느끼기 때문이다. 우리는 웃음을 찾지 않고서는 실존적 권태와 공허를 폐기할 수 없다.

유머는 사람들에게 웃음을 준다. 웃음은 누구에게나 자기 자신을 위한 것이다. 웃기는 사람이나 웃는 사람 모두 자기 자신을 위한 것이다. 건강한 유머, 사람을 웃기는 말이나 행동에는 강력한 에너지가 있다. 누구나 개그맨이 웃기는 말이나 행동을 할 때 배꼽을 잡고 웃는 것을 경험했을 것이다. 누군가 웃길 때는 대부분 반사적으로 웃는다. 어떤 대상이 나를 웃길 때 반사적으로 웃는 것은 '웃을까, 말까' 선택해서 웃은 것이 아니다. 이때는 실존주의에서 말하는 선택의 자유를 행사할 수 없다. 그만큼 웃음은 자기 초월적이며 실존을 넘어선다.

개그맨이 웃길 때 자동적으로 웃는다. 이때는 잡념이 끼어들 틈이 없다. 특별한 이유가 없어도 일부러 혼자 한바탕 크게 웃을 때도 마찬가지다. 웃음은 지금 이 순간에만 가능하다. 웃는 순간에 참자아를 경험한다. 아기들이 웃을 때는 천사 그 자체다. 그래서 아기들은 참자아로 있을 시간이 많다. 그러나 성장하는 과정에서 양육 방식이나 환경, 조건들이 참자아로 있을 여지를 빼앗아 버린다. 우리 모두 그렇게 자랐다. 웃음 속에는 사람의 마음을 통째로 움직이는 선함이 있다. '웃음이 동반되지 않는 진리는 진짜 진리가 아니다'라는 니체의 말은 삶에서 웃음의 의미가 얼마나 중요한지 잘 말해 준다.

내면의 자유를 획득한 사람은 누구나 유머러스한 사람이 될 수 있다. 웃고 있는 모습은 진정으로 아름답다. 아름다운 풍경에 도취되어 있을 때와 같다. 아름다움에는 어떤 고뇌와 번민도 범접할 수 없는 것처럼 웃을 때도 마찬가지다. 자기 자신을 개방하는 것이 두렵지 않은 사람은 유머를 알고 생활화할 수 있는 사람이며, 아무리 힘들고 고통스러운 현실에 있더라도 유머를 잃지 않는 사람이 될 수 있다.

> 프랭클은 죽음의 수용소의 인간 최악의 환경에서 유머의 놀라운 효과를 경험했다. 그에게 유머는 자기 보존을 위한 투쟁에 필요한 또 다른 무기였다. 프랭클은 '유머는 그 어떤 상황에서도 그것을 딛고 일어설 수 있는 능력과 초연함을 가져다준다'[119]고 말했다. 이런 최악의 환경에서 유머를 사용할 수 있다는 것은 인간에게는 최후에 사용할 수 있는 마지막 무기인 선택의 자유가 있기 때문이다. 프랭클은 실제로 수용소 생활의 비참한 상황에서도 유머를 사용하거나, 초연한 성자 같은 사람을 보았다고 했다. 이런 사람들은 오늘 당장 아니면 내일 죽을지도 모르는 힘든 상황에서도 유머를 잃지 않았다고 했다. 유머를 사용할 수 있다면 아무리 고통스러운 상황에서도 살아남을 수 있다.

이 수용소 이야기에서 깊은 숲속이나 수도원이나 암자 같은 데서 수행하지 않아도 전쟁터 같은 세상에서, 태풍같이 거친 세상에서, 악취 나는 더러운 곳에서도 어떻게 대응하느냐에 따라 참자아를 만날 수 있다는 것을 알게 해 준다. 개돼지만도 못한 인간 이하의 취급을 받는 유태인 수용소 안에서도 유머러스해질 수 있다는 것을 알게 해 준다.

유머는 사람을 웃게 만든다. 그런데 사람들을 웃지 못하게 하는 것이 있다. 그것은 각본이다. 어린 시절 웃음이 별로 없는 부모에게서 자랐거나, 부모로부터 '그것이 웃을 일이야!', '실없이 웃고 다니지 마라', '점잖게 행동하라'는 금지어나 몰이어를 자주 듣고 자랐다면, 웃는다는 것은 성숙하지 못한 행동이며, 경건함을 유지하는 데 방해된다고 생각할 것이다. 그래서 유머러스한 말이나 행동을 하지 않을 것이며, 아무리 우스운 말이나 행동을 듣거나 보아도 일부러 웃지 않으려고 애쓰거나 웃음이 나오지 않을 것이다. 자신의 근엄함을 지키기 위한 것이거나 웃음의 가치를 모르거나, 웃음의 유전자 스위치가 꺼져 있을 것이다.

그러나 자신의 내면에 선택의 자유가 있다는 것을 깨닫게 되면 상황은 달라진다. 그때는 웃음 유전자 스위치가 자동적으로 활성화된다. 선택의 자유는 각본과 전혀 다르게 내면의 영적 공간에 더 큰 에너지로 항상 존재하고 있기 때문이다. 그래서 내면의 자유를 통찰하기 위한 마음 수행이 생활화되어야 한다.

영화《인생은 아름다워》에서 유태인인 주인공 귀도는 비참한 수용소 생활에서 아들 조수아를 지키기 위해 아들 앞에서 유머를 잃지 않는다. 그에게 유머는 하나의 행동 방식이 아니라 지금 이 순간 진정한 자

딜미, 무엇이 나를 통제하는가

기 자신이 되는 것이었다. 그 진정성이 아들에게 전달되었다. 그래서 아들은 항상 희망을 잃지 않았고 살아남았으며 같이 수용소에 있던 엄마도 만날 수 있었다. 귀도의 유머가 아들을 살리고 엄마를 만나게 할 수 있었던 것이다. 귀도는 비록 독일군에게 죽임을 당하지만 죽는 순간까지 아들 앞에서 유머를 잃지 않았다. 귀도는 아들의 희망은 곧 자신의 희망이었으며, 그것을 유머로 승화하였던 것이다.

유머는 삶을 아름다움으로 승화시키는 힘이 있다. 즉, 아름다움을 추구하는 사람은 자유로운 상상력과 자신의 태도를 스스로 선택할 수 있는 자유의 의지가 있다. 이 영화 속 주인공 귀도는 그 어떤 악도 고통도 범접하지 못하는 최후까지 자기 자신을 지킬 수 있는 유머를 선택하는 자유를 실천하였다. 즉, 삶에 대한 절망이 아니라 유머를 통하여 삶에 대한 희망을 선택하였다. 결과적으로 귀도의 삶은 아름 다웠다고 할 수 있다.

글쓰기

나를 객관화하여 관찰하는 방법에는 글쓰기가 있다. 글쓰기도 마음을 정화시키는 데 탁월한 효과가 있다. 글쓰기는 더러운 물을 퍼내 듯이 연필이라는 바가지를 이용해 생각이라는 물을 종이라는 양동이에 퍼 담는 작업이다. 호흡 명상과 비유하면 글쓰기는 호흡하는 것과 같다. 그래서 글쓰기는 항상 지금 이 순간에 일어나는 생각 또는 감정을 쓴다. 글쓰기는 머릿속의 복잡한 생각이나 감정들을 배출하여 깨끗하게 정화하는 것이다. 마치 방을 깨끗이 정리하고 쓰레기를 버리는 것과 같이, 마음이라는 방을 청소하는 것이다.

글쓰기는 마음을 어지럽히는 머릿속의 복잡한 생각들을 하나씩 하나씩 끄집어내어 글 속에 옮겨 담는다. 종이에 담긴 글들은 때때로 마치 미세한 공기가 통하는 옹기 안의 된장이 숙성되듯이 마음과 소통하며 시간이 지날수록 숙성되어 간다. 쓴 글을 모아 놓고 읽어 보면 알 수 있다. 글쓰기는 성숙된 삶을 도모하는 역할을 한다.

글쓰기는 나와 나의 대화이다. 이보다 더 중요한 대화가 또 있을까? 글쓰기를 일기처럼 쓰는 방법도 있고, 생각날 때마다 시간과 장소에 구애받지 말고 메모하는 방법도 있다. 길을 가다 홀연히 떠오르는 생각이 있으면 가던 길을 잠시 멈추고 메모한다. 요즘은 휴대폰에 쓸 수 있어서 종이와 팬이 없어도 되니 많이 편리해졌다. 나는 시간을 내서 조용히 생각하면서 글을 쓰기도 하지만, 일을 하거나 차를 타고 가거나 길을 가다가 산책을 하다가도 생각나면 바로 그때 쓸 때가 더 많다.

승용차를 몰고 도로를 달리다가 홀연히 생각날 때가 있었다. 그때 잠시 안전한 곳에 차를 정차하고 글을 썼다. 그 글을 아직도 간직하고 있다. 읽어 보면 참 의미 있는 글이라 생각되어 자주 읽어 본다. 내가 변화되고 성숙되어 간다는 것을 글에서 볼 수 있다. 중요한 것이 생각났는데 미처 쓰지도 못하고 잊어버릴 때도 있다. 이때 기억해 내려도 애쓸 필요도 없다. 그냥 그때그때 순간 생각나는 것을 쓸 수 있는 조건이 되면 쓴다.

글을 쓰는 행위는 지금 이 순간에 머무는 행위이다. 과거나 미래에 가서 글을 쓸 수는 없으므로, 글을 쓰고 있다면 지금 이 순간에 머물 수밖에 없다. 생각을 멈춘다는 것은 생각을 내려놓는다. '생각을 버린다'라고 표현해도 된다. 이것을 글쓰기를 통해 실천한다. 특별한 시간과 장소에서 조용히 사색하며 써도 좋다. 시끄럽고 복잡한 곳에서도 좋다. 시간과 장소를 가리지 않아도 된다. 충분한 시간이 지난 뒤에 그동안 써 놓은 글을 들여다보면 그기에 진성한 자신의 모습이 거울에 비친 나를 보듯이 고스란히 보인다.

글로 쓰고 싶은 것이 생각났는데 못 쓸 때도 많다. 그래도 괜찮다. 한순간에 잊어버릴 때도 있다. 잊어버려도 괜찮다. 누구에게나 항상 있는 일이고 자연스러운 일이다. 중요한 것은 어떤 방법과 기준을 만들어 놓고 거기에 맞추려고 애쓸 필요는 없다는 것이다. 경험이 쌓이면 의도적이 아니라도 나름의 효과적인 방법과 기준이 생기기도 한다. 어찌 되었든 상황에 따라 유연하게 실천한다.

써 놓은 글들은 아무 의미 없는 내용도 있으며, '내가 어떻게 이런 생각을 했지!'라며 놀라는 경우도 있다. 쳐다보기도 싫은 글도 있다. 그때는 줄을 박박 그어 놓거나, 구겨서 발로 밟거나, 찢어서 쓰레기통에 버려도 좋다. 누군가 미우면 솔직히 있는 그대로 쓴다. 미워하니 나의 기분이 어떠하며 나의 신체는 어떤 반응을 하는지 글로 표현해 본다. 좋은 일이 있으면 내용을 꾸미지 않고 그대로 쓴다. 생각이 없으면 생각이 없다고 쓰며, 그 기분이 어떤지 써 본다. 우울하면 우울한 기분을 글로 써 본다. 화나면 화를 낸 후 어떤 생각이 드는지, 아직도 화가 풀리지 않았으면 신체 반응은 어떤지, 가슴이 답답한지, 몸이 떨리는지 술을 마시는지 폭식을 하는지, 그런 후 내 상태가 어떠하며 화풀이 상대의 반응이 어떤지 쓴다.

글로 백일장에 나가는 것도 아니기 때문에 맞춤법이 틀려도 좋고 문맥이 논리적이 않아도 좋다. 글쓰기는 혼자 쓰고 혼자 읽는 것이기 때문에 글솜씨에 괘념치 말고 쓴다. 그래서 부끄러운 내용도 얼마든지 써 보아도 좋다. 글 솜씨가 좋으면 좋은 대로, 못 쓰면 못 쓰는 대로 쓴다. 다만 글솜씨가 좋으면 글을 조작할 가능성이 있으므로 조심해야 한다. 그래서 글 쓰는 솜씨는 전혀 중요하지 않다. 좋은 내용을 써야 한다는 생각에 얽매이지 않는다. 글을 잘 쓰려고 애쓰는 것은 오히려 방해가 된다. 그래야 머릿속의 생각을 있는 그대로 글 속에 옮겨 담을 수 있다.

이 작업을 계속해서 반복하면 영양가 없는 생각들이 머릿속에서 일어나 혼란스럽게 하는 횟수가 줄어들거나 없어질 수도 있다. 쓸데없는 생각이나 허망한 생각들이 계속 일어나도 내가 잘 관리할 수 있게 된다. 이런 방법으로 머리를 비워 나가며 어지러운 머릿속을 정화시키는 것이다. 그리고 글을 다시 읽어 보면 내가 나의 마음속을 스스로 들여다보게 되고 자기 성찰과 통찰이 이루어진다. 자기 성찰과 깨우침은 홀연히 일어날 수도 있지만 오랜 시간이 걸릴 수도 있다.

글을 쓰다 보면 자신의 각본을 발견하는 계기가 된다. 또는 그동안 싫었던 나 자신이 이해되고 공감되는 부분을 발견할 수 있다. 나의 몰랐던 능력을 발견하기도 한다. 나 자신과 화해하거나 나를 용서 할 수도 있다. 그때는 자신의 가슴을 손으로 쓰다듬거나 도닥거려 본다. '나는 내가 좋다', '나는 나를 사랑한다'라고 두 손을 가슴에 대고 말 해 본다. 그리고 기분이 어떤지 써 본다. 그 내용이 무엇이든지 상관 없다. 자신의 현재 모습을 글로 투영해 보는 것이 글쓰기의 목표기 때 문이다.

종이는 거울이며 글은 거울에 비친 나이다. 글 속에 내가 있다. 글 쓴 것을 모아 놓고 읽어 보면 그 어떤 생각이나 감정, 행동들이 누구 탓이 아니라 스스로 선택한 것임을 알게 될 것이다. 글쓰기에도 선택 의 자유가 분명히 존재한다. 자신에게 선택의 자유가 있음을 언제나 잊어서는 안 된다. 글쓰기와 생각을 비우는 명상을 하는 중요한 목적 은 선택의 자유를 깨닫는 것이다. 글을 쓰다 보면 그동안 미처 깨닫 지 못했던 나 자신을 발견하게 되며, 자신도 모르게 삶은 의미 있게 성숙되어 간다.

내면의 탐험

이상과 같이 다양한 방법의 내면으로의 경험을 동굴의 깊은 곳을 탐험하는 것으로 비유할 수 있다. 동굴의 가장 깊은 곳의 오염되지 않은 청정수를 참자아로 비유할 수 있다. 그곳을 향하는 동굴의 곳

곳에는 온갖 장애물이 있다. 탐욕, 분노, 집착과 어리석음이란 괴물이 가는 길을 방해한다. 탐욕은 일찌감치 동굴의 입구에서 자리 잡고 유혹한다. 그래서 많은 사람들이 동굴 탐험의 시작조차 못한다.

이것은 치열한 경쟁에서 승리하거나 패배하거나 부와 명성과 권력을 쟁취하거나 그렇지 못하거나 모두 자신의 존재를 증명하기 위한 처절한 삶의 투쟁이고 부도덕적인 행동이나 뿌리치기 힘든 향락이다. 이런 유혹들은 우리의 정신을 빼앗아 가는 마약과도 같다. 그래서 매우 유해하다. 방심하면 모든 것을 한꺼번에 잃는다. 이것들의 우두머리가 각본이다. 각본은 삶의 덜미를 잡고 쥐어흔든다. 당신의 삶에서 각본이 주인 행세하는 것을 보고만 있을 것인가? 이 동굴의 온갖 장애물을 극복하고 탐험해 들어가면 가장 깊은 곳에 오염되지 않은 청정수를 만난다. 이 청정수가 참자아이다. 이것도 천부적인 선택의 자유가 있으므로 누구나 가능하다.

인간의 관념에는 양면성이 있다. 양면에는 빛과 그림자와 같이 기쁨과 아픔이 함께 있다. 밝은 곳에 있으면 그림자가 바로 옆에서 대기하고 있고, 어두운 곳에 있으면 밝은 빛이 바로 옆에서 대기하고 있다. 이것은 자연법칙이요 진리이다. 인간은 이 양면성에 모두 노출되어 있어 어느 면도 피해 가는 것은 불가능하다. 우리는 이런 빛과 그림자를 수용하고 통합하여 전체로서의 나로 만들어야 한다. 그래야 우리의 존재감이 균형을 이룬다.

이것은 내적 수행으로 가능하다. 그렇지 않으면 어두운 그림자 안에서 길을 잃고 방황할 것이다. 반대로 밝은 곳에만 있다면 행복하다고 느끼겠지만, 이것은 자기기만이며 결국에는 그것이 행복이라는 가면을 쓴 불행이라는 것을 깨닫게 될 것이다. 사실 우리의 정신을 파괴하는 유혹들은 외부에 있는 것이 아니라 우리의 마음속에 있다. 그것은 나의 또 다른 모습이며, 그 유혹을 선택하거나 무시할 자유는 누구에게나 있다.

어찌 되었든 우리의 삶에서 오는 번민과 고통은 대부분 인생각본에 기인한다. 각본은 빛을 가리는 어두운 구름과 같다. 이 구름에 가려 살아가는 한 진정한 자기를 결코 보지 못한다. 참자아는 영롱히 빛나는 보석과도 같은데 먹장구름이 빛을 가려 버리는 것이다. 구름은 우리의 내면에 있다. 이 구름은 바로 탐욕, 분노, 집착, 어리석음이다. 이것들이 우리를 행복한 삶으로 인도하는 의식 내면에 있는 진정한 자기, 참자아를 가리고 있다. 구름은 일부러 걷어 내지 않아도 자유로운 영혼인 참자아를 찾으면 자연스럽게 사라진다. 내면으로 들어가는 내적 수행은 이것을 실현할 수 있다. 그렇지 않으면 우리는 유령과 같은 인생각본에 시달리며 고된 삶을 이어 갈 것이다.

진정성

    사람들이 이면교류를 하거나, 심리게임을 하거나, 디스카운팅을 하는 등의 각본 행동은 대부분 자신도 모르게 행해진다. 그것은 자신의 머릿속에 숨어 있는 오래된 '부모 자아'의 은밀한 목소리, 즉 금지어를 따르고 있기 때문이다. 이것이 각본 행동을 하는 이유이다. 각본 행동을 하는 이유는 어린 시절부터 선택하고 반복적으로 행동한 것이 습관화되었기 때문이다. 같은 생각이나 행동을 처음에는 의도적으로 하지만, 지속적으로 반복하면 그 행동이 쉬워지고 자신의 의지와 상관없이 실행하게 된다. 이렇게 되면 습관을 뛰어넘어 성격이 되고 삶의 방식이 되고 운명이 된다.

실존주의에서의 비진정성

    어떤 사람은 현실에 처해 있는 자신의 상황이 자신의 의지와 상관없이 알 수 없는 어떤 힘에 의해 주어지는 운명이라고 생각하며 피할 수 없다고 생각한다. 각본에 통제받으며 살다가 비관적으로 되는 사람들의 특징이다. 실존주의에 의하면 '지금의 나는 과거 내가 선택한 결과'라는 점에서 명백한 책임 회피며 변명이다. 각본 행동은 이미 성격이 되었기 때문에 생각할 필요도 없이 행해지는 것이다. 어떤 사람이 '나를 차 주세요'라는 심리게임을 반복하여 고통스러운 결과가 반복해서 일어날 때, '나에게 왜 이런 일이 자꾸 일어나지?'라는 의문을 가지고 '다시는 그런 행동을 하지 말아야지'라고 결심하지만, 여전히 같은 행동을 하고 있는 자신을 발견한다. 각본에 조종당하고 있기 때문이다.

사람들은 부적절한 심리게임으로 인하여 고통스러운 결과를 반복적으로 경험할 때, 자신이 심리게임을 하고 있다는 사실을 진짜 모르고 있을까? 교류분석에서는 자신도 모르게 각본, 즉 머릿속 '부모 자아'의 명령을 따른다고 하지만, 실존주의에서는 의견이 다르다. 물론 교류분석 이론이 틀렸다는 것이 아니라 서로 다른 견해를 가지고 있을 뿐이다. 실존주의 입장에서 각본 행동은 어디까지나 선택적 행동이며 고의적인 무지이며 자기기만이다. 자기기만의 중심에는 책임을 회피하려는 고의적인 무지가 있다. 고의적인 무지를 불러일으키는 동기는 냉혹한 현실과 마주칠지도 모른다는 두려움과 불안이다.[120]

자기기만은 자유와 선택의 엄연한 현실을 부정하며 책임지지 않으려는 태도이다. 각본 행동을 할 때 '나는 왜 그런 행동을 하는지 모른다'며 자기 자신을 속이고 있으며, 그 속임수에 스스로 넘어가 버리기 때문이다. 그래서 알고 있는데도 알지 못한다고 느낀다. 이것은 '조해리의 창'*에서 맹인의 영역, 즉 타인은 아는데, 자신만 알지 못하는 자기 마음의 영역이다. 이렇게 스스로 보지 못하는 자신의 마음의 영역이 있는 이유는 자신이 선택한 행동에 대해 책임을 회피하려고 하는 진정성 없는 삶의 태도 때문이다.

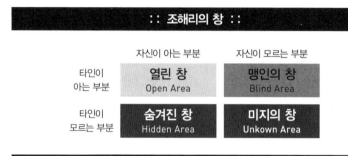

진정성이 없는 사람은 과거에 자신이 선택하고 행동한 것, 그 결과로 현재 처한 상황이 타인 또는 외부의 영향이라고 변명하며 끊임없이 책임을 회피하려는 사람이다. 이것이 실존주의자들이 주장하는 것이다. 사실 우리가 하는 모든 행동에 대해 반드시 책임져야 한다는 것은 옳지 않다. 그러나 사르트르는 책임이라는 것에 대해 강경한 철학을 가지고 있었다.[121] 비록 사르트르의 생각이 급진적이라고 하더라도 이 이론이 그의 여타 다른 이론과 함께 현대 실존철학의 거장으로 만들었다.

'선택'에 관한 철학은 실존주의 창시자 키에르케고르가 처음 주장했으며 실존주의 핵심 철학이면서 교류분석에서도 중요하게 다루는

＊ 미국의 심리학자 조셉 루프트(Joseph Luft)와 해리 잉햄(Harry Ingham)의 심리학 이론. 대인관계에 있어서 자신이 어떻게 보이고 또 어떤 성향을 가지고 있는지를 파악할 수 있도록 한 이론. '조해리'는 이 두 심리학자의 이름을 합친 것이다.

이론이다. 모든 문제의 시작은 어린 시절 선택하고 결단하여 만들어진 인생각본 때문이라는 것이다. 하지만 세상을 잘 모르는 어린아이가 한 일에 책임지라고 강요할 수는 없다. 그래서 어린 시절의 선택은 자의와 타의의 중간쯤에 있는 듯하다.

우리는 우리가 처한 상황에 대하여 어떻게 행동해야 할지를 선택하지 않을 수 없다. 타인이 강요나 충고로 행동했다면, 그 역시 타인의 의사대로 행동할 것을 자신이 선택한 것이다. 아무 행동도 하지 않는다면, 아무 행동도 하지 않기로 선택한 것이다. 그러므로 선택한 행동에 대해 자신이 책임을 져야 한다. 본질적으로 자유로운 자아의식은 그 어떤 것에도 제한받지 않고 통제받지 않는다. 따라서 자아의식의 자유는 거의 한계가 없다. 선한 행동을 하거나 악한 행동을 하거나, 안전한 방법을 취하든 위험한 방법을 취하거나 애매모호한 태도를 취하든 전적으로 자유다. 따라서 때때로 자유는 위험을 초래하기도 한다.

비진정성을 가진 사람은, 인간에게는 선택의 자유가 있으며 자신이 선택한 것에 대해 책임져야 한다는 실존철학의 진실을 부인하는 사람이다. 반대로 진정성이 있는 사람은 자신이 처한 현실을 있는 그대로 받아들이고 선택의 자유로 인해 기꺼이 어떤 대가를 치르는 존재라는 냉혹한 현실을 피하지 않는다. 그리고 선택의 결과에 대한 책임도 전적으로 자신에게 있다는 것을 인정한다. 진정성이 있는 사람은 노력 없이도 기회 또는 행운이 올 수도 있고, 자고 일어나니 복권이 당첨되었다거나 운이 좋아서 승진하거나 강남제비가 행운의 박씨를 물어다 줄 것이라는 헛된 꿈을 꾸지 않는다.[122] 그리고 진정성 있는 사람은 자신의 각본 행동을 스스로 모른다며 자기 자신을 속이고 있다는 사실을 솔직하게 인정하는 사람이다.

교류분석에서의 비진정성

교류분석에서도 비진성정을 잘 설명하는 내용이 있다. '디스카운팅(discounting)'이 전형적으로 변명을 늘어놓는 경우다. 디스카운팅하는 사람은 대부분 자기효능감이 없고 수동적이며 소극적이고 자율성이 부족하거나 없는 사람이다. 그런데 대부분 자신이 수동적이고 소극적이라는 사실을 알고 있다. 일부 인정하는 사람도 있지만, 진짜 문제가 되는 사람은 '아니다' 혹은 '모른다'고 자신을 철저히 속이고 있는 사람들이다. 그래서 마음속에 억압하고 감추고 있다. 자신이 선택한 행동에 책임지지 않기 위해서다.

디스카운팅은 자신이 처한 대부분의 상황을 평가절하하며 그 이유를 늘어놓으며 변명한다. 디스카운팅하는 사람은 끊임없이 자기 자신이 존재를 평가절하하고 다른 사람을 평가절하하고 자신이 처한 환경과 상황을 평가절하하거나 무시하는 등 온갖 이유를 갖다 대며 변명한다. 이들은 끊임없이 자신이 한 행동에 대한 책임을 회피하는 사람이며, 모든 원인을 타인과 상황으로 돌린다.

'시간 각본'을 가진 사람도 비진정성의 특성을 아주 잘 보여 주고 있

딜미, 무엇이 나를 통제하는가

다. '시간 각본'은 자신의 각본 행동을 바꾸지 않고 삶의 과정에서 계속 유지하려고 하는 사람이다. '나는 이 상황을 완전히 이해하기 전까지는 꼼짝도 안 할 거야', '내 진짜 인생은 은퇴 후가 될 거야', '나는 재산을 ~만큼 모을 때까지 즐기는 일은 없을 거야'라며 현재 자신의 처한 상황을 변화시키지 않는 것에 조건을 붙이며 각본 행동을 계속 유지하려고 한다. 자신이 하고 싶은 일을 항상 뒤로 미루며 그 이유를 대며 변명한다. 이것을 '~까지'식 각본이라고 한다.

또 '결코'식 각본을 가진 사람도 있다. '나는 그 여자를 사랑하지만 결코 고백할 용기를 내지 못하겠어!'라고 생각하거나 공무원이 되는 것이 꿈이지만 공무원 시험 원서를 한 번도 내 본 적이 없는 사람도 '결코'식 각본을 가진 사람이다. 이와 같이 디스카운팅하는 사람이나 '시간 각본'을 가진 사람들이 비진정성을 가진 대표적인 사람들이다. 이런 각본 행동을 하는 사람들은 삶이 항상 힘들며, 그 이유를 모른다고 한다. 그러나 자신이 잘못된 행동을 하고 있다는 것에 대해 '나는 무엇이 잘못되었는지 모른다'는 변명으로 스스로 자기 자신을 속이고 있으며, 그 속임수에 자신이 넘어간 것이다. 그래서 실존주의 측면에서는 자기기만이며, 고의적인 무지이다.

각본도 본질적으로 자신이 선택한 결과이다. 각본 행동으로부터 오는 고통에 대해 '운명이다', '내 탓이 아니다', '어쩔 수 없다'면서 변명을 늘어놓는 것은 진정성 있는 사람이 하는 행동이 아니다. 진정성을 획득하고자 한다면 자기 행동에 대해 어떠한 변명거리도 없다는 것을 인정해야 한다. 사실 상황에 따라 자신의 모든 행동에 대해 책임지는 것이 억울하여 변명하고 싶을 때도 있을 것이다. 특히 각본 행동을 하는 사람은 더욱 그럴 것이다.

그러나 이런 상황에서도 진정성 있는 사람이 되기 위해서는 한마디의 변명도 하지 않아야 하며, 변명하고 싶은 생각이 들더라도 참아야 한다. 따라서 진정성 있는 사람이 되기 위해서는 우리는 변명의 여지가 없다는 것을 인정하고 이해하려고 할 것이 아니라, 어떤 조건도 붙이지 않고 '결코 변명하지 않겠다'고 결단하는 것이다.[123]

자기 자신에 대한 가치와 사랑, 위엄과 존엄을 지키며 살지 않을 때 인생각본은 여지없이 우리를 통제하고 지배한다. '나에게 왜 이런 일이 자꾸 일어날까?'라고 생각하는 사람은 자기 자신의 존재에 대한 가치와 존엄을 잊고 사는 사람이며, 이때 각본은 이미 삶을 지배하고 있다. 인생각본은 본질적으로 자유를 제한한다. 각본의 통제하에 있는 사람은 각본 행동으로 인하여 초래하는 고통스러운 상황에 대한 책임을 피하기 위해, 각본이라는 틀 속에서 벗어나려는 노력을 하지 않을 수 있다. 설혹 각본이라는 틀 속에서 벗어나더라도, 자유라는 것이 너무 감당하기 어려운 것이고 책임이 뒤따른다는 두려움 때문에 다시 각본에 따르는 삶으로 되돌아갈 수 있다.

범죄자들이 출소하여 밝은 세상으로 나올 때, 눈부시게 다가오는 자유에 대한 거부감을 느껴, 다시 범죄를 저질러 교도소로 되돌아가는 경우가 그렇다. 아내가 폭력적인 남편으로부터 마음만 먹으면 언제든지 떠날 수 있지만, '나는 ~ 때문에 남편 옆을 결코 떠날 수 없어', '~ 때까지 나는 남편 옆을 떠나지 않을 거야'라며 고통스러운 현

덜미, 무엇이 나를 통제하는가

실에 자신을 묶어 놓는 경우도 마찬가지다. 바람둥이 남편을 만나 이혼한 후 재혼했지만 또 바람둥이 남편을 만나는 패턴을 반복하는 사람도 '고통'을 스스로 선택한 것이다.

이들은 '~까지'식 또는 '그 후'식 '시간 각본'을 가진 사람일 수도 있으며, '나를 차 주세요'라는 심리게임을 하고 있을지도 모른다. 이들은 언제든지 잘못된 삶의 패턴에서 벗어날 수 있는 자유가 있지만 각본의 음흉한 꼬임에 넘어가 선택의 자유에 따른 책임이 두려워 현실에 안주하는 사람이다. 이런 사람은 끊임없이 운명을 원망하거나 '이것이 피할 수 없는 내 운명이다'라며 허무주의에 빠지거나 결코 일어나지 않는 기적을 기대하며 불행한 착한 사람으로 살아간다.

5부

내면의 홀로서기를 위해
참자아 탐구와 실존 성찰

사용할 수 있는 시간이란 바로
'지금 이 순간'뿐이다. 지나가 버린 과거를
사용할 수도 없고 오지도 않는 미래를
사용할 수도 없다.

자아 성찰

키에르케고르는 자기의 존재 특성을 '결단할 수 있음' 또는 '선택할 수 있음'이라고 했다. 선택하는 데 있어서 자신의 의지대로 선택하지 못하고 오히려 타자나 외부의 조건들에 의해서 선택되는 것은 자기를 벗어나는 것이며 자신에게 주어진 삶을 돌보지 않음을 의미한다.[124] 자기가 실존적 주체가 되는 것은 곧 스스로 선택할 수 있는 능력을 가진다는 것이다. 선택한다는 것은 책임이 뒤따른다는 것을 의미하며, 책임진다는 것은 자기 자신의 기능을 충분히 한다는 것이며, 새로운 가능성을 열어 준다는 것이다.

인간은 선택하는 순간, 내면에 있는 자아의식을 진지하게 들여다보면서 결단하며, 비로소 실존적 자아, 즉 진정한 자기 자신에게 좀 더 가까이 다가가 갈 수 있다. 키에르케고르는 이러한 과정을 통해 자신의 실존을 이룩하게 된다고 했다. 이 과정이 실존적 자아를 탐구하기 위한 자기 성찰의 과정이다. 실존적 자아는 완성이나 결과가 아닌 하나의 존재 방식이다. 프랭클은 다음과 같이 말했다.

"인간은 넘을 수 없는 시간의 한계와 능력의 한계 앞에서 죽음을 맞아야 한다. 인간은 생애의 시간을 모두 사용하고 일회적인 삶을 마친다.

덜미, 무엇이 나를 통제하는가

이 일회성은 매 순간 '최선을 다해 살아가라'는 독촉장이다. 순간순간 다가오는 시간에서 생기는 것에 대한 책임, 어떻게 인간이 내일을 창조하느냐 하는 책임은 위대한 것이다. 인간은 태어나는 순간부터 시간을 사용하라는 강요를 받는다."

사용할 수 있는 시간이란 바로 '지금 이 순간'이다. 지나가 버린 과거를 사용할 수도 없고 오지도 않은 미래를 사용할 수도 없다. 인간은 자기 성찰을 통해서 매 순간순간마다 수많은 가능성의 길을 만난다. 그리고 자신의 길을 선택하여 징검다리 건너듯 매 순간 초월하며 앞으로 나아간다. 그 선택은 누구에게나 자유이며 분명한 책임이 뒤따른다. 선택과 결단의 자유, 의지의 자유는 모든 인간에게 태생적으로 주어졌으며, 이것이 실존적 자아의 진정한 모습이다. 이렇게 인간은 스스로 자유를 영위한다.

생명에 의미를 부여하는 것도 부정하는 것도 자유이며 자살이나 희망을 가지는 것도 자유이다. 이 자유에는 외부적인 어떤 힘도 관여하지 않는다. 자유야말로 인간 실존 방식의 핵심이다. 인간의 존재 방식이 자유자재인 것은 마땅히 책임을 져야 한다는 것을 의미한다. 인간은 항상 수많은 가능성을 만나며, 그 가능성 중에서 선택하는 것에 대해 절대적 자유를 가지고 있는 만큼, 선택했던 것을 다른 방식으로 새롭게 다시 선택하고 결단하는 것도 자유인 것은 명백한 사실이다. 이 선택의 자유의 근간에서는 힘의 의지가 작용한다.

니체에 따르면 '힘의 의지'는 모든 인간에게 있는 근본적인 특성이다. 의지란 무엇인가 소망하고 열망한다는 뜻이며 힘은 에너지를 가리킨다. 힘의 의지는 소망과 열망을 일으키는 에너지로서 인간의 내면의 참자아로부터 나온다. 힘의 의지는 삶의 본질이며 근원적인 사실로 삶이 있는 곳에 언제나 존재하는 고유한 특성이다.[125] 참자아로 존재하기 위한 내적 수행은 곧 내적 에너지, 즉 내면의 힘을 기르는 것이며, 힘을 기르는 것은 의지를 구체화하는 것이다.

의지는 끊임없이 힘을 요구한다. 힘의 의지는 곧 열정이며, 열정으로부터 변화를 일으키는 내적 원동력이다. 의지는 어떤 각본이 있는 것과 관계없이 의식의 내면에 참자아와 함께 항상 존재하고 있다. 그래서 모든 인간은 그 의지를 끄집어낼 수 있는 근원적인 능력이 있다. 그리고 자신의 내면의 참자아를 알아차리기만 하면 의지를 누구나 끄집어낼 수 있다. 의지는 모두에게 가능성과 희망을 부여하고, 과거의 낡고 잘못된 선택을 버리고 창조적인 새로운 선택을 가능하게 한다.

인간은 어린 시절 부모로부터 사랑받기 위해, 부모의 권위로부터 살아남기 위한 전략을 선택하고 결단하여 각본을 만들었지만, 상당 부분 부모 또는 양육자의 권위적 영향에 의한 불가피한 선택이었다. 즉, 어린 시절의 선택은 순수한 자유의지에 의한 주체적 선택이 아니었던 것이다.

인생각본의 주요 원인은 부모의 금지어와 몰이어이다. 성인이 되어서도 벗어날 수 없는 머릿속 '부모 자아'의 목소리는 대부분 어린 시절 들었던 부모의 금지어들이다. 설혹 부모가 죽고 없다 하더라도 머릿속의 오래된 '부모 자아'는 여전히 목소리를 높이고 있다. 각본에 따

덜미, 무엇이 나를 통제하는가

르는 삶이라면 어떤 선택을 하더라도 '부모 자아'의 명령을 따를 수밖에 없다. 그러나 만약 매 순간 선택의 자유가 있다는 것을 알아차리고 참자아로 깨어 있으면 '부모 자아'의 명령을 거부할 수 있으며, 주도적으로 새로운 선택과 결단을 할 수 있다. 이것은 부단하게 자기 내면을 들여다보고 성찰한 내적 수행의 결과이다. 즉, 내적 수행의 과정은 곧 자기 성찰을 의미한다. 이 과정을 성실히 수행했다면 이제 새로운 선택을 통해 변화의 길로 들어설 준비가 되었다.

지구상에 수많은 인간이 서로 관계를 맺으며 살고 있지만 각각의 개개인은 모두 혼자 존재할 수밖에 없다. 즉, 서로 상호관계를 맺고 있지만 결국은 하나의 유기체로 존재하며 다른 물질들처럼 둘로 나누거나 둘을 합쳐서 하나가 될 수 없다. 그래서 고독하지만 존귀하고 고귀하다. 석가모니는 '하늘 위와 하늘 아래 나보다 더 고귀한 존재는 없다'고 했다. 철학자 레비나스(Emmanuel Levinas)가 말한 '고독과 홀로서기'[126]도 이와 맥락을 같이한다.

실존철학에 의하면 인간은 본래부터 혼자이며 이 세상에 고정적인 본질적 성질도 가지고 태어나지도 않았다. 인간은 무(無)의 상태에서 스스로 무엇이 되기 위해 사유하지 않으면 안 된다. 인간은 스스로 원하는 것을 얻기 위해 스스로 현실이라는 바다 위에 자신을 내던지며 순간순간이라는 징검다리를 뛰어넘으며 자신을 초월하며 창조해 가는 존재이다. 인간은 이 지구상에 어떤 생명체에게도 없는 창조성을 가지고 있으므로 더욱 고귀한 존재이다.

앞에서 줄기차게 말했던 지금 이 순간에 참자아로 깨어 있다면, 지금까지 자신을 포장하고 있던 자아의 허구적인 껍질을 벗어 버리고 새로운 삶의 징검다리를 놓고 순간순간을 초월해 가며 창조적인 삶을 만들어 갈 수 있다. 이것이 낡고 오래된 과거의 선택을 폐기하고 새로운 선택의 길을 걸어가는 것이다.

이렇게 새로운 선택을 하는 것을 교류분석에서는 재결단이라고 한다. 재결단 치료(Redecision therapy)는 굴딩 부부가 개발하여 교류분석 발전에 크게 기여하였다. 굴딩 부부에 따르면 재결단은 과거의 상처를 벗어버리고 치유로 가는 새로운 선택을 하는 것이다. 굴딩 부부는 재결단을 위해 '게슈탈트' 이론을 접목시켰는데, 이것은 상담자를 위한 방법이다.

그러나 이 책에서는 교류분석에 실존철학을 접목시켜서 삶의 현장에서 고뇌에 빠진 사람들 누구나 스스로 치유할 수 있는 방법을 제시한다. 실존철학의 핵심 개념인 선택의 자유가 각본이 초래한 삶의 고통에서 해방시켜 준다. 선택의 자유는 삶에 대한 진지한 성찰을 통해서 각본에 벗어나, 변화된 삶으로 인도해 주는 선물 같은 것이다.

생존에 대한 성찰

부모가 자신의 자녀에 대해 '싫다', '못났다', '밉다', '좀 더 총명한 아이였으면~', '마음에 들지 않는다' 등과 같은 생각을 할 때가 있을 것이다. 또는 '넌 내가 원하던 자식이 아니야!'라고 마음속으로라도 생각해 본 일이 있다면, 그런 생각이 강하게 또는 자주 든다면 또는 그와 같은 유무언의 메시지를 실제로 자녀에게 보낸다면, 자녀에게 생존 금지어를 보내는 것이다. 이때 자녀에게 무슨 일이 일어날까? 혹시 양심의 가책을 느껴 자녀 양육에 혼신을 다한다 하더라도 자녀는 알아차리고 자신의 존재감에 의문을 품는다.

말로 모건*이 실제로 경험하고 목격하고 쓴《무탄트 메시지》라는 책에 이런 이야기가 나온다.

> 참부족이라는 호주의 사막 오지에 사는 원시부족은 문자도 없고 말도 많이 하지 않는다. 한 청년이 30킬로나 떨어진 먼 곳에서 캥거루를 잡았는데 너무 무거워 꼬리를 잘라서 들고 오려고 부족 어른들에게 텔레파시로 물어보았고, 어른들은 텔레파시로 그렇게 하라고 대답해 주는

---

* 말로 모건(Marli Morgan) : 미국이 자연 예방 의학 여의사. 호주의 사막 오지에 사는 원시부족과의 여행 경험을 토대로《무탄트 메시지(Mutant Message Down Under)》라는 책을 썼다.

> 것을 실제로 목격했다고 한다. 인간들은 본래 텔레파시 능력이 있었는
> 데 문명의 발달로 텔레파시가 필요 없어져 사용하지 않음으로써 그 능
> 력이 없어졌을 뿐이다. 그러나 어린아이들은 뛰어난 직관력이 있는데
> 텔레파시와 거의 같은 능력이다.

원시부족이 먼 거리에서 텔레파시로 메시지를 교환하는 능력이 있
는데, 하물며 한 공간에 같이 살고 있는 부모와 자녀 사이에는 언어
로 대화하는 것은 말할 것도 없고, 말을 하지 않아도 수많은 메시지
교환이 있다는 것을 누구도 부인할 수 없다. 언어로 대화하지 않고,
침묵으로 일관해도 집 안의 공기와 온도, 움직임, 숨소리, 행동, 신체
각각의 움직임, 얼굴빛의 변화, 집 안의 심리적·물리적 환경 등에서
수많은 메시지들이 공간을 통해 전달된다. 특히 어린아이들은 어른보
다 직관력이 훨씬 뛰어나기 때문에 그 메시지들의 이동과 교환을 통
해 어른들로부터 많은 것을 읽어 낸다. 그래서 생존 금지 메시지가 부
모로부터 아무리 은밀하고 비밀스럽게 발신되더라도 아이들은 대부
분 읽어 낸다.

생존은 죽지 않고 살아 있거나 어떤 한계상황에서 살아남는 것을
의미한다. 야스퍼스는 인간의 실존적 상황, 즉 죽음, 투쟁, 번뇌, 죄
책감 등을 피할 수 없으며 이것을 한계상황이라고 따로 명명했다. 프
랭클은 이런 피할 수 없는 한계상황에서 생존할 수 있는 길은 존재의
의미, 삶의 의미를 찾는 것이라고 주장했다. 어린 시절 부모로부터 생
존 금지어를 받고 자랐던 사람들은 대부분 왜곡된 삶의 의미를 가지

고 있다. 그리고 이들은 삶의 의미를 찾지 못하고 방황하거나 실존적 상황을 수용하지 못하며 고통을 겪는다.

인간이 존재감을 느낀다는 것은 생존해 있음을 의미한다. 만약 인간이 생존해 있을지라도 존재감이 약하거나 느끼지 못한다면 안타깝게도 생존에 치명적인 상처를 입었거나 결함이 있을 때일 것이다. 이것은 신체적 상처나 결함보다는 심리적인 것이다. 건강한 존재감은 생존을 위한 가장 중요한 원동력이고 창조의 에너지이다. 존재감은 자신의 실존적 생존을 자각함으로써 드러난다.

어린아이들에게 있어서 생존의 의미와 가치는 부모 또는 양육자의 가치관에 절대적인 영향을 받는다. 여기에 아이들은 순종할 것인지 저항할 것인지 꾀부릴 것인지 무반응할 것인지를 스스로 선택하고 결단한다. 이 선택은 합리적이고 논리적이기보다는 대부분 경험과 함께 '어린이 자아'의 전논리적 사고와 직관력에 따른다. 그리고 이것이 인생행로의 중요한 방향타가 된다.

생존과 관련된 아이들을 향한 부모의 메시지가, 부모 개인의 주관적 가치관이나 개인적 경험에 의거한 금지어라면 아이들의 인생행로는 대부분 고통으로 몰아간다. 부모는 아이에게 허용하는 것보다 금지하는 것이 더 많다. 아이들의 생각과 행동을 금지하는 부모의 메시지는 앞에서 다룬 것과 같이 '존재하지 말라', '건강하지 말라', '제정신이어서는 안 돼', '믿지 말라', '접촉하지 말라' 등이다. 이런 부모의 메시지는 대부분 그럴듯한 논리로 포장되어 있고 아이들에게 거짓 믿음을 갖도록 한다. 이 생존 금지어에 따를 때의 핵심 감정은 '나에게

무슨 일이 일어나든 아무도 신경 쓰지 않는다'이다.[127]

'내 자식이지만 참 마음에 들지 않아' 등과 같이 어린 시절 존재감을 박탈하거나 평가절하하는 부모의 생각은 다양한 방법과 다양한 언어 또는 비언어적 메시지로 전달된다. 이런 금지어를 받았던 사람들은 '나는 가치 없는 인간이다', '나는 죽어도 아무 상관없다', '나는 어떤 누구에게도 관심받을 가치가 없다'며 비관적인 신념에 사로잡혀 있다. 반대로 '내가 존재하고 있음을 반드시 모두에게 보여 주고 말겠어!'라며 세상에 도전장을 던지기도 한다. 특히 투쟁적인 행동 패턴을 가진 사람들은 주위 사람들로부터 인정받고 허가받기 위해 최선을 다하는 모습을 보이며, 선망의 대상이 되려고 한다.[128]

어린 시절 존재에 대한 생존 금지어를 받았던 사람들의 삶의 패턴은 결과적으로는 대부분 투쟁적이다. 이 투쟁은 세상과 타인에 대한 투쟁도 있지만, 자신의 삶을 절망적인 상태로 몰아넣기도 하는데, 이것은 '이것 봐, 난 역시 이런 사람밖에 되지 못해!'라며 역설적으로 절망적인 선택이 잘못됐음을 증명하기 위한 투쟁이 된다.

또한 이들의 삶은 다리 난간에서 '난 뛰어내려 죽고 말겠어!'라며 소리치며 경찰과 대치하는 가운데 '보라! 나의 존재를!'이라며 소리치는 것과 같다. 이렇게 생존 금지 각본에 따르는 사람들은 자기 파괴적이며 삶의 낭떠러지로 자신을 몰아간다. 자신의 존재감을 보여 주기 위해서 최선을 다해 높은 고지에 올라갔더라도 비밀스러운 방법으로 굴러떨어질 준비를 해 놓고는 때때로 실행해 옮긴다.

'존재하지 말라'의 금지 각본 치유하기

'존재하지 말라'의 금지 각본에서 해방되기 위해서는 세상을 향하여 자신의 존재감을 증명하기 위해 자신을 숨기거나 지우거나 또는 광란의 추진을 포기하고 오로지 자신을 향한 사랑과 애정을 가져야 한다. 자기 자신을 향한 사랑과 애정은 부와 지위, 명성으로는 결코 이루어지는 것이 아니다. 이것은 자신의 존재를 승인하고 인정하는 것으로는 부족하며, 더 나아가 자기 자신을 조건 없는 사랑과 애정으로 돌보는 것이다. 즉, 변화를 위해서는 자기 자신에 대한 애정과 보살핌으로 가능하다는 것을 깨닫는 것이 최우선 순위가 되어야 한다. '내 인생은 소중하다'라는 신념을 가지고 조건 없는 사랑과 긍정으로 스스로 자기 자신을 돌보아야 한다.[129]

이들이 삶의 방향을 새롭게 선택하기 위해서는 자신의 생각과 행동의 패턴은 모두 허구적인 관념의 산물이며, '나는 소중한 사람이다'라는 진실을 두려워하기 때문이라는 사실을 깨달아야 한다. 그리고 자신의 깊은 내면에는 이 허구적인 관념을 과감히 깨뜨릴 수 있는 긍정적 에너지가 충만한 참자아가 있음을 경험함으로써 진정한 변화의 길이 열린다.

사람들은 '존재하지 말라'의 금지 각본을 따르고 있음에도 불구하고, 자살하거나 자해 행동 또는 범죄 행위로 자신을 사회로부터 격리하지 않는 경우도 있다. 왜 그럴까? 부모의 금지어를 따르기로 결단한 사람 중에는 또 다른 선택이 중복되기도 한다. 그런 사람들은 '존재하지 말라'의 금지어로 불행한 결과를 가져오는 것을 차단하기 위한 또 다른 방법을 선택하는 지혜로운 사람들이다. 종교인이 되거나, 빈민 구호 활동을 하는 것과 같이 '나는 ~을 열심히 하는 한, 절대 죽지 않을 거야' 또는 '나는 성직자가 되어, 자살하는 행동을 하지 않기로 하나님께 맹세하겠다'라고 결심하는 경우이다. 이들은 선택의 자유라는 실존철학을 실천하는 자들이다.

'~일 때 나는 나를 사랑할 수 있어!'라는 조건적 신념은 결코 치유가 일어날 수 없다. 여기에 자기 자신을 향한 무조건적 사랑이라는 점이 중요하다. 이런 사랑과 애정은 치유를 위한 가장 핵심적인 속성이다. '만약 ~한다면 너는 더없이 좋은 나의 자식이 될 거야'와 같이 조건을 붙이지 말고, 부모가 아이에게 진심 어린 애정으로 따뜻한 보살피는 것은 말할 것도 없다.

생존 금지 각본을 따르는 사람들은 자기 자신을 향한 따뜻한 보살핌이 드물게 일어나는 것이 아닌, 삶의 필수적인 요소로서 적극적으로 추구하고 탐구해야만 한다. 이것은 오직 자기 자신만의 노력이어야 한다. 인정받거나 허가하는 것은 결코 애정이 될 수 없다. 외부적인 보상보다는 자신에 대한 따뜻한 사랑과 애정에 집중해야 한다. 오직 애정으로 존재함을 인정하고 수용하고 내면화하는 것이야말로 이 치명적인 '존재하지 말라'는 금지 각본으로부터 해방될 수 있다.

'건강하지 말라'의 금지 각본 치유하기

'건강하지 말라'의 금지 각본을 따르는 사람들은 사회와 가족에게 헌신하기 위해서는 열심히 일하고자 하는 강한 의지만 유일한 방법이라고 생각한다. 이것을 중단하지 않으면 최종적으로 병원의 침상에 누워서 '건강하지 말라'의 목표를 달성하게 될지도 모른다. 그들의 강한 의지의 이면에는 약점과 허약함에 대한 두려움이 도사리고 있다. 우수한 등위를 유지하고, 많은 부를 축적하고, 높은 평가를 받는 데는 점수로 표현되는 성적표처럼 대부분 숫자에 초점을 두고 있다. 그래서 자신들이 숫자의 노예라는 사실을 알아차리는 것이 변화의 시작이고 치유의 출발점이다.

이러한 변화의 경계에는 '숫자보다 가치'라는 것이 있고, 그 경계는 우정, 가족, 사랑 또는 영적 연결로 삶을 누릴 수 있게 한다. 그리고 '무엇이 중요합니까?', '얼마나 충분해?'라는 질문에 '지금 이만큼이라면 충분해'라고 용감하게 대답하는 사람은, 자신이 하고 싶은 것과 하지 않을 것, '예'와 '아니오'를 자율적으로 선택할 수 있다. 그리고 시간이 지남에 따라 삶의 의제가 외부에 있는 것이 아니라, 내면의 진정한 자유의 공간에 있음을 알게 된다.

종종 질병으로 이어지는 '건강하지 말라'의 금지 각본은 어린 시절의 실망과 좌절, 체념으로부터 시작되었다. 이런 사람은 개인적 삶의 불균형을 바로잡기 위하여 어린 시절의 경험을 현재로 가져와, 자기 자신을 스스로 재양육할 시간이 필요하다. '건강하지 말라'의 금지 각본을 치유하기 위해서는 '삶이란 통제 불능'이라는 것을 인정하고 통찰해야 한다. 병든 자신을 동정하는 것은 바람직하지 않다.

변화와 치유를 위해서는 '동정은 양육이 아니다'라는 메시지를 스스로 자신에게 주어야 하며, 다시 성장하기 위한 참자아를 탐구하는 시간을 가져야 한다. 그러면서도 외부 세상을 무시해서는 안 된다. 참자아의 탐구로 내면의 자유를 깨닫고 나면, 외부 세계의 진실한 모습과 가치가 더욱 명료하게 보인다. 그리고 '나는 나 자신에게 줄 수 있는 것보다 더 많은 도움이 필요하다'는 사실을 인정하면 '나는 사랑받고 보살핌을 받을 수 있다'는 내면의 목소리가 들린다.

'믿지 말라'의 금지 각본 치유하기

생존 금지어 중에서 '믿지 말라'의 금지어를 따르는 사람은 자신만의 영역을 허물고 세상 밖으로 나와 '세상에는 진정으로 믿을 만한 사람이 많다'는 진실을 기반으로 한 새로운 신념을 가져야 하며, 무조건적 사랑이 현실에 존재한다는 것을 배워야 한다. 쉽지 않은 일이지만 변화하려고 노력해야 하며 실존적 자유를 체득했을 때 가능하다. 그럼으로써 '나를 신뢰해 줄 사람들이 있다', '내 인생에서 좋은 사람들에게 의지하는 것은 행복한 일이다'라는 신념이 생겨난다.

또한 타인의 성격을 분별하는 새로운 습관을 만드는 과정이 필요하며, '나는 좋은 사람과 나쁜 사람을 구별할 지혜가 있다'[130]는 자기 내면 목소리를 들어야 한다. 변화는 한순간에 일어날 수도 있지만, 대부분 쉽게 일어나지 않는다. 이 지혜의 강을 건너는 데는 오랜 시간이 걸릴지도 모른다. 강을 건너기 위해서는 유능한 뱃사공 같은 누군가의 도움을 받아야 할 때도 있다. 이때 기꺼이 도움을 청하라. 오래 담금질한 쇠가 좋은 칼이 되듯이, 그렇게 이루어진 변화는 결코 과거로 되돌아가지 않는다.

'제정신이어서는 안 돼'의 금지 각본 치유하기

'제정신이어서는 안 돼'의 금지 각본을 가진 사람은 '아무도 나를 보호해 주지 못하는 이 세상이 두렵다'[131]는 절망에 빠질 수 있다. 이런 사람은 자신의 보호막이 없다. 이들은 절망적인 상태에서 세상에 대해 무방비로 노출되어 있다. 한편 자신의 미칠 것 같은 비참한 상황에 적극적으로 대처하기 위하여 슈퍼맨같이 보이려고 하는 사람도 있다. 이는 '자신의 미친것 같은 행동에 세상은 아무런 도움이 되지 않는다'는 것에서 오는 절망에 대한 방어이다. 이렇게 증오와 경멸로 자신을 방어하는 사람이 있다. 세상을 향한 증오와 경멸은 자신이 처한 비참함을 극복할 수 있다는 것에 대한 반항적이면서 강력한 대처 행동이다. 증오와 경멸은 자신이 경험하고 있는 고통을 잠재우기 위한 마약과 같다. 증오와 분노는 반복할수록 더욱 센 처방을 요구한다.

'제정신이어서는 안 돼' 금지어에서 오는 '미칠 것 같은 고통에서 벗어나는 길이 있다'는 새로운 믿음을 가진다면 놀라운 변화가 일어난다. 지금 이 순간 참자아를 경험하고 있다면 이 새로운 믿음을 가진다는 것은 결코 어려운 일이 아니다. 새로운 믿음은 '믿지 말라'의 금지어에서 벗어나는 방법과 마찬가지로 '나는 내가 믿는 사람들에게 의지하는 것은 행복한 일이다'라는 사고의 변화를 일으킬 것이다. 이 변화를 위해서는 내면의 진정한 자유가 있는 참자아를 탐구하는 것을 멈추지 말아야 한다. 참자아는 모든 변화에 동력을 제공한다. 빠른 변화는 견고하지 못하다. 처음에는 기뻐할지 모르지만 다시 과거로 되돌아가 잘못된 삶의 패턴을 다시 반복할 가능성이 높다.

이 금지어에 각본화되어 있는 사람은 개인의 삶은 분명히 영구적이고 해결할 수 없는 문제에 대처하는 데 전념해 왔다. 이것은 분명 부모의 영향이지만, 모든 부모는 자신이 가진 것을 가지고 최선을 다했고, 부모의 잘못은 '개인적인 것이 아니라는 것'을 이해한다면, 그리고 자신의 부모를 포함해서 많은 부모들이 고통스러운 어린 시절을 보냈고, 때로는 학대당했다는 사실을 이해한다면, 이 금지어를 벗어나는 최종의 해결 방법인 나에게 상처를 준 사람들에 대해 사랑을 느끼고 '용서'의 길이 열릴 것이다.

'접촉하지 말라'의 금지 각본 치유하기

'접촉하지 말라'의 금지 각본을 따르는 사람은 '나는 누구와도 접촉하지 않을 것이다'라는 신념이 있다. 그리고 '아무도 나를 건드리지 마'라는 적대적인 태도를 취한다. 이것은 현실과 마주하는 것을 두려워하기 때문이다. 이들은 항상 혼자이며, 자신의 삶을 비관적으로 바라본다. 어떠한 희망도 찾지 못하며 조금도 앞으로 나아가지 못한다.

좀 더 투쟁적으로 행동하는 사람은 '나는 충분히 혼자서 살아갈 수 있다'[132] 또는 '나는 누구의 도움 없이도 혼자서 자립할 수 있다'는 신념을 가지고 있다. 이것은 절망적인 상황에서 벗어나려는 최선의 시도이다. 그러나 표면적으로는 혼자 자립할 수 있다는 자신 있는 행동을 보이지만 여전히 '접촉하지 말라'의 금지 각본에서 벗어나지 못하고 있다. 이들은 절망적이든 반항적이든 '나는 혼자'이고 누구도 건드리지 않을 것이며, '아무도 나를 건드리지 않을 것이다'라는 결론에 도달해 있다. 이런 사람들의 삶에는 접촉이라는 것이 없다.

이들 중에는 매우 사교적인 사람도 있다. 주변에는 항상 많은 사람들이 있다. 하지만 내면적인 깊은 교류는 없기 때문에 사회 활동과 교류에서 많은 문제와 갈등이 일어난다. 이들에게는 내면에 자신과 세상에 대한 사랑과 관심의 갈망이 있지만 금지어로 말미암아 억압되어 있다.

이 금지 각본을 따르는 사람이 고통에서 벗어나 삶의 희망을 찾기 위해서는 자신이 처한 현실을 두려워하지 말고 정면으로 맞서 싸워야 한다. 진정한 현실을 바라보고 '나는 관심과 사랑받기를 원하고 필요로 하고 있다'고 하며, '나에게는 관심과 사랑을 주는 사람이 있다'는 내면의 목소리를 듣고 재결단해야 한다. 이것이 자신이 가지고 있는 문제를 해결하는 실마리가 될 것이다.

그리고 다시 성장하기 위해서 신체적으로, 언어적으로, 정서적으로 자기 자신을 수용하고 허용해야 한다.[133] 처음부터 다시 신체적·정신적으로 새롭게 성장하려는 의지를 가지고 노력할 것을 스스로 자기 자신에게 허가해야 한다. 이것이 재결단의 과정이다. 그리고 자기연민을 가지고 스스로를 격려하고 사랑하는 것이 자기치유를 길이다. 그리고 세상과 자신에게도 서로 주고받는 따뜻하고 선한 사랑이 있다는 것을 깨닫는 것이다.

생존, 삶과 죽음은 동의어다

생존에 있어서 삶과 죽음은 동의어이다. 인간은 매 순간 죽음으로 향하고 있다. 지금 이 순간순간은 결코 돌아오지 않는다. 인간은 한순간 단 한 번 산다. 다시 돌아오지 않는 단 한 번의 삶은 한순간도 헛되게 보내지 말라는 독촉장이라고 프랭클이 말했다. 이것이 삶의 의미요 가치다. 이러한 생존의 가치를 깨달을 때 비로소 자신에게 무한한 사랑을 보낼 수 있다.

이와 같은 삶의 태도는 존재 자체에 대해 애정을 가지게 한다. 그리고 세상에는 무조건적 사랑이 언제나 존재한다는 것을 깨닫게 하고 자신의 나약함을 기꺼이 드러낼 수 있는 용기를 가질 수 있다. 생존 금지 각본을 가지고 있는 사람 가운데 삶이 무가치함을 느끼고 죽음을 생각하거나 실천하는 사람이 있다. 그러나 죽음은 삶의 가장 중요한 요소이며, 삶에서 가장 중요한 것이 무엇인지 알게 한다는 사실을 이해한다면 새로운 변화가 일어날 것이다.

애플 창업자 스티브 잡스(Steve Jobs)는 '모든 외부의 기대, 자부심, 수치, 실패에 대한 두려움 등은 죽음 앞에서는 모두 사라지고 진정으로 중요한 것만 남게 된다'고 했다. 진정으로 중요한 것이란 진정으로 가치 있는 삶을 말한다. 따라서 죽음을 직시할 때 진정으로 가치 있는 삶이 무엇인지 알게 한다. 이 말은 '인간은 시간이 지나면 언젠가는 죽게 된다는 것을 자각하고 자신의 죽음을 직시할 때 비로소 본래적인 실존을 찾을 수 있다'는 하이데거의 말을 잘 이해하도록 해 준다.[134]

《이웃집에 신이 산다》는 영화에서 '인간들은 자신이 언제 죽는지 알게 된 후 인생에서 중요한 것이 무엇인지 깨달았다'는 대사가 나온다. 영화《종이의 집》에서도 '죽음의 공포를 경험하고 비로소 자기 인생에서 진정으로 중요한 것이 무엇인지 깨달았다', '죽음의 문턱에 다가가면 인생이 또렷이 보인다'라는 대사가 나온다. 이 두 영화는 하이데거의 실존철학을 생각하게 한다.

인간은 미리 경험해 본 죽음이 지금 이 순간 나의 삶을 반성하게 만들고 스스로 결단하여 새 삶을 기획하도록 만든다. 삶의 무가치함으로 죽음을 생각한다면, 죽음을 직시하는 순간 동전 뒤집듯이 죽음을 뒤집어 보라. 그림자로 드리워진 죽음의 반대편을 보라. 거기에는 밝게 빛나는 새롭고 가치 있는 것들이 보일 것이다. 죽음뿐만 아니라 삶을 고뇌에 휩싸이게 하고 고통으로 몰아넣는 모든 것들도 마찬가지이다. 종이 뒤집듯이 살짝 뒤집어 보기만 하면 된다. 특별한 힘이 필요하지도 않다. 오직 선택만이 있을 뿐이다.

　이 새로운 삶은 진정한 사랑과 함께 태초부터 당신 곁에 있었다. 이 진실은 그 누구도 빼앗아 갈 수 없는 천부적으로 주어진 인생의 선물이다. 나는 공황발작으로 기절하면서 죽음 같은 고통을 경험하였다. 그러나 나의 기절이 기적을 가져왔다. 기절을 경험한 후 나의 삶은 놀랍도록 뚜렷하게 보였고, 내 삶은 내가 자유롭게 선택할 수 있다는 것을 깨달은 기적이 일어났다. 이 경험은 '시련과 죽음 없이는 삶은 완성될 수 없다'[135]는 것을 깨닫게 했다.

애착심에 대한 성찰

애착은 아이가 부모, 특히 어머니와 연결되어 있다는 느낌을 오랫동안 유지하려고 하는 강한 유대감을 말한다. 애착행동은 '사람이 차별화하여 선호하는 어떤 개인에게 접근하는 것이 성취되거나 유지하는 모든 형태의 행동'으로 정의된다.[136] 애착 관계는 어린아이뿐만 아니라 성인에게도 중요한데, 사랑의 수준을 초월한 하나의 강한 정신적 유대감이다. 한국인에게 오래전부터 회자되어 온 정(情)이란 말로도 설명할 수 있다.

생애 초기는 부모 또는 양육자와의 관계의 질이 건강한 애착을 형성하는 매우 중요한 시기이다. 애착은 내적·정서적 관계를 통해 개인의 삶에서 이루어지는 모든 대인관계에 영향을 준다. 유아는 양육자와의 관계에서 빨기, 울기, 미소, 웃음, 안기기, 매달리기, 따라다니기 등과 같은 행동을 통해 애착심이 형성된다. 인생 초기 애착 관계에서 아이가 부모에게서 신뢰감과 지지를 받았다면, 성인이 되어서도 사회적 교류에서 신뢰 있는 긍정적 유대 관계가 이루어진다. 애착을 느낀다는 것은 안전하고 안정되어 있음을 느끼는 것이다. 대조적으로 불안정 애착을 느끼는 사람은 애착 대상에 대해 여러 가지 감정, 예컨대 강렬한 사랑, 의존, 거부당할지도 모른다는 두려움, 과민함, 조심

스러움 등이 섞인 감정을 느낀다.[137]

애착심을 가지는 것을 금지하게 하는 것들은 '친밀해지지 말라 (Don't be close)', '애착심을 느끼지 말라(Don't feel attached)', '소속되지 말라(Don't belong)', '어린애같이 굴지 말라(Don't be a child)', '감정적으로 투자하지 말라(Don't invest-emotionally)' 등이 있다. 이 모두 부모 또는 양육자가 자녀에게 애착심을 형성하는 환경과 조건을 제공하지 않을 때 발생하는 것들이다.

'애착심을 느끼지 말라'의 금지 각본 치유하기

정서적인 강한 유대감을 금지하는 '애착심을 느끼지 말라'는 '정을 주거나 받지도 말라', '사랑하는 마음을 느끼지 말라'는 뜻과 같다. 어린아이에게서 엄마와의 유대감은 처음에는 시각·촉각·청각·미각·후각 등의 오감으로 형성되다가 시간이 지날수록 결국 '엄마, 사랑해요!'와 같이 사랑이란 감정으로 발전한다. 만약 아기가 엄마와 오감에 의한 연결이 충분하지 않다면 애착심을 느끼는 데 문제가 발생할 것이다.

'애착심을 느끼지 말라!'는 금지어를 전달하는 부모는 자녀 양육에 무능력하거나 사랑보다 사회활동이나 성공에 더 관심이 많다. 사랑받기 위해서는 성공해야 한다는 왜곡된 신념을 가지고 있다. 사랑을 관심이나 인정으로 착각한다. 이런 사람들은 경쟁에 지나치게 집착하며 갈등을 투쟁으로 해결하려 하며, 지배적 성향을 보이는 사람이 있는 가 하면, 대조적으로 쉽게 포기하는 사람도 있다.

애착 금지와 관련된 메시지들은 다양하다. 부모가 아기와 스킨십을 자주 하지 않거나 젖 먹이는 시간이 불규칙하거나 아기가 울어도 내버려 두는 일이 많을 경우에도 이런 무언의 메시지가 전달된다. 자신이 사람들에게 쉽게 버림받을 것이라는 신념이 만들어지는 '친밀해지지 말라', 거절당하는 것은 힘든 일이니 '가까이 가지 말라' 또는 '함부로 애착심을 주거나 받지도 말라', 안전을 위해 가능하면 사람들과 거리를 두게 하는 메시지 '소속되지 말라', '어울리지 말라', 사람들에게 쉽게 의지하면 상처받기 쉬우므로 사람들에게 '무엇이든 원하지 말며, 마음속으로도 바라지도 말라' 등이 있다. 이런 메시지들은 직접적인 언어로도 전달되지만 비언어적·무의식적 또는 숨은 의도가 있는 이면교류로 더 많이 전달된다.

애착 금지어를 따르는 사람의 부모 자아의 오래된 목소리는 '아무도 당신을 진정으로 사랑하지 않는다'이다. 애착 금지어를 따르는 사람은 항상 혼자라고 생각하며 버림받은 기분, 상처받은 기분으로 살아간다. 아무도 자신에게 관심이 없다고 생각하고 어디에도 의지할 곳이 없다고 생각하며 항상 아웃사이더로 존재한다. 이들은 사랑으로 채워져야 할 마음 한곳이 텅 비어 있고 이를 채우기 위해 부와 권위 또는 술, 마약 등을 추구하지만 결코 채워지지 않는다. 이들의 삶은 항상 절망적이고 우울하다.

반대로 투쟁적이고 도전적인 행동을 하는 사람도 있다. 그들은 항상 완벽한 사랑을 기대하며 존재하지도 않는 이상적인 사랑을 쫓아 다닌다. 그러나 현실에서는 사랑하는 사람으로부터 좌절과 실망을 느낄 뿐이다. 사랑에 대한 집착을 소유욕으로 대체하려고 하며 애착과 관련된 조작적인 관계를 만들려고 하며 강한 지배 성향을 보인다. 때로는 자신을 무시하는 이 세상을 견뎌 내고 말리라는 강한 신념을 보인다. 따라서 이들은 자신은 어떤 경우에도 상처를 입지 않을 것이라는 신념을 가지고 즐거움과 미소로 자신의 상처를 감추고 살아간다.

실제로 이와 같은 신념들은 허망한 생각과 감정의 결과이며 진실처럼 포장한 거짓 신념이다. 인간들의 삶에는 이와 같은 포장 속에 갇혀 있는 진실이 수없이 많다. 이들의 삶의 각본은 이런 포장 속 진실이 드러나는 것을 두려워하는 데서 문제가 발생한다. 표면적인 포장의 속에는 실존적 진실이 감추어져 있는 것이다. 인간들은 이 실존적 진실을 마주하는 것이 너무나 불안하기에 필사적으로 포장하고 외면하려고 한다.

'나를 사랑하는 사람은 없어!'라는 신념은 진실이 아니라는 것을 알지만 인정하기에는 너무나 불안한 것이다. 그래서 이 불안한 진실과 마주하지 않기 위해서는 자기기만에 빠질 수밖에 없다.[138] 실존적 진실을 감추고 포장한다는 것은 그 진실이 무엇인지 안다는 것이다. 자신들의 삶의 패턴이 진실이 아니라는 것을 인정하면 지금까지 살아온 자신의 가치관과 신념이 위선이라는 것이 드러나게 되고, 그 결과로 패배자가 될 것이라는 두려움이 있다. 그래서 소유욕 또는 승부욕, 지배욕으로, 쾌락 추구로, 때로는 과도한 이타 행위나 세상을 달관한

덜미, 무엇이 나를 통제하는가

것 같은 모습으로 위장하고 감추고 포장하는 것이 계속된다.

사랑과 관심은 요구한다고 이루어지는 것이 아니다. 이들은 거절당하지 않으려고 열심히 노력하지만 사랑에 대한 갈증은 더욱 심해지기만 한다. 이런 사람은 자신의 삶을 꾸미거나 가장하는 것과 같이 조작적으로 통제하려 한다. 그러나 이런 행동은 결코 손상된 애착심을 회복시키지 못한다. 이들은 세상에는 완벽한 사랑이란 없다는 진실을 마주할 용기가 없다. 이런 사람들은 현실적으로 실현 불가능한 이상적인 사랑을 찾아 헤매고 마음은 항상 닫혀 있다. '애착심을 가지지 말라'의 금지어를 따르는 사람은 '나에게는 진실한 애정을 가진 사람들이 있다'는 새로운 믿음을 가져야 한다. 그리고 자신에게 마음을 주는 사람들을 소중히 여기고 수용하는 것이 이 금지어에서 해방되는 길이다.[139]

'친밀해지지 말라'의 금지 각본 치유하기

'친밀해지지 말라'의 금지 각본에서 벗어나는 길 역시 진실을 마주할 용기를 필요로 한다. 그 진실을 마주하면서 굳게 닫힌 마음을 열고 완벽한 사랑이란 존재하지 않는다는 것을 받아들이고 자신과 타인을 향해 따뜻하고 아낌없는 사랑을 주고받으며 살아가는 것이다. 아무 조건 없이 '내 마음은 항상 열려 있다'는 자세로 '사랑해! 좋아해! 고마워!'라는 말을 자주 하며, '따뜻한 마음을 아낌없이 베풀어야 한다.[140] 그리고 '내 삶에도 내가 진정으로 사랑하는 좋은 사람들이 있다'는 믿음을 가져야 한다.[141]

'소속되지 말라'의 금지 각본 치유하기

'소속되지 말라'의 금지 각본에서 벗어날 길은 '나는 자유롭게 함께 있을 사람들을 찾을 수 있다'는 새로운 믿음을 가지는 것이다. 자신이 좋아하는 사람들을 지속적으로 찾도록 노력해야 하며, 자신이 좋아하는 사람들에게 관심과 사랑을 주는 방법을 배워야 한다. 그리고 내 인생에서 내가 선택한 사람들에게 마음을 다해 존중하고 감사하고 기꺼이 함께 축배를 드는 것이다.

'어린애처럼 굴지 말라'의 금지 각본 치유하기

애착 금지 중에 '어린애처럼 굴지 말라'의 금지어가 있다. 우리는 어른 같은 아이를 어렵지 않게 본다. 애어른이라고도 한다. 어른들은 '대견하다'고 칭찬하기도 하고, 때로는 정신적으로 조숙한 아이라고도 한다. 부모의 교육으로 어른 같은 아이가 될 수도 있고, 동생이 많은 맏이나 어린 나이에 가장 노릇을 해야 하는 아이들도 이런 금지어를 가지고 있다.

딜미, 무엇이 나를 통제하는가

이런 아이들은 대체로 동심의 세계를 경험하지 못하거나 부족하다. 그래서 이런 아이들은 성인이 되면, 시끄러운 아이들을 귀찮아하는 등 아이들의 세계를 잘 이해하지 못한다. 모든 사람은 자라는 과정에서 '부모 자아(P)', '어른 자아(A)', '어린이 자아(C)'가 골고루 발달해야 하는데, 이 중에서 어린이 자아가 발달하지 못한 것이다. 이 금지 각본에서 벗어나는 길은 '나는 타성에 젖은 인생을 사는 것이 아니라 자유스러운 욕구를 가진 사람이다'[142], '나는 내가 바라는 무엇이든 요구할 수 있다'는 새로운 믿음을 가지는 것이다. 그러면 당신은 당신의 정서적 욕구에 대해 솔직해질 수 있게 될 것이며, 나아가 자신이 의지하는 모든 사람을 소중하게 생각할 것이다.

'감정적으로 투자하지 말라'의 금지 각본 치유하기

'자기 자신을 잘 지키는 것이 최선이다'라고 생각하는 부모는 '감정적인 투자'를 금지할 수 있다. 누군가를 위해 정신적으로 도움을 주었거나 시간을 투자했다가 큰 상처를 받은 부모일 수도 있다. 그래서 어떤 대상에게 감정적인 투자를 금지한다. 투자는 경제적인 투자에서 흔히 볼 수 있는 것처럼, 정신적인 투자도 많은 위험이 뒤따른다. 그런 위험 때문에 불안해하는 사람은 좋은 결과를 가져온다는 확신이 없으며, 때로는 자신의 모든 것을 잃어버릴지도 모른다는 불안이 있다. 정서적 투자란 항상 위험이 뒤따른다고 생각하기 때문에 철저히 이기적이 되어야 한다고 생각한다. 그래서 이들은 '나의 시간은 내가 보상받는 활동에만 쓰일 것이다'라는 신념이 있다.

'감정적으로 투자하지 말라'의 금지 각본에 얽매어 있는 사람에게 치유의 길은 세상의 모든 것은 혼자 존재할 수 없다는 것을 알면서 시작된다. 모든 존재는 서로의 관계에서 성립된다는 사르트르의 대타 존재의 개념이나 불교 연기법의 가르침에서 알 수 있듯이 인간은 결코 혼자서 살아갈 수 없다. 따라서 '나는 사람들과의 관계에서 나의 재능, 시간, 정성 등 무엇이든지 걸 수 있다'는 신념을 가지고 '나는 신뢰하는 사람에게 온 마음을 줄 수 있다'[143]고 삶의 방향을 새롭게 선택해야 한다. 그리고 자신이 사랑하는 사람에게 의식적으로 다가가고 '내가 사랑하는 사람들의 행복이 내 인생의 길잡이다'[144]라는 신념을 가지는 것이 이 금지 각본으로부터 자유로워지는 길이다.

'나는 사랑하는 능력이 있다'는 믿음

애착 금지 각본을 가지고 있는 사람은 자신의 주위에 선한 사람이 있고, 좋은 사람들이 있다는 것을 인정하지 않는 한, 관계를 조작적으로 통제하여 위선적인 행동으로 사람들과 교류한다. 이런 사람들의 마음 한편에는 진정한 사랑이 채워지지 않은 공허가 있다. 이 공허는 참자아 탐구를 통한 내적 경험의 과정에서 그대로 드러나며, 과감히 직면하는 용기가 있을 때, 자신을 초월한 새로운 신념의 선택을

덜미, 무엇이 나를 통제하는가

통한 창조적인 삶으로 나아갈 수 있다. 이들의 마음속에 공허가 생긴 이유는 어린 시절 사랑하는 법을 배우지 못했고 사랑받는 경험을 하지 못했기 때문이다.

그래서 이들은 어린 시절 사랑에 대한 그리움이 있다. 사랑은 부모와의 관계에서 배우며 자라야 한다. 사랑하는 법을 배우는 과정에서 사람은 다른 사람과의 관계를 통제하는 것과 그 결과로 나타나는 분노를 그만두게 된다. 다른 사람들의 다양한 성격을 바르게 이해하고 판단하며, 다른 사람들에게 의지함으로써 안정감을 느낄 수 있다. '모든 것은 이렇다'라는 결정론적 사고를 버리고 '모든 것을 이해할 수 있다'라는 수용하는 자세를 배워야 한다. 애착 금지어를 가지고 있는 사람은 자신이 마음속으로 상상하고 있는 이미지에 따라 관계하려는 사고에서 벗어나, 다른 사람들에게 애정으로 다가가는 사람을 인식하는 법을 배워야 한다. 인간은 태생부터 가지고 나온 자신을 창조하고 만들어 가는 천부적인 능력이 있으므로 변화는 분명히 일어난다.

인생의 모든 순간을 하나도 빼놓지 않고 후회 없이 살기는 어렵다. 그러나 사후에 천국, 지옥으로 간다거나 환생과 내생을 믿는다 하더라도 지금의 생이 미움과 증오로 가득 차 있다면 죽지 않았더라도 지금이 지옥이 아니겠는가. 카뮈가 말한 '현재라는 이름의 지옥'[145]은 이를 두고 한 말일 것이다. 사람들은 후회하면서도 지금 후회할 행동을 수없이 한다. 그래서 다시는 고통을 결과를 가져오는 삶을 되풀이하지 않으려면 살아 있는 지금 이 순간에 새로운 길을 선택해야만 한다. 선택의 자유는 누구에게나 천부적으로 주어져 있다. 그러므로 단호하고 결연한 자세로 선택해야 한다. 그러나 참자아로 깨어 있지 않으면 결코 선택할 수 있는 다양한 길이 보이지 않는다. 니체의 말을 실천하려면 내면에 자유의지를 가진 참자아를 경험하고 선택의 자유가 있음을 체득해야 한다.

이들의 삶의 변화는 사랑하는 법을 배우면서 시작된다. 사랑하는 법을 배우기로 조건 없이 선택하고 결심해야 한다. '~할 때만 사랑할 것이다'라는 말은 마음의 문을 조금만 열고 하는 말이다. 이 말은 여차하면 '사랑하지 않을 것이다'라는 말과 같다. 모든 생각·감정·판단을 내려놓고, 마음을 활짝 열고 나 자신과 상대를 향해 '고맙다', '사랑한다', '좋아한다', '나는 진심으로 당신이 필요해'라고 말하는 법을 반복해서 익힌다. 이때 마음의 문이 열리기를 간절히 기다리면 굳게 닫혀 있던 사랑이라는 마음속 비밀의 문이 열리고 마법이 일어나며 비로소 가슴이 따뜻해지고 세상을 향해 아낌없이 사랑을 베풀 수 있다. 자신에게는 진정으로 사랑하고 사랑받을 수 있는 사람이 있다는 새로운 믿음이 생겨나고, 이것이 진실이라는 것을 진정으로 받아들이게 된다.

나로 인해 소중한 사람이 고통을 받지 않는지 돌아보고 반성하는 시간을 자주 갖는다.[146] 자신에게 마음을 주는 사람이 있으면, 그 사람은 무엇보다도 자신에게 소중한 사람이라는 사실을 잊어서는 안 된다. 가족을 포함하여 자신이 사랑하는 사람, 좋아하는 사람을 부단하게 찾는다. 그런 사람에게 진심으로 관심과 사랑을 준다. 자신에게도 소망이 있다는 것을 알고, 자신이 원하는 무엇을 얼마든지 요구할 수 있다는 것을 잊지 않는다. 그럼으로써 자신의 욕구에 대해 솔직해질 수 있다. 정서적인 세계에서는 아무도 죽지 않는다. 실제로 원하고 갈망하는 것이 있다는 것은 건강하게 살아 있다는 증거이다. '나는 사랑하는 능력이 있다'고 믿음으로써 삶을 함께 나누는 모든 사람을 사랑할 수 있다.

정체감에 대한 성찰

정체감은 자신이 타인들에게 어떻게 보이는지 대한 자각이며, 자기 자신이 누구인지에 대한 주관적인 견해이다. 자기 정체감의 형성은 생애 초기부터 청소년기까지 이어진다. 정체감에 대한 확고한 인식은 자신이 누구이며 어디로 나아가고 있고 자신에게 어울리는 소속 가능한 사회를 찾고 어떻게 적응할 것인가를 판단하게 한다. 정체감은 지속적으로 가지게 되는 독립된 개체로서의 자기 경험이다. 이것은 어린 시절 사회적 교류 안에서 자신의 개인적 존재감을 인식하는 것부터 시작된다. 정체감의 형성 과정에서 어린아이들은 다른 사람들과는 구별되는 자신의 생각·감정·행동 그리고 외모를 갖고 있다는 것을 자각하게 된다.

어린아이의 정체감이 형성되는 데는 부모의 양육 태도에 결정적인 영향을 받는다. 부모는 자녀를 양육하는 과정에서 자녀의 정체감과 관련된 유무언의 메시지를 끊임없이 보내는데, 이 메시지가 긍정적인 경우는 건강한 정체감을 형성하도록 촉진하지만, 부정적인 메시지가 많을 때는 자신이 누구인지에 대한 일관된 인식을 만들어 가는 데 혼란이 일어난다.

대부분 부모는 자녀가 자라는 과정에서 자신의 소망에 부합하는 모습을 보이지 않을 때 실망하는데, 이때 '넌 내가 원하는 자식이 아니야!', '난 너의 지금의 모습을 받아들일 수 없어!'라는 언어적·비언어적 메시지를 보낸다. 이것은 언어로 직접 전달될 수도 있지만, 이면의 심리적 메시지로 전달하는 것이 더 많다. 이런 심리적 메시지는 많은 부분 무의식적으로 전달되는데, 매우 강력하다. 부모 또는 양육자가 아이의 정체감을 에누리하거나 부정하는 유무언의 메시지에는 직접적으로 정체감을 부정하는 '네가 딸(아들)로 태어나길 바랐다'로 시작하여, '그런 행동은 너답지 않아!' 등의 메시지들이 포함되어 있다.

부모로부터 정체감에 대한 부정적인 메시지를 받고 자란 사람은 자신은 타인들에게 호감을 주는 사람이 아니라는 신념이 있다. 이들은 '나는 내가 싫다'는 사고에 젖어 있기 때문에 스스로를 수용할 수 없으며, 자신을 개방하는 것을 두려워하고 수치스럽게 생각한다. 이들은 자신 내면에 있는 진정한 실존적 가치를 알지 못하고 세상에 홀로 서지 못한다. 따라서 어디엔가 소속되어 있기를 바라지만 소속되어도 소속되지 않은 유령 같은 개인으로 존재한다. 항상 그룹의 한 모퉁이에서 보이지 않게 고개 숙이며 존재한다. 타인들에게 눈에 띄는 것은 수치스러운 일이므로 자신을 감추며 살아간다.

어디에 있든지 자신은 아무런 역할을 하지 못하며 '나는 쓸모없는 존재이다'라는 신념에 사로잡혀 있다. 이들은 자신이 하는 일은 모두 잘못되었고 앞으로도 잘못될 것이라는 비관적인 생각 때문에 행동으로 옮기는 것을 두려워한다. 이들은 타고난 자아를 수용하는 용기가 없고 수치심에 사로잡혀 있고 자신의 약점을 경멸하며 우월감을 나타

내려고 거짓된 자신의 모습을 드러내려 한다.[147]

'너 자신이 되어서는 안 돼'의 금지 각본 치유하기

'너 자신이 되어서는 안 돼'의 금지어를 따르는 사람의 핵심 감정은 '나는 내가 싫다'[148]이다. 이들은 진정한 모습의 자신을 받아들이지 못하고 솔직한 자신의 모습이 드러날까 봐 두려워하고 숨기고 억제한다. 그리고 다른 사람에게 얕잡아 보이는 것이 두렵다. 상대적으로 좀 더 적극적으로 행동하는 사람은 표면적으로 드러나는 자신이 완벽한 모습으로 보이도록 노력한다. 그래야 진정한 자신의 모습을 감출 수 있기 때문이다. 그리고 '난 이런 사람이야'라는 인상을 주려고 노력한다.

이 금지어를 따르는 사람들의 공통적인 특징은 '나는 나여서는 안 돼'라는 각본이 무의식중에 있기 때문에 어디에서든지 솔직한 자신의 모습을 드러내려 하지 않으며, 자신의 정체성을 드러내는 주인공 역할을 하지 못한다는 점이다. 그리고 타인들의 시각에 맞추며 타인들의 연극, 그들이 기획한 어떤 역할을 맡는다. 삶이라는 무대에서 결코 주인공 역할을 하지 못한다.

이들이 변하기 위해서는 솔직한 자기 모습이 드러나는 것을 두려워하지 않고, 그동안 감추어 왔던 진정한 자신을 기꺼이 드러내고 인정하며, 자신의 인생에서 타인의 역할 또는 타인이 원하는 연기를 하는 배우의 역할을 그만두어야 한다. 진실은 자신의 삶에서 진정한 주역은 자신이라는 것이다. 세상이 나를 바라보는 객체가 아니라 내가 세상을 바라보는 주체가 되고 자신의 재능과 결점을 모두 수용하고, 그런 자신의 모습을 진심으로 사랑해야 한다.

'격리되지 말라'의 금지 각본 치유하기

오케스트라는 각기 다른 성격의 사람들이 각기 다른 색깔을 가진 악기로 멋진 하모니를 연출한다. 이 사회를 오케스트라로 비유하면, 각각의 악기와 연주자들은 사회 속에 있는 독립적인 한 개개인이라고 할 수 있다. 사람들은 누구나 사회 속의 일원으로 그 역할을 훌륭히 수행할 수 있으면서도 한 개인의 독립적인 정체성을 유지할 수 있으므로 '소속'되어 있으면서도 유일하고 안정적인 존재로 '분리'될 수도 있다.

탄생 초기의 유아는 자기와 엄마가 각각의 독립적인 존재라는 사실을 인식하지 못한다. 에릭 번이 말하는 자연적인 공생관계에 있는 시기이다. 아기는 조금씩 성장하면서 외부 세계에 관심을 가지고 탐색하고 의식을 확장시켜 나간다. 그리고 어머니라는 대상을 인식한다. 유아는 어머니와 떨어져 있는 시간이 늘어나면서 탄생 초기의 절대적 의존성도 감소하기 시작한다. 그리고 기어 다니면서 어머니와 자신을 신체적으로 분리할 수 있게 된다.

말러(M. Mahler)에 의하면, 유아는 어머니와 신체적으로 거리를 둘 수 있는 능력이 생기면서 진정한 심리적 탄생이 시작된다. 그리고 유아는 자신의 마음속에서 어머니가 존재한다는 믿음이 생기면서 어머니를 내면화시킨다. 드디어 아기는 어머니가 잠시 보이지 않아도 어머니의 존재를 믿으며 안심한다. 이것을 대상 항상성이라고 하며, 비로소 어머니와 자기가 서로 다른 존재라는 사실을 인식하는 분리-개별화가 이루어진다.[149] 이 분리-개별화가 제대로 이루어지지 않으면 '격리되지 말라'는 정체성 금지 각본이 만들어진다.

'격리되지 말라'의 금지어를 받고 자란 사람들은 '나는 내가 될 수 없다'[150]는 신념과 '당신이 내 곁에 있어야 비로소 내가 있다'는 신념을 갖고 있다. 이런 사람의 치유의 길은 진실을 기반으로 한 새로운 믿음을 가짐으로써 시작된다. 진실은 '나는 내가 누구인지 정의할 수 있는 유일한 사람'[151]이라는 것이다. 그리고 사람마다 각각의 가치관이 있고 서로 다를 수 있음을 인정하고 자신의 정체성을 공유하고 상대의 정체성을 배워야 한다. '나 자신이 되어라'라는 새로운 자기 내면의 목소리를 들어야 한다. 그리고 사람마다 서로 다르지만, 상호관계 속에서 나의 정체감이 드러난다는 것을 인식하면 현실적으로 느끼는 것보다 더 회복력이 크다.

덜미, 무엇이 나를 통제하는가

'원하는 것을 가지지 말라'의 금지 각본 치유하기

어린 시절에 가지고 싶었던 것, 행동하고 싶었던 것, 먹고 싶었던 것 등의 소망이나 욕구를 억제당하고 자란 사람은 '원하는 것을 가지지 말라'의 금지 각본을 가지고 있다. 이들의 핵심 신념은 '나는 내가 누구인지 모르겠다'[152]이다. 자신의 소망을 모르는 자는 자신이 누구인지 모르는 것은 당연한 귀결이다. 이런 아이들은 소망이나 욕구를 갖지 않거나 그것을 숨기고 억제하는 법을 개발한다.

삶의 태도는 '나는 다른 사람에게 인정받기 위해 나의 욕구를 포기한다'[153]는 것이다. 그래서 '나는 결코 나의 욕구를 충족시키지 못할 거야'라고 결단하게 되며 타인을 긍정적으로 바라보지만, 자신을 부정적으로 생각하는 삶의 방식이 초래된다. '원하는 것을 가지지 말라'의 금지 각본이 있는 사람은 지금 실제로 원하고 갈망하는 것들이 당신 자신에게 언제나 존재한다는 사실을 믿음으로써 진정으로 바라는 소망이 성취될 것이다.

나 자신이 가장 이상적 존재다

정체성 금지어를 받은 사람 중에는 자신의 정체성을 보여 주기 위해서 적극적으로 대처하는 사람도 있다. 도전적이거나 반항적인 행동을 보이는데, 이런 행동이 때로는 비관적인 생각이나 마음의 고통을 완화하기 때문에 반복될수록 더욱 강화된다. 이들은 진정한 자신의 내면적 가치를 드러내는 것보다, 자신은 타인들이 인정하는 우수한 존재라는 사실을 보여 주기 위해 승부욕에 집착하거나 지배적인 성향을 보이며 행동의 스케일이 크고 요란하다. 이런 거창한 행동 패턴 뒤에는 항상 수치스러운 자아가 숨어 있다. 이것이 발각될 것 같으면 더욱더 요란을 떤다. 그래서 매사 자신감이 넘쳐 보이고 아무 문제가 없는 것처럼 행동한다.

이와 대조적으로 어떤 사람은 '가만있으면 2등이라도 한다'는 식으로, 아무것도 하지 않는 것이 최선이며, 무대책으로 있는 것이 자신을 보호하는 가장 최선이라고 생각하기도 한다. 이것은 자신의 불안을 방어하는 최선의 방법이 된다. 이러한 삶의 패턴이 지속되면 최후에는 '이제 무엇을 하지?', '이제 어디로 가지?'라며 삶의 막다른 길에 설 수밖에 없다.

이들은 정체성을 에누리하고 금지하는 어린 시절 부모의 메시지로부터 자신을 지키기 위해선 자기를 폄하하고 세상에서 자신을 숨기려 했던 잘못된 선택을 폐기해야 한다. 어린 시절 잘못 선택했던 전략을 폐기하고 자유로운 의지로 새로운 선택과 창조적인 실존적 존재로 거듭나기 위해서는 태생적으로 있었던 자신의 내적 자유와 존재의 가치를 발견해야 한다. 실존적 삶이란 본래 불완전한 것이었으며, 계속적으로 순간순간 현재의 자신을 초월해 가며 변화하고 새롭게 만들어 간다는 것을 깨달아야 한다. 새로운 실존적 깨달음은 부족한 자신의 모습을 기꺼이 수용하고 스스로를 따뜻하게 품고 세상에 드러낼 수 있는 용기를 주며, 이 용기는 타인의 평가에 집착하지 않고 자신에게 내면적 가치를 지속적으로 부여하여 더 나은 정체감을 가지도록 거듭나게 한다.

이런 삶을 위한 새로운 선택은 자신의 장점과 결점 모두를 진심으로 사랑하고 '나는 나를 사랑한다', '나의 삶은 특별하고 소중하다', '나의 삶은 아름답다'는 새로운 자아의 목소리를 듣게 한다. 이로써 '너는 너 자신이 될 수 없다'는 머릿속 '부모 자아'의 은밀한 속삭임이 사라진다. 그리고 자신이 누구인지 정의할 수 있는 사람은 오직 자기 자신뿐이라는 믿음이 생기면 '너 자신이 되어라'라는 머릿속 '부모 자아'의 새로운 목소리가 들린다. 자신의 나약한 점은 결코 부끄러운 것이 아니라는 사실을 알고 자신을 향해 개방하는 자에게 기꺼이 자신도 개방한다.

자존심은 결코 영구적인 것이 아니며 그렇게 중요하지도 않다. 결코 고급 승용차나 메이커 있는 옷을 입는다고 자존심을 지킬 수 있는 것이 아니다. 자존심을 가지고 지킬 수 있는 어떤 외부적인 것에 집착하기보다는 사랑하는 사람들이 주위에 있다는 것을 항상 생각한다. 중요한 것은 '내가 존재한다'는 사실이다. 이것이 실존적 정체성이다. 그리고 새롭게 출발하여 순간순간의 징검다리를 건너가며 하나씩 하나씩 자신을 만들어 나아간다. 삶에서 어려움과 위험은 언제나 존재한다. 수치심과 두려움으로 하지 못했던 일을 찾아 용기 있게 마주한다. 충분한 만족과 안락함 안에 있지 않더라도, 풍요는 자신의 내면에 항상 존재한다는 믿음은 자신을 더욱 성숙하게 만든다.

정체성 금지어를 따르는 사람들에게는 자신의 진정한 재능과 단점이 무엇인지 학습하고 알게 되는 것이 문제를 해결하는 열쇠이다. 자기 자신이 가장 이상적인 존재라는 인식을 가진다. 자신의 상상 속에 있는 다른 사람들의 이상적 이미지는, 자신의 진정한 소망이었다는 사실을 깨닫는 것이다. 참자아의 탐구를 통한 자신의 모습을 깨닫는 것이 새로운 변화의 동력이 된다. 그리고 참자아에 대한 호기심을 가지는 것은 자기 발견의 동기가 된다. 그리고 다른 사람의 시각을 통해 드러나는 자신의 취약성을 솔직하게 받아들임으로써 자신에 대해 더 많이 알아 가게 된다. 그리고 특정 상황에 적응하는 것을 방해하는 수줍음은 자신이 원하는 것을 충족시키기 위한 자기주장 훈련으로 해결될 수 있다.

역량에 대한 성찰

역량은 재능, 기술, 솜씨 등과 같이 다양한 뜻을 포함한 총제적인 능력이다. 어린아이는 부모로부터 역량 발휘에 대한 어떤 긍정적·부정적 메시지를 받느냐에 따라 일생 동안 삶에 대한 성취를 이루어 낼 수 있느냐에 상당한 영향을 미친다. 이 메시지들은 직접적인 언어와 행동으로 전달되기도 하지만, 심리적·이면적 메시지로도 전달된다. 어린아이들은 아직 합리적이고 논리적 사고력이 발달하지 않은 상태이다. 그러나 부모가 보내는 심리적 의도를 피하기 어렵기 때문에 논리적이고 합리적인 판단보다 오직 직관력에 의해 생존 전략을 선택하고 결단한다. 이렇게 하여 일생을 살아갈 인생각본을 만든다.

역량에 대한 부모의 부정적 메시지는 자신의 객관적 모습과는 상관없이 삶에 대한 실패, 좌절 등의 고통을 야기한다. 역량 발휘를 금지하는 메시지는 다음과 같다.

● 첫째, '성공하지 말라!' 또는 '성공적이라고 느끼지 말라'이다.
'우쭐대지 마', '아직 충분하지 않아!' 등의 의미가 담긴 유무언의 메시지다.

- 둘째, '성장하지 말라!'이다.

  자녀를 과보호하는 부모는 대부분 '성장하지 말라'는 메시지를 보내고 있다. 이런 부모는 자녀를 소유의 대상으로 생각하거나, 자녀의 안위에 대한 불안을 가지고 있다. 자녀가 성장하여도 여전히 어린아이 취급을 한다. 자녀 역시 성장하여도 부모 곁을 떠날 줄 모른다.

- 셋째, '생각하지 말라!'이다.

  '바쁘다, 그만 좀 물어봐', '그런 건 몰라도 돼'라며 아이의 궁금증에 대답을 잘 안 해 준다면 '생각하지 말라'는 메시지가 된다.

- 넷째, '겨우 그 정도야', '더욱 잘해야 너를 인정할 거야'라는 메시지로 대표되는 '성공적이라고 느끼지 말라'이다.

- 다섯째, '하지 말라!'이다.

  이것은 '아무것도 안 하는 것이 엄마를 도와주는 거야'라며 무엇인가 시도하는 것을 금지하는 메시지이다.

'나는 잘할 수 있는 것이 아무것도 없어!', '아무리 노력해도 만족스럽지 않아!'[154]라고 생각하는 사람은 '성공하지 말라' 또는 '성공적이라고 느끼지 말라'의 금지어를 따르고 있는 사람이다. 이들은 작은 것들의 가치를 깨닫지 못하는 사람들이다. 이들은 절망에 빠져 허덕이거

딜마, 무엇이 나를 통제하는가

나 반대로 '반드시 성공하고 말겠다'는 도전장을 세상에 내던지고 모든 에너지를 투자하여 경쟁하고 투쟁한다. 이 싸움에 성공하더라도 또 다른 것으로부터 도전장을 받는다. 따라서 결코 투쟁을 멈출 수 없다.

이들은 내면의 한쪽 구석의 어두운 공간에 '내 삶은 본래 실패작'이라는 비밀을 가지고 있다. 설혹 삶이 표면적으로 화려하게 보이더라도 내면에는 부족한 사람, 모자란 사람, 들키지 않으려고 애쓰는 아직은 작은 사람이 있다. 이들에게 아무리 도전하고 투쟁해도 삶은 난공불락이며 불만족과 후회의 연속이고 그들이 오르려고 하는 정상은 끝이 보이지 않는다.

길을 걸을 때 지금 서 있는 곳을 보지 않고 목표 지점에만 신경 쓴다면 돌부리에 걸려 넘어질지도 모른다. 이들의 삶은 현재에 있지 않고 미래에만 있고 현재는 늘 불만족과 고뇌로 일관한다. 발을 앞으로 한 걸음 내디디면 나아간 만큼 목표를 이룬 것이고 성공한 것이다. 이것이 삶의 의미고 가치이다. 이와 같이 누구나 삶의 의미와 가치를 가지고 있으며, 지나간 시간을 되돌아보면 수많은 성취가 있었다는 것을 알게 된다.

실패는 너무나 자극적이어서 충격을 주고 작지만 가치 있는 성취들을 보지 못하게 한다. 욕망이 실패를 부추긴다. 실패는 허상이며 생각 속에서만 있다. 내면의 참자아 상태로 욕망을 내려놓으면 실패란 것이 없어지며, 작은 것의 위대함과 소중한 성취들이 수면 위로 떠오른다. 그동안 간과해 왔던 지나간 많은 작은 성취들의 가치를 발견하게 되며, 고귀한 보석이 작듯이 작은 성취들의 고귀함을 발견하게 된다. 그리고 목표는 결과가 아니라 자존감의 척도를 위한 계획과 방향이 함께 수행되는 삶의 방식이다.

'성장하지 말라'의 금지 각본 치유하기

'성장하지 말라'의 금지어를 받고 자란 사람은 대부분 어른처럼 보이려는 '성인 아이'들이다. 그들은 어린아이처럼 세상에 돌아다니는 반경이 좁다. 세상이라는 길에서 방향을 잃고 방황하기도 하며 무엇을 해야 할지 혼자서 결정하기가 어렵다. 때로는 혼란스러운 세상에서 자신을 지킬 수 있는 사람은 오직 자신뿐이라는 생각 때문에 좋은 삶의 방식을 보여 줄 모델이 있다는 것을 모른다.

이들을 변화로 이끌어 주는 동기를 주는 것은 좋은 모델을 발견하면서 생겨난다. 성인다운 좋은 성품과 재능을 가진 다른 사람들을 열심히 찾아보고 기꺼이 그들의 영향력을 받아들이고 영감을 얻는 것이다. 그리고 이들은 자라지 않고 있는 자신의 내면 아이를 스스로 재양육해야 한다. 자기 양육은 새로운 선택을 의미하며 세상에 대해 다시 배울 용기를 가짐으로써 가능하다.

'생각하지 말라'의 금지 각본 치유하기

역량 금지어 중 '생각하지 말라'는 융통성이 없는 고착된 믿음과 편견이 있는 사람으로 만든다. 이것은 자신을 방어하는 수단이 된다. 이들에게는 자아의 세 가지 속성인 생각·감정·오감 중에서 생각은 제 기능을 하지 못하고 감정과 오감만 남아 있다. 따라서 '어른 자아 (A)'가 발달되어 있지 않다. 이들의 경직되고 왜곡된 신념은 즉흥적이고 도발적인 행동으로 자기방어를 한다. 생각이 배제된 자아는 논리적이고 합리적인 판단이 어려워지고 보이는 세상은 온통 애매모호하며, 감정과 감각을 건드리는 것뿐이다.

이들은 사고의 부족으로 판단하기 어려운 애매모호한 세상을 피할 것이 아니라, 정면으로 마주하고 적당한 거리에서 주도적인 자세로 관찰하는 것을 배워야 한다. 그리고 세상이 나를 판단하게 하는 것이 아니라 내가 세상을 관찰하고 판단하는 주체라는 사실을 알게 될 때, 비로소 내가 내 마음과 생각의 주인이 된다.

'시도하지 말라'의 금지 각본 치유하기

'시도하지 말라'는 역량을 금지하는 중요한 메시지 중 하나다. 이 금지어를 따르는 사람은 '내가 하는 일은 모두 잘못될 것이다' 그러므로 '무대책으로 아무것도 하지 않는 것이 최선'이라고 생각하며 적어도 현 상황만이라도 유지할 수 있기를 기대한다. 따라서 이들의 핵심 신념은 '나는 무능하다'[155]이다. 하지만 현실은 시도하려는 것마다 온통 위험투성이므로 항상 불안한 상태에 머물러 있다. 이런 사람은 진실을 맞닥뜨릴 용기가 없다. 그의 내면에는 진정한 현실에 순응할 수 없는 잘 방어된 불안이 있다. 이것이 자신을 지키는 최선의 방법이다.

누구나 삶에는 위험이 있고 위기가 있기 마련이다. 누구나 위기를 만나고, 실패하는 경험에서 삶의 지혜를 얻게 된다. 이들에게 변화가 일어나려면 '삶에서 위험을 제거하는 것은 불가능하다'[156]는 것을 받아들이는 데 있다. 이런 사실을 기꺼이 수용해야만 비로소 삶의 진실을 바라보게 된다. 이러한 새로운 믿음을 받아들인다면 자신의 삶이 얼마나 소중하고 아름다운 것인지 알게 될 것이다. 이제 자신감이 없어서, 불안으로 해 보지 못한 일을 기꺼이 찾아 부딪혀 보라. 삶이란 안전하고 안락한 것 이상으로 풍요하다는 내면의 목소리를 들을 것이다.

이들에게 변화는 진실을 발견하고 받아들이고 삶의 방향을 새롭게 선택하는 데 있다. 지금까지 가지고 있던 신념은 모두 그럴듯한 거짓에 속고 있었는데, 그 이유는 어린 시절 만들어진 각본 때문이다. 이 각본을 허물 벗듯이 과감하게 벗어 버려야 한다. 역시 내면의 가장 깊은 곳에 있는 참자아로 있을 때 진실을 볼 수 있으며, 지금까지 여겨 왔던 삶에 대한 생각과 감정, 행동들은 모두 진실을 두려워하는 데서 만든 허상에 불과함을 깨닫게 된다. 이 허상들을 과감히 깨뜨리고 내면에 있는 자유의 공간으로 들어가야 한다. 이때 비로소 새로운

덫미, 무엇이 나를 통제하는가

경험을 위한 새로운 선택이 가능하며, 자신을 초월할 수 있고 새롭게 창조할 수 있다.

인간의 삶은 이미 결정된 것이 아니었다. 인간은 태초에는 아무것도 아닌 무(無)에서 출발하여 하나씩 하나씩 만들어 가며 자신의 본질을 구체화해 나간다는 것을 깨닫는 순간, 무로 돌아가 다시 출발할 수 있다. 이렇게 무에서 새롭게 만들어 가는 자신은 예술 작품이나 다를 바 없으며, 삶은 예술 그 자체가 된다. 삶이란 충분하지 않고 모호하고 불안정하다는 진실을 마주할 용기가 있을 때, 비록 작은 것이라 할지라도 세상에 흔적을 남길 수 있다.

오직 나만이 나의 관리인

카뮈는 인간은 '현재라는 이름의 지옥'[157]에 살고 있다고 했다. 불교는 인간의 삶은 생로병사의 고통이 있으며, 이 고통에서 벗어나는 길을 알려 준다. 기독교는 인간에게는 원죄가 있어 원죄에서 구원해 준다고 한다. 불교에서의 고통, 기독교의 원죄, 이것은 카뮈가 말하는 '현재라는 이름의 지옥'이 아니겠는가. 이 지옥은 카뮈가 말하는 절망을 가져온다. 그러나 카뮈는 말한다. '삶에 대한 절망 없이, 삶에 대한 사랑도 없다'고.

절망의 속성은 '모든 것은 끝났다'이다. 하지만 절망을 현미경으로 자세히 들여다보면 원점(무)에서 새롭게 삶을 창조하는 세포분열이 일어나고 있음을 볼 수 있다고 감히 단언한다. 그래서 '무로부터 다시 시작하라'는 메시지가 들어 있으며, 절망은 모든 가능성을 잉태하고 있다는 진실을 믿으라. 그리고 카뮈에 의하면 인간이 살아가는 이 세계는 모두 '부조리의 상태'에 있고, 항상 '부조리의 상황'을 만들어 내고 있다. 그래서 인간은 부조리에 과감히 반항하는 인간으로 살아감으로써 창조적 인간이 될 수 있다고 말했다.

카뮈의 소설 《이방인》의 주인공 뫼르소는 사형을 앞둔 좁은 감옥에서 행복하기로 선택했다.[158] 또 시지프스의 신화에서 시지프스는 무거운 바위를 산 정상에 올리는 형벌을 받았는데 바위는 정상 가까이만 가면 다시 굴러떨어진다. 이것은 분명 부조리하다. 그러나 여기서 시지프스가 자신이 바위를 정상으로 끌고 올라가는 과정이 자신의 삶의 본질이고 그 과정에서 보람을 느끼고 행복을 느낀다면, 신의 형벌은 아무 의미가 없어질 것이다. 행복은 주어지는 것이 아니라 스스로 선택하는 것이다. 주어지는 행복은 결코 자신의 것이 아니다. 카뮈는 말한다.

"시지프스의 소리 없는 기쁨은 송두리째 여기에 있다. 그의 운명은 그의 것이다. 그의 바위는 그의 것이다."[159]

우리는 항상 그의 짐의 무게를 다시 발견한다. 그러나 시지프스는 신들을 부정하며 바위를 들어 올리는 고귀한 성실성을 가르친다.[160] 이처럼 우리는 불만투성이인 것에서, 불합리하다고 생각했던 것에서 진

덜미, 무엇이 나를 통제하는가

리를 발견할 수 있다.

당신이 잊고 있었던 크고 작은 성과들을 회상하고 소유하라. 씨앗을 생각해 보라. 아주 작은 것에 엄청난 에너지와 희망과 가능성이 있다. 사소한 것으로 도움이 되지 않는다고 간과했던 작은 성과도 큰 가치가 있다는 것을 깨달아야 한다. 세상에 혼자 서 있는 당신은 지금 있는 그대로 가장 위대하고 존엄하다. 이런 자신을 스스로 격려하고 사랑하라. 지식은 지혜를 주지 못한다. 당신이 넘어지고 일어서면서 걸어온 그 길에 지혜가 있다.

반두라*는 자기효능감을 높이는 방법의 하나로 모델링을 제시했다. 모델링은 '저 사람들이 할 수 있다면 나도 할 수 있겠다'는 식으로 경험된다. 대리적 경험이라고도 한다.[161] 타인에게서 존경할 만한 모델을 찾고, 그 모델의 영향력을 받아들이고 내 것을 만들어라. 꾸준한 참자아의 탐구는 '오직 나만이 나의 관리인'이라는 사실을 알게 한다. 그래서 모호함들 속에서 확신을 얻을 수 있는 DNA를 발견한다. 고통이라고 모두 나의 잘못이 아니다. '내 삶은 내 것'이라는 진실을 믿음으로써 성실하게 살아갈 수 있고 자기 자신을 존경할 수 있고 새로운 삶을 창조할 수 있다.

---

* 앨버트 반두라(Albert Bandura, 1925~2021) : 미국의 현대교육심리학 분야의 석학. 사회학습이론의 주창자.

안전에 대한 성찰

실존적 자유는 불안을 동반하고, 이 자유에는 위험이 도사리고 있다. 안전과 위험은 빛과 그림자, 선과 악처럼 필연적으로 동반하는 것이다. 만약 선과 악을 모두 보는 눈이 있으면 세상 전체를 보는 눈이 있는 것이고 현명한 판단을 내릴 수 있다. 만약 선한 것만 보고 살아온 사람이 있다면 지혜로운 사람이 될 수 있을까 자문해 볼 필요가 있다. 안전도 마찬가지로 안전한 것만 추구하고 안전한 환경에서만 성장한 사람이 인생행로에서 지혜로운 판단을 할 수 없을 것이다. 때때로 크고 작은 위험들은 지혜를 가르쳐 준다. 진정으로 원하는 자유로운 삶을 살아가려면 안전성을 포기해야 한다. 이것이 실존적 삶이다. 안전과 위험을 초월하는 열린 태도로 살아가는 것이 지혜로운 삶이다.

대부분의 부모들은 자녀들이 항상 안전한 상태에 있기를 원한다. 안전하게 보호해야 불의의 사고를 방지할 수 있다. 당연한 사고방식이며 합리적인 생각이다. 그러나 사고에 예민한 부모는 다르다. 세상에는 위험한 것들이 가득 차 있으므로 아이들의 신변 안전을 위해 긴장을 멈추어서는 안 된다고 생각한다. 사고나 위험에 예민한 부모들은 군인들이 방탄복을 입듯이 아이들에게 심리적 방탄복을 입힌다. 언제 위험이 닥칠지 모르니 삶은 즐길 만큼 여유가 없다.

그런 부모들은 다음과 같은 메시지를 자녀들에게 보낸다. '함부로 즐기거나 값싼 감정에 빠져들지 말라. 감사하다고 느끼기에는 아직 부족하고 행복하다고 느끼기에는 아직 해야 할 일이 너무 많다.' 이 모두 그럴듯한 거짓이다. 하지만 부모들은 이것이 진실이라고 믿도록 만든다. 자녀들이 이것을 받아들이겠다는 선택을 하게 되면 일생 동안 삶의 척도가 된다.

'즐기지 말라'의 금지 각본 치유하기

어린 시절 '즐기지 말라'의 메시지를 받았던 사람은 항상 바쁘고 여유가 없고 안달하고 서두름으로써 즐기지 않는 자신의 삶을 대신한다. 바쁘게 사는 것이 고통을 잊는 방법이라고 자신을 위로한다. 즐거움 없는 삶은 공허할 뿐이다.[162] 이 공허를 채우기 위한 방법으로 일에 빠져 있다. 강박적으로 일을 하며 자신의 일이 완성되면 즐거운 세상이 될 것이라고 믿는다.

그러나 삶의 본질이 미완이므로 그런 날은 결코 오지 않는다. 기쁨은 존재하지만 내 통제하에 있지 않다. 삶의 과정에는 크고 작은 기쁨은 언제나 존재한다. 이런 기쁨의 순간을 간직하고 음미해야 한다.[163] 실존주의에 의하면 삶은 본래 결핍상태에 있고 이 결핍을 채우기 위해 자신을 극복하고 초월하며 창조해 나가는 것이라 했다. 결핍은 결코 완전히 채워지지 않으므로 지속적으로 채워 나가고 만들어

가며 끊임없이 성숙해 가는 것이다. 결핍이 없다면 삶도 없다. 그래서 삶이란 성숙해 가는 과정이며, 순간순간 성숙해 가는 과정에 기쁨이 있고 풍요로움이 있다.

'감사하지 말라'의 금지 각본 치유하기

'감사하지 말라'의 금지어를 따르는 사람 역시 자신의 성과에 항상 불만족하며 만족을 추구하기 위해 욕망에 사로잡혀 산다. 그래서 '나는 하찮은 자가 아니다. 나는 모든 욕망을 이룰 것이다'라고 결심한다. 그러나 풍요는 존재하지만 더 많은 것을 얻기 위한 기능이 아니라는 사실을 깨달을 때 비로소 감사하는 마음이 생겨난다.[164]

'느끼지 말라'의 금지 각본 치유하기

'느끼지 말라'의 메시지를 받고 자란 사람은 항상 정서에 메말라 있다. 자아의 속성인 생각·감정·오감에서 감정이 빠져 있다. 따라서 감정이 주된 속성인 '어린이 자아(C)'가 발달되어 있지 않다. 이 메마른 감정을 극복하기 위해 무슨 일이든지 가리지 않고 하지만, 그들은 따뜻한 정서를 생산하지 못하는 기계적이고 맹목적인 일에 몰두할 뿐이다.

그리고 세상은 위험투성이다. 현실에서는 안전하다고 생각해도 사고는 일어나기 마련이고 고통이 뒤따른다. 이들은 삶은 고통의 연속이고 슬프지만 반드시 행복한 삶을 쟁취할 것이라고 다짐한다. 행복은 쟁취하는 것이 아니라 예술 작품처럼 창조한다는 것을 모른다. 행복은 긍정적 태도에서 비롯된다는 것도 알지만, 그 긍정의 에너지는 내면에 있다는 것을 모르고 외부에서 찾고 있으며, 거의 강박적이다. 결과적으로 이들의 삶은 절망에 빠지거나 투쟁적인데, 언젠가는 이것이 틀렸다는 것을 자신들의 행동으로 증명하게 되지만 그때는 이미 늦었다.

'느끼지 말라'의 감정 금지 각본을 따르는 사람은 감정 표현에 서툴고, 감정을 표현하는 것은 품격이 떨어지고 점잖지 못하고 가벼운 행동이라고 생각한다. 날씨는 늘 변화무쌍하다. 감정도 마찬가지다. 감정이 변화무쌍하고 날씨처럼 혼화하다가 비바람도 분다. 그러나 감정의 세계에서는 아무도 죽지 않는다. 변화무쌍한 감정은 인간 세계의 자연법칙이다. 자신이나 타인의 감정을 있는 그대로 솔직히 받아들이고 표현할 때 삶은 여유로워진다. 모든 인간은 감정을 가질 권리가 있다.[165]

인간이 살아가는 세상에 절대적 안전이란 없다. 절대적 안전은 허상이고 허구다.[166] 인간은 안전하지 않기 때문에 성실하게 살아간다. 세상이 완벽하게 안전하다면 인간이 할 일이 없으며, 인간이 삶을 영위할 이유도 없다. 즐거운 세상을 만드는 것이 목표인가? 기쁨과 고통은 분명히 존재하지만 우리의 통제하에 있지 않으며, 기쁨을 목표로 살아갈 수는 없다. 기쁨은 삶의 과정에서 나타나는 하나의 현상이다. 순간순간 자기 자신을 극복하고 초월하여 변화하고 스스로 만들어 가는 자유정신을 가진 실존적 인간이야말로 진정한 기쁨이 무엇인지 안다.

만약 기쁨의 순간이 온다면 충분히 인식하고 음미하면 된다.[167] 그리고 기쁨의 순간이 지나가면 창가의 풍경이 지나가는 것처럼 바라본다. 그러면 또 다른 멋진 풍경이 창가로 다가오듯 새로운 기쁨이 다가온다. 기쁨, 슬픔, 고통, 고뇌, 두려움 등도 그렇게 왔다 가기를 반복한다. 자유정신을 가지고 있다면 이 모든 것들은 풍요로운 삶을 위한 레시피로 활용할 수 있다. 고통이 다가오면 고통을 자기 극복의 징검다리로 만들어 딛고 건너갈 수 있다. 이것이 자기 초월이고 실존적 삶이다.

아무것도 이루어 놓은 것이 없거나 너무나 미흡하더라도 자신을 사랑해야 한다. 바람에 맞서는 연처럼 살아가야 한다. 연은 높은 곳에 올라갈수록 더 거센 바람을 만나고 더 멋지게 난다. 이런 자세가 자기를 극복하는 것이며 초월하는 것이다. 더 많이 얻고 가지는 것이 풍요가 아니다. 풍요는 우리의 내면의 깊은 곳에 이미 존재하고 있다. 경쟁과 소유를 부채질하는 현대 사회는 이 내면의 풍요로움을 망각하게 하는 탐욕이라는 바이러스에 감염되어 있다. 우리 내면의 풍요로움을 알지 못한다면 부질없는 권력과 소유와 쾌락을 추구할 것이며, 이 추구는 항상 불만과 고통을 야기한다.

기쁨이 미래의 목표가 되어서는 안 되듯이 만족이 미래의 목표가 되어서는 안 된다. 이루어 놓은 성과가 얼마이든 간에 항상 지금에

딜미, 무엇이 나를 통제하는가

만족하고 감사하는 것이 올바른 삶의 자세다. 이것은 위대한 인류의 모든 스승들이 공통적으로 하는 말이다. 이런 만족과 감사에서 삶의 의미와 가치를 깨닫는다. 이런 삶의 태도가 순간순간 자신을 초월하고 극복하며 성숙한 삶을 창조할 수 있다.

'긴장을 풀지 말라'의 금지 각본 치유하기

'긴장을 풀지 말라'의 안전 금지 각본을 따르는 사람은 끝없는 경계심으로 살아간다. 삶은 위협과 위험으로 가득 차 있다고 생각하기 때문에 항상 불안 속에 살고 있다.[168] 세상은 안전하지 않기 때문에 조금이라도 경계를 늦추면 위험에 빠진다고 생각하므로 매 순간순간이 고통이다. 그러나 생각을 바꾸어 보면 지금 살아 있다는 것은 지나간 시간마다 위험에 잘 대처했기 때문이라는 사실을 알게 된다.[169] 이 기억들을 되살려 보고 마음속에 항상 간직하라.

긴장감을 가지고 있다는 것은 자신을 보호하는 매우 좋은 태도이다. 안전을 위해 적절한 긴장감은 반드시 필요하다. 지금 현재의 모습이 어떠하든 간에 당신의 내면의 중심에는 영웅이 존재한다. 마음 수행을 통해서 내면의 영웅을 만나 보라. 당신은 강하고 삶을 잘 관리할 수 있는 능력이 당신의 내면에 있다. 이 영웅은 곧 자기 자신이다.

역설적이게도, 이러한 금지 각본의 해결의 주요한 요점은, 삶에 있어서 고통이란 왕자와 개구리처럼 차별을 두지 않고 누구에게나 똑같이 찾아오는 자연적 영향이라는 것을 수용하는 것이다. 이는 가혹한 현실에 대한 중압감을 덜어 준다.

모든 축복은 지금 이 순간에 있다

'세상은 안전하지 않다'는 각본을 가진 사람은 위험으로부터 자신을 보호하려는 수단인 권력과 부를 추구하는 대신, 자신의 취약하다고 생각되는 삶 속에도 부지불식간에 감사·기억·연민·배려·공감을 사용하고 있다는 사실을 이해해야 한다. 그들은 우월과 자존감으로 다른 사람들과 구별하려는 감정보다는 사람들과 만나는 모든 면에서 때로는 허약하고 때로는 강인한 자신의 실존적 모습을 발견하고 허가하고 수용함으로써 위험이라는 파도를 타고 인생을 순항할 수 있다.

윈드서핑을 하는 사람들은 파도가 클수록 중심을 더 잘 잡고 거대한 파도를 유유자적하게 탄다. 이때 윈드서퍼들은 생각·감정·오감에 사로잡혀 있지 않고 오직 지금 이 순간 참자아로 있기 때문에 파도 위에서 자유를 누리는 것이 가능한 것이다. 파도가 위험한 것이 분명하지만 그 파도 속에서 얼마든지 자유를 누릴 수 있는 방법이 있다는 것이다. 잊지 말아야 할 것은 참자아로 있기 위해서는 윈드서퍼들이 훈련하는 것처럼 많은 노력이 필요하다.

모든 축복이란 지금 이 순간에 있다고 생각함으로써 여유를 가지고, 즐기고 감사할 수 있다. 안전은 꿈속의 미래에 이루어지는 것이 아니라, 모든 결함과 함께 있는 현재에 달성된 상태이다. 풍요는 외부 세계에 있는 것이 아니라 자신의 내면에 있다. 그리고 풍요는 항상 존재하지만 결코 더 많은 것을 얻기 위한 기능이 아니다.[170] 자신의 인생 자체를 축복으로 생각하며 감사히 여기고, 자신의 삶 속에 있는 모든 것을 소중히 여김으로써 이 금지 각본에서 비롯된 고통으로부터 벗어날 수 있다.

어린 시절 '행복 금지'의 메시지를 받고 성장한 사람은 '행복은 사치다', '나는 행복하지 않다'는 각본을 가지고 있다. 이런 사람에게는 삶이란 곧 슬픔이다. 어린 시절부터 살아온 과거가 고달픔의 연속이었을지도 모른다. '삶은 슬프다'라고 결단한 사람은 행복은 결코 외부에 있지 않다는 것을 깨달을 때 변화가 시작된다. 행복은 자신의 내면에 있음을 깨닫는 것이 건강한 삶의 필수 조건이다. 가장 중요한 것은 우리의 상황과 별개로 행복은 항상 존재한다는 것이다. 그리고 행복은 현재에만 가능하며, 하나의 숙련임을 잊지 않는다.[171]

참고 문헌

• 공병혜(2018). 몸의 기억과 자기 정체성. 현상학과 현대철학 78, 2018.9, 149-178.

• 김경미(2013). 드라마로 풀어보는 교류분석 이야기. ㈜한국학술정보(파주)

• 김규수, 류태보(1998). 교류분석치료. 형설출판사(서울)

• 김장희, 이영호(2019). 교류분석상담. ㈜학지사(서울)

•• 김진(2018). 에른스트 블로흐와 희망의 원리. UUP(울산대학교출판부)

• 문영주(2015). 교류분상담의 인생각본치료. 도서출판 아카데미아(안양)

• 박미현, 전우경, 이영호(2017). T.A.P.T 교류분석 부모훈련 프로그램. 도서출판 아카데미아(안양)

• 변광배(2023). 내 삶의 주인이 된다는 것 : 자유의 철학자 사르트르가 말하다. 도서출판 동녘(파주)

• 변광배(2013). 사르트르, 존재와 무 : 자유를 향한 실존적 탐색. ㈜살림출판사(파주)

• 변광배(2013). 장 폴 사르트르, 시선과 타자. ㈜살림출판사(파주)

• 송준석(2018). 수동성과 게임치료. 도서출판 아카데미아(안양)

• 송현정(2014). 대부모 애착, 부모의 부정적 정서와 유아의 문제행동 간의
  구조적 관계. 박사학위논문. 경북대학교 대학원

• 송희자(2010). 교류분석개론. ㈜시그마프레스(서울)

• 신명희 외(2002). 교육심리학. ㈜학지사(서울)

• 안광복(2021). 한 권으로 읽는 서양철학사. ㈜어크로스출판그룹(서울)

• 우재현(2007). 심성개발을 위한 교류분석(TA) 프로그램. 정암서원(대구)

• 우재현(2007). 임상교류분석(TA) 프로그램. 정암서원(대구)

• 유영미(2004). 어머니의 양육체계와 유아의 애착체계간의 관계. 박사학위
  논문. 연세대학교 대학원

• 이동영, 김남옥, 추석호, 이수연, 김규식(2005). 교류분석: 이론과 실제. 중
  앙적성출판사(서울)

• 이영호, 박미현(2012). 관계의 미학, TA. ㈜학지사(서울)

• 이서규(2015). 삶과 실존철학. 서광사(파주)

• 정원철, 오영림(2017). 전문가를 위한 교류분석과 정신병리. 도서출판 아카

데미아(안양)

• 백승훈(1977). 칸트와 독일관념론의 자아의식 이론. 도서출판 서광사(파주)

• 안상혁(2014). 키에르케고어 철학에 있어서 불안과 자유의 의미. 박사학위 논문. 홍익대학교 대학원 미학과

• 한국야스퍼스학회(2008). 비극적 실존의 치유자. 철학과 현실사(서울)

• 伊藤 亞紗 이토 아사(2019). 記憶する体. 기억하는 몸. 김경원 역(2020). ㈜ 현암사(서울)

• 齋藤孝 사이토 다카시(2008). Zayu no Nietzsche topparyoku ga minitsuku hon. 곁에 두고 읽는 니체. 이정은 역(2015). ㈜홍익출판사 (서울)

• 提久美子 쓰쓰미 구미코(2018). 超解釋サルトルの教え. 책임은 어떻게 삶을 성장시키는가 : 행동하는 철학자 사르트르에게 배우는 인생 수업. 전경아 역(2021). ㈜더블북코리아(서울)

• Albert Camus(1942). L'Etranger. 이방인. 김화영 역(2022). ㈜민음사(서울)

• Albert Camus(1942). Le Mythe de Sisyphe. 시지프 신화. 김화영 역 (2022). ㈜민음사(서울)

• Alvaro Bilbao(2015). El cerebro del niño explicado a los padr. 아이 인생의 골든 타임, 첫 6년의 뇌. 남진희 역(2019). 천문장

• Bessel van der Kolk(2014). The Body keeps the Score. 몸은 기억한다. 제효영 역(2016). 을류문화사(서울)

• Christine Lister—Ford(2002). Skills in Transactional Analysis Counselling & Psychotherapy. TA 상담과 심리치료 기법. 박의순, 이진선 역(2010). ㈜시그마프레스(서울)

• Didier Anzieu(1995). Le Moi—peau. 피부자아. 권정아, 안석 역(2008). 인간희극(서울)

• Emmanuel Levinas(1979). Le Temps et L'autre. 시간과 타자. 강영안 역(2018). ㈜문예출판사(서울)

• Eric Bern(1964). Games People play. 심리게임. 조혜정 역(2011). 교양인(서울)

• Eric Bern(1972) What Do You Say After You Say Hello?. 당신은 인사 후에 무슨 말을 합니까? 송희자, 이성구 역(2017). 도서출판 아카데미아(안양)

• Erick H, Erickson(1985). Choldhood and Society. 유년기와 사회. 송제훈 역(2020). 연암서가(고양)

• F. W. Nietzsche(1887). 도덕의 계보학. 김정현 역(2009). 니체전집 14, 책세상(서울)

• Frank L. Summers(1994). Object relation theories and psycholpathology. 대상관계 이론과 정신병리학. 이재훈 역(2004). 한국

심리치료연구소(서울)

• Frank Summmers(1994). Object Relational Theories and Psychopathology. 대상관계 이론과 정신병리학. 이재훈 역(2004). 한국심리치료연구소(서울)

• Gary Cox(2009). How to Be an Existentialist, 실존주의자로 사는 법, 지여울 역(2012), 황소걸음(서울)

• Gregory Bateson(2000). Steps to an ecology of mind. 마음의 생태학. 박대식 역(2006). 책세상(서울)

• Ian Stewart(1992). ERIC BERN. 에릭 번. 박현주 역(2009). ㈜학지사(서울)

• Ian Stewart(1996). Developing Transactional Analysis Counselling. 교류분석 상담의 적용. 한국교류분석임상연구회 역(2009). ㈜학지사(서울)

• Ian Stewart, Vann Joines(1987). TA Today: A New Introduction Transactional Analysis. 현대교류분석. 제석봉, 최외선, 김갑숙, 윤대영 역(2011). ㈜학지사(서울)

• Jean-Paul Sartre(1938). La Nausee/Les Mots. 구토/말. 이희영 역(2020). 동서문화사(서울)

• Jean-Paul Sartre(1996). L'existentialisme est un humanisme (1996). 실존주의는 휴머니즘이다. 박정태 역(2008). ㈜이학사(서울)

• Jeremy Holmes(1993). John Bowlby and Attachment. 존 볼비와 애착

덜미, 무엇이 나를 통제하는가

이론. 이경숙 역(2020). ㈜학지사(서울)

• Joe Vitale & Ihaleakala Hew Len(2007). Zero Limits. 호오포노포노의 비밀, 황소연 역(2009). 눈과 마음(서울)

• John R. McNeel(2010). Understanding the Power of Injunctive Messages and How They are Resolved in Redecision Therapy. Transactional Analysis Journal, 40:2, 159–169

• John and Penny McNeel(2023). Master Table evolution. The Difficulties created by the injunctive messages and the path to healing. https://www.aspiringtokindness.com

• Jon Kabat-Zinn(2013). Full Catastrophe Living. 마음챙김 명상과 자기 치유(上). 김교헌, 김정호, 장현갑 역(2022). 학지사(서울)

• Kirk Schneider(2010). Existential-Humanistic Therapy. 실존적 인간 중심 치료. 신성만, 황인식 역(2017). 유원북스(서울)

• Mary M. Goulding. Robert L. Goulding(1979). Changing Lives through Redecision Therapy. 再決斷治療. 우재현 역(1993). 정암서원 (대구)

• Michael A. Singer(2007). The Untethered Soul. 상처받지 않는 영혼. 이균형 역(2021). 라이팅하우스(서울)

• Michael St. Clair(2004). Object Relations and self psychology. 대상관 계이론과 자기심리학. 안석모 역(2015). 박학사(서울)

• Rosemary Napper, Trudi Newton(2012). TA 개념과 학습 전략 (TACTICS). 송희자, 이성구 역(2014). 아카데미아(안양)

• Rüdiger Safranski(2000). Niezsche. Biographie seines Denkens. 니체 그의 사상의 전기. 오윤희, 육혜원 역(2018). 꿈결(서울)

• Stephen R. Covey(1989). The seven habits of highly effective people. 성공하는 사람들의 7가지 습관. 김경섭 역(1994). 김영사(파주)

• Stephen R. Covey(2004). The 8th habit : From effectiveness to greatness. 성공하는 사람들의 8번째 습관. 김경섭 역(2005). 김영사(파주)

• Thomas A. Harris(1969). I'm OK–You're OK. 아임 오케이 유어 오케이. 이영호, 박미현 역(2020). ㈜학지사(서울)

• Viktor E. Frank(1986). Doctor and The soul. 프랭클 실존분석과 로고테라피. 심일섭 역(2011). 도서출판 한글(서울)

• Viktor E. Frank(1988). The Will to Meaning. 빅터 프랭클의 삶의 의미를 찾아서. 이시형 역(2016). 청아출판사(파주)

• Viktor E. Frankl(2006). Man's search for meaning. 빅터 프랭클의 죽음의 수용소에서. 이시형 역(2020). 청아출판사(파주)

• Visnumasarman(about 2000 years ago). Pancatantra. Translate the Sanskrit to English by Arthur William Ryder (1964). The University of Chicago Press, Ltd, London

• William F. Cornell, Anne de Graaf, Trudi Newton, Moniek
Thunnissen(2016). Into TA. 최신 교류분석. 송희자, 이성구, 이은주, 이
진동 역(2018). ㈜시그마프레스(서울)

• 伊藤 亞紗 이토 아사(2019). 記憶する体. 기억하는 몸. 김경원 역(2020). ㈜
현암사(서울)

미주

1 | 변광배(2013). 사르트르: 존재와 무-자유를 향한 실존적 탐색. ㈜살림 출판사, p.33

2 | William F. Cornell, Anne de Graaf, Trudi Newton, Moniek Thunnissen(2016). Into TA. 최신 교류분석. 송희자, 이성구, 이은주, 이진동 역(2018). 서울: ㈜시그마프레스, P.138

3 | William F. Cornell, Anne de Graaf, Trudi Newton, Moniek Thunnissen(2016). Into TA. 최신 교류분석. 송희자, 이성구, 이은주, 이진동 역(2018). 서울: ㈜시그마프레스, P. 138

4 | Gary Cox(2009). How to Be an Existentialist. 실존주의자로 사는 법. 지여울 역(2012). 황소걸음(서울), P.195

5 | 공병혜(2018). 몸의 기억과 자기 정체성. 현상학과 현대철학 78, 2018.9, 149-178, P.150~152

6 | 공병혜(2018). 몸의 기억과 자기 정체성. 현상학과 현대철학 78, 2018.9, 149-178, P.153

7 | 伊藤 亞紗 이토 아사(2019). 記憶する体. 기억하는 몸. 김경원 역(2020). 서울: ㈜현암사, P.85

8 | 인간의 기억술만큼 더 무섭고 섬뜩한 것은 없을 것이다 … 끊임없이 고통을 주는 것만이 기억에 남는다. F. W. Nietzsche(1887). 도덕의 계보학. 김정현 역(2009). 니체전집 14. 책세상, P.400

9 | 공병혜(2018). 몸의 기억과 자기 정체성. 현상학과 현대철학 78, 2018.9, 149-178. P.153

10 | DidierAnzieu(1995). Le Moi-peau. 피부자아. 권정아, 안석 역(2008). 서울: 인간희극, P.46

11 | Didier Anzieu(1995). LeMoi-peau. 피부자아. 권정아, 안석 역(2008). 서울: 인간희극. P.116

12 | Didier Anzieu(1995). Le Moi-peau. 피부자아. 권정아, 안석 역(2008). 서울: 인간희극, P.118

13 | Didier Anzieu(1995). Le Moi-peau. 피부자아. 권정아, 안석 역(2008). 서울: 인간희극. P.20

14 | Eric Bern(1972) What Do You Say After You Say Hello?. 당신은 인사 후에 무슨 말을 합니까? 송희자, 이성구 역(2017). 안양: 도서출판 아카데미아, P.53

15 | William F. Cornell, Anne de Graaf, Trudi Newton, Moniek Thunnissen(2016). Into TA. 최신 교류분석. 송희자, 이성구, 이은주, 이진동 역(2018). 서울: ㈜시그마프레스, P.142

16 | William F. Cornell, Anne de Graaf, Trudi Newton, Moniek

Thunnissen(2016). Into TA. 최신 교류분석. 송희자, 이성구, 이은주, 이진동 역(2018). 서울: ㈜시그마프레스, P.143

17 | William F. Cornell, Anne de Graaf, Trudi Newton, Moniek Thunnissen(2016). Into TA. 최신 교류분석. 송희자, 이성구, 이은주, 이진동 역(2018). 서울: ㈜시그마프레스, P.139

18 | Eric Bern(1972) What Do You SayAfter You Say Hello?. 당신은 인사 후에 무슨 말을 합니까? 송희자, 이성구 역(2017). 안양: 도서출판 아카데미아, P.60

19 | Eric Bern(1972) What Do You Say After You Say Hello?. 당신은 인사 후에 무슨 말을 합니까? 송희자, 이성구 역(2017). 안양: 도서출판 아카데미아, P.61

20 | Eric Bern(1972) What Do You Say After You Say Hello?. 당신은 인사 후에 무슨 말을 합니까? 송희자, 이성구 역(2017). 안양: 도서출판 아카데미아, P.61

21 | Eric Bern(1972) What Do You Say After You Say Hello?. 당신은 인사 후에 무슨 말을 합니까? 송희자, 이성구 역(2017). 안양: 도서출판 아카데미아, P.62

22 | Eric Bern(1972) What Do You Say After You Say Hello?. 당신은 인사 후에 무슨 말을 합니까? 송희자, 이성구 역(2017). 안양: 도서출판 아카데미아, P.62

23 | Eric Bern(1972) What Do You Say After You Say Hello?. 당신은

덜미, 무엇이 나를 통제하는가

인사 후에 무슨 말을 합니까? 송희자, 이성구 역(2017). 안양: 도서출판 아카데미아, P.78

24 | Eric Bern(1972) What Do You Say After You Say Hello?. 당신은 인사 후에 무슨 말을 합니까? 송희자, 이성구 역(2017). 안양: 도서출판 아카데미아, P.79

25 | Eric Bern(1972) What Do You Say After You Say Hello?. 당신은 인사 후에 무슨 말을 합니까? 송희자, 이성구 역(2017). 안양: 도서출판 아카데미아, P.81

26 | 산스크리트 설화집. 원어명 : Pancatantra(산) : '다섯 편의 이야기'라는 뜻의 설화집으로, 원본은 존재하지 않고 이본만 여럿 전한다. 원작자와 제작연대는 알려지지 않았다. 〈친구와의 이별〉〈친구를 얻음〉〈갈까마귀와 올빼미의 싸움〉〈얻은 것의 상실〉〈사려없는 행위〉 등 5편의 이야기로 구성된다.

27 | Eric Bern(1972) WhatDo You Say After You Say Hello?. 당신은 인사 후에 무슨 말을 합니까? 송희자, 이성구 역(2017). 안양: 도서출판 아카데미아, P.85

28 | Ian Stewart, Vann Joines(1987). TA Today: A New Introduction Transactional Analysis. 현대교류분석. 제석봉, 최외선, 김갑숙, 윤대영 역(2011). 서울: ㈜학지사, P.197

29 | Ian Stewart, VannJoines(1987). TA Today: A New Introduction Transactional Analysis. 현대교류분석. 제석봉, 최외선, 김갑숙, 윤대영 역(2011). 서울: ㈜학지사, P.197

30 | John and PennyMcNeel(2023). Master Table evolution. The Difficulties createdby the injunctive messages and the path to healing. https://www.aspiringtokindness.com, Table 1–1/5

31 | John and Penny McNeel(2023). Master Table evolution. The Difficulties created by the injunctive messages and the path to healing. https://www.aspiringtokindness.com, Table 1–1/5

32 | John and Penny McNeel(2023). Master Table evolution. The Difficulties created bythe injunctive messages and the path to healing. https://www.aspiringtokindness.com, Table 1–1/5

33 | Ian Stewart, Vann Joines(1987). TA Today: A NewIntroduction Transactional Analysis. 현대교류분석. 제석봉, 최외선, 김갑숙, 윤대영 역(2011). 서울: ㈜학지사, P.198

34 | Ian Stewart, VannJoines(1987). TA Today: A New Introduction Transactional Analysis. 현대교류분석. 제석봉, 최외선, 김갑숙, 윤대영 역(2011). 서울: ㈜학지사, P.198

35 | John and PennyMcNeel(2023). Master Table evolution. The Difficulties createdby the injunctive messages and the path to healing. https://www.aspiringtokindness.com, Table 1–1/5

36 | William F. Cornell, Anne de Graaf, Trudi Newton, Moniek Thunnissen(2016). Into TA. 최신 교류분석. 송희자, 이성구, 이은주, 이진동 역(2018). 서울: ㈜시그마프레스, P.158

딜미, 무엇이 나를 통제하는가

37 | John and Penny McNeel(2023). Master Table evolution. The Difficulties created by the injunctive messagesand the path to healing. https://www.aspiringtokindness.com, Table 1-1/5

38 | John and Penny McNeel(2023). Master Table evolution. The Difficulties created by the injunctive messages and the path to healing. https://www.aspiringtokindness.com, Table 1-1/5

39 | John and Penny McNeel(2023). Master Table evolution. The Difficulties created bythe injunctive messages and the path to healing. https://www.aspiringtokindness.com, Table 1-1/5

40 | Gregory Bateson(2000). Steps to an ecology of mind. 마음의 생태학. 박대식 역(2006). 책세상(서울), p.331,339~341

41 | John and Penny McNeel(2023). Master Table evolution. The Difficulties created bythe injunctive messages and the path to healing. https://www.aspiringtokindness.com, Table 1-1/5

42 | John and Penny McNeel(2023). Master Table evolution. The Difficulties created by the injunctive messages and the path to healing. https://www.aspiringtokindness.com, Table 1-1/5

43 | John and Penny McNeel(2023). Master Table evolution. TheDifficulties created by the injunctive messages and the path to healing. https://www.aspiringtokindness.com, Table 1-2/5

44 | John and Penny McNeel(2023). Master Table evolution. The

Difficulties created by the injunctivemessages and the path to healing. https://www.aspiringtokindness.com, Table 1-1/5

45 | John and PennyMcNeel(2023). Master Table evolution. The Difficulties createdby the injunctive messages and the path to healing. https://www.aspiringtokindness.com, Table 1-1/5

46 | John and Penny McNeel(2023). Master Table evolution. The Difficulties created by the injunctive messages and the path to healing. https://www.aspiringtokindness.com, Table 1-1/5

47 | Frank L. Summers(1994). Object relation theories andpsycholpathology. 대상관계 이론과 정신병리학. 이재훈 역 (2004). 한국심리치료연구소(서울), p.112~113

48 | MichaelSt. Clair(2004). Object Relations and self psychology. 대상관계이론과 자기심리학. 안석모 역(2015). 박학사(서울), p.135

49 | Ian Stewart, Vann Joines(1987). TA Today: A New Introduction Transactional Analysis. 현대교류분석. 제석봉, 최외선, 김갑숙, 윤대영 역(2011). 서울: ㈜학지사, P.204

50 | William F. Cornell, Anne de Graaf, Trudi Newton, Moniek Thunnissen(2016). Into TA. 최신 교류분석. 송희자, 이성구, 이은주, 이진동 역(2018). 서울: ㈜시그마프레스, P.157

51 | John and Penny McNeel(2023). Master Table evolution. The Difficulties created by the injunctive messagesand the path to

덜미, 무엇이 나를 통제하는가

healing. https://www.aspiringtokindness.com, Table 2-1/5

52 | John and Penny McNeel(2023). Master Table evolution. The Difficulties created by the injunctive messages and the path to healing. https://www.aspiringtokindness.com, Table 2-1/5

53 | John and Penny McNeel(2023). Master Table evolution. The Difficulties created bythe injunctive messages and the path to healing. https://www.aspiringtokindness.com, Table 2-1/5

54 | John and Penny McNeel(2023). Master Table evolution. The Difficulties created by the injunctive messages and the path to healing. https://www.aspiringtokindness.com, Table 2-1/5

55 | Jeremy Holmes(1993). John Bowlby and Attachment Theory. 존 볼비와 애착이론. 이경숙 역(2020). ㈜학지사(서울), p.108

56 | Jeremy Holmes(1993). John Bowlby and AttachmentTheory. 존 볼비와 애착이론. 이경숙 역(2020). ㈜학지사(서울), p.115

57 | Ian Stewart, VannJoines(1987). TA Today: A New Introduction Transactional Analysis. 현대교류분석. 제석봉, 최외선, 김갑숙, 윤대영 역(2011). 서울: ㈜학지사, P.203~204

58 | John and Penny McNeel(2023). Master Table evolution. The Difficulties created by the injunctive messages and the path to healing. https://www.aspiringtokindness.com, Table 2-1/5

59 | Ian Stewart, Vann Joines(1987). TA Today: A New Introduction Transactional Analysis. 현대교류분석. 제석봉, 최외선, 김갑숙, 윤대영 역(2011). 서울: ㈜학지사, P. 203

60 | John and PennyMcNeel(2023). Master Table evolution. The Difficulties createdby the injunctive messages and the path to healing. https://www.aspiringtokindness.com, Table 2-1/5

61 | John and Penny McNeel(2023). Master Table evolution. The Difficulties created by the injunctive messages and the path to healing. https://www.aspiringtokindness.com, Table 3-1/5

62 | John and Penny McNeel(2023). Master Table evolution. The Difficulties created bythe injunctive messages and the path to healing. https://www.aspiringtokindness.com, Table 3-2/5

63 | John and Penny McNeel(2023). Master Table evolution. The Difficulties created by the injunctive messages and the path to healing. https://www.aspiringtokindness.com, Table 3-1/5

64 | John and Penny McNeel(2023). Master Table evolution. The Difficulties created bythe injunctive messages and the path to healing. https://www.aspiringtokindness.com, Table 3-1/5

65 | John and Penny McNeel(2023). Master Table evolution. The Difficulties created by the injunctive messages and the path to healing. https://www.aspiringtokindness.com, Table 3-2/5

딜미, 무엇이 나를 통제하는가

66 | John and Penny McNeel(2023). Master Table evolution. TheDifficulties created by the injunctive messages and the path to healing. https://www.aspiringtokindness.com, Table 3−2/5

67 | 정락길(2016). 수치심과 시선−라캉의 수치심에 대한 고찰. 강원대학교 인문과학연구논문, p. 376−377

68 | 정락길(2016). 수치심과 시선−라캉의 수치심에 대한 고찰. 강원대학교 인문과학연구논문, p. 376−377

69 | John and Penny McNeel(2023). Master Table evolution. TheDifficulties created by the injunctive messages and the path to healing. https://www.aspiringtokindness.com, Table 3−1/5

70 | John and Penny McNeel(2023). Master Table evolution. The Difficulties created by the injunctivemessages and the path to healing. https://www.aspiringtokindness.com, Table 3−1/5

71 | John and PennyMcNeel(2023). Master Table evolution. The Difficulties createdby the injunctive messages and the path to healing. https://www.aspiringtokindness.com, Table 3−2/5

72 | John and Penny McNeel(2023). Master Table evolution. The Difficulties created by the injunctive messages and the path to healing. https://www.aspiringtokindness.com, Table 3−1/5

73 | John and Penny McNeel(2023). Master Table evolution. The Difficulties created bythe injunctive messages and the path to

healing. https://www.aspiringtokindness.com, Table 3-1/5

74 | John and Penny McNeel(2023). Master Table evolution. The Difficulties created by the injunctive messages and the path to healing. https://www.aspiringtokindness.com, Table 4-1/5

75 | John and Penny McNeel(2023). Master Table evolution. TheDifficulties created by the injunctive messages and the path to healing. https://www.aspiringtokindness.com, Table 4-2/5

76 | John and Penny McNeel(2023). Master Table evolution. The Difficulties created by the injunctivemessages and the path to healing. https://www.aspiringtokindness.com, Table 4-1/5

77 | John and PennyMcNeel(2023). Master Table evolution. The Difficulties createdby the injunctive messages and the path to healing. https://www.aspiringtokindness.com, Table 4-2/5

78 | John and Penny McNeel(2023). Master Table evolution. The Difficulties created by the injunctive messages and the path to healing. https://www.aspiringtokindness.com, Table 4-1/5

79 | John and Penny McNeel(2023). Master Table evolution. The Difficulties created bythe injunctive messages and the path to healing. https://www.aspiringtokindness.com, Table 4-2/5

80 | John and Penny McNeel(2023). Master Table evolution. The Difficulties created by the injunctive messages and the path to

healing. https://www.aspiringtokindness.com, Table 5-1/5

81 | John and Penny McNeel(2023). Master Table evolution. TheDifficulties created by the injunctive messages and the path to healing. https://www.aspiringtokindness.com, Table 5-1/5

82 | John and Penny McNeel(2023). Master Table evolution. The Difficulties created by the injunctivemessages and the path to healing. https://www.aspiringtokindness.com, Table 5-1/5

83 | John and PennyMcNeel(2023). Master Table evolution. The Difficulties createdby the injunctive messages and the path to healing. https://www.aspiringtokindness.com, Table 5-2/5

84 | William F. Cornell, Anne de Graaf, Trudi Newton, Moniek Thunnissen(2016). Into TA. 최신 교류분석. 송희자, 이성구, 이은주, 이진동 역(2018). 서울: ㈜시그마프레스, P.158

85 | John and Penny McNeel(2023). Master Table evolution. The Difficulties created by the injunctive messagesand the path to healing. https://www.aspiringtokindness.com, Table 5-2/5

86 | John and Penny McNeel(2023). Master Table evolution. The Difficulties created by the injunctive messages and the path to healing. https://www.aspiringtokindness.com, Table 5-1/5

87 | John and Penny McNeel(2023). Master Table evolution. The Difficulties created bythe injunctive messages and the path to

healing. https://www.aspiringtokindness.com, Table 5-1/5

88 | Eric Bern(1972) What Do You Say After You Say Hello?. 당신은 인사 후에 무슨 말을 합니까? 송희자, 이성구 역(2017). 안양: 도서출판 아카데미아, P.118

89 | Ian Stewart, Vann Joines(1987). TA Today: A New Introduction Transactional Analysis. 현대교류분석. 제석봉, 최외선, 김갑숙, 윤대영 역(2011). 서울: ㈜학지사, P.164

90 | Eric Bern(1972) What Do You Say After You Say Hello?. 당신은 인사 후에 무슨 말을 합니까? 송희자, 이성구 역(2017). 안양: 도서출판 아카데미아, P.252

91 | 우재현(2007). 임상교류분석(TA) 프로그램. 정암서원(대구), P.241

92 | Ian Stewart, Vann Joines(1987). TA Today: A New Introduction Transactional Analysis. 현대교류분석. 제석봉, 최외선, 김갑숙, 윤대영 역(2011). 서울: ㈜학지사, P.335

93 | Eric Bern(1964). Games people play. 심리게임. 조혜정(2011). 교양인(서울), P.119

94 | Jean-Paul Sartre(1996). L'existentialisme est un humanisme (1996). 실존주의는 휴머니즘이다. 박정태 역(2008). ㈜이학사(서울), P.29

95 | 한국야스퍼스학회(2008). 칼 야스퍼스 비극적 실존의 치유자. 철학과

덜미, 무엇이 나를 통제하는가

현실사(서울), P.43

96 | 변광배(2013). 장 폴 사르트르, 시선과 타자. ㈜살림출판사(파주), P.11

97 | Viktor E. Frank(1986). Doctor andThe soul. 프랭클 실존분석과 로고테라피. 심일섭 역(2011). 도서출판 한글(서울), P.74

98 | Viktor E. Frank(1986). Doctor and The soul. 프랭클 실존분석과 로고테라피. 심일섭 역(2011). 도서출판 한글(서울), P.74, P.88

99 | Kirk J. Schneider·Orah T. Krug. Existential-Humanistic Therapy. 실존적 인간 중심 치료. 신성만, 황인식 역(2017). 유원북스(서울), P.39

100 | Gary Cox(2009). How to Be an Existentialist. 실존주의자로 사는 법. 지여울 역(2012). 황소걸음(서울), P.115

101 | Kirk Schneider(2010). Existential-Humanistic Therapy. 실존적 인간 중심 치료. 신성만, 황인식 역(2017). 유원북스(서울), P.63

102 | 한국야스퍼스학회(2008). 칼 야스퍼스 비극적 실존의 치유자. 철학과 현실사(서울), P.45

103 | 한국야스퍼스학회(2008). 칼 야스퍼스 비극적 실존의 치유자. 철학과 현실사(서울), P.141

104 | Jean-Paul Sartre(1996). L'existentialisme est un humanisme (1996). 실존주의는 휴머니즘이다. 박정태 역(2008). 서울: ㈜이학사, P.86

105 | Rüdiger Safranski(2000). Niezsche. Biographie seines Denkens. 니체 그의 사상의 전기. 오윤희, 육혜원 역(2018). 꿈결(서울), P.379

106 | Rüdiger Safranski(2000). Niezsche. Biographie seines Denkens. 니체 그의 사상의 전기. 오윤희, 육혜원 역(2018). 꿈결(서울), P.301

107 | Rüdiger Safranski(2000). Niezsche. Biographie seinesDenkens. 니체 그의 사상의 전기. 오윤희, 육혜원 역(2018). 꿈결(서울), P.53

108 | Rüdiger Safranski(2000). Niezsche. Biographie seines Denkens. 니체 그의 사상의 전기. 오윤희, 육혜원 역(2018), 꿈결(서울). P.339

109 | Victor E. Frankl(1988). The Will to Meaning. 삶의 의미를 찾아서. 이시형 역(2016). 청아출판사(파주), P.58

110 | Jon Kabat-Zinn(2013). Full Catastrophe Living. 마음챙김 명상과 자기치유(上). 김교헌, 김정호, 장현갑 역(2022). 학지사(서울), P.122

111 | Rüdiger Safranski(2000). Niezsche. Biographie seines Denkens. 니체 그의 사상의 전기. 오윤희, 육혜원(역)(2017). 꿈결(서울), P.195.

112 | Gary Cox(2009). How to Be an Existentialist, 실존주의자로 사는 법, 지여울 역(2012), 황소걸음(서울), P.114,115

113 | Viktor E. Frank(1986). Doctor and Thesoul. 프랭클 실존분석과 로고테라피. 심일섭 역(2011). 도서출판 한글(서울), P.91-92

114 | Viktor E. Frank(1986). Doctor andThe soul. 프랭클 실존분석과

로고테라피. 심일섭 역(2011). 도서출판 한글(서울), P.58

115 | Viktor E. Frank(1986). Doctor and The soul. 프랭클 실존분석과
로고테라피. 심일섭 역(2011). 도서출판 한글(서울), P.64

116 | Viktor E. Frank(1986). Doctor and The soul. 프랭클 실존분석과
로고테라피. 심일섭 역(2011). 도서출판 한글(서울), P.63

117 | Viktor E. Frank(1988). The Will toMeaning. 빅터 프랭클의 삶의
의미를 찾아서. 이시형 역(2016). 청아출판사(파주), P.170

118 | Victor E. Frankl(1988). The Will to Meaning. 삶의 의미를 찾아서.
이시형 역(2016). 청아출판사(파주), P.133

119 | Viktor E. Frankl (2006). Man's search for meaning. 빅터 프랭클의
죽음의 수용소에서. 이시형 역(2020). 청아출판사(파주), P.77

120 | Gary Cox(2009). How to Be an Existentialist. 실존주의자로 사는
법. 지여울 역(2012). 황소걸음(서울), P.136

121 | Gary Cox(2009). How to Be an Existentialist. 실존주의자로 사는
법. 지여울 역(2012). 황소걸음(서울), P.106

122 | Gary Cox(2009). How to Be an Existentialist. 실존주의자로 사는
법. 지여울 역(2012). 황소걸음(서울), P.159

123 | Gary Cox(2009). How to Be an Existentialist. 실존주의자로 사는
법. 지여울 역(2012). 황소걸음(서울), P.163

124 | 이서규(2015). 삶과 실존철학. 서광사(파주), P.85

125 | 이서규(2015). 삶과 실존철학. 서광사(파주), P.145

126 | Emmanuel Levinas(1979). Le Temps et L'autre. 시간과 타자. 강영
안 역(2018). ㈜문예출판사(서울), P.34·46

127 | John and Penny McNeel(2023). Master Table evolution. The
Difficulties created by the injunctive messages and the path to
healing. https://www.aspiringtokindness.com, Table 1−1/5

128 | John and Penny McNeel(2023). Master Table evolution. The
Difficulties created bythe injunctive messages and the path to
healing. https://www.aspiringtokindness.com, Table 1−1/5

129 | John and Penny McNeel(2023). Master Table evolution. The
Difficulties created by the injunctive messages and the path to
healing. https://www.aspiringtokindness.com, Table 1−2/5

130 | John and Penny McNeel(2023). Master Table evolution.
TheDifficulties created by the injunctive messages and the
path to healing. https://www.aspiringtokindness.com, Table
1−1/5

131 | John and Penny McNeel(2023). Master Table evolution. The
Difficulties created by the injunctivemessages and the path to
healing. https://www.aspiringtokindness.com, Table 1−1/5

132 │ John and PennyMcNeel(2023). Master Table evolution. The Difficulties createdby the injunctive messages and the path to healing. https://www.aspiringtokindness.com, Table 1-1/5

133 │ John and Penny McNeel(2023). Master Table evolution. The Difficulties created by the injunctive messages and the path to healing. https://www.aspiringtokindness.com, Table 1-1/5

134 │ 안광복(2021). 한권으로 읽는 서양철학사. 어크로스출판그룹(주), P.381

135 │ 안광복(2021). 한권으로 읽는 서양철학사. 어크로스출판그룹(주), P.381

136 │ Jeremy Holmes(1993). John Bowlby and Attachment. 존 볼비와 애착이론. 이경숙 역(2020). ㈜학지사(서울), P.117

137 │ Jeremy Holmes(1993). John Bowlby and Attachment. 존 볼비와 애착이론. 이경숙 역(2020). ㈜학지사(서울), P.116

138 │ Gary Cox(2009). Howto Be an Existentialist, 실존주의자로 사는 법, 지여울 역(2012), 황소걸음(서울), P.180

139 │ John and PennyMcNeel(2023). Master Table evolution. The Difficulties createdby the injunctive messages and the path to healing. https://www.aspiringtokindness.com, Table 2-1/5

140 │ John and Penny McNeel(2023). Master Table evolution. The

Difficulties created by the injunctive messages and the path to healing. https://www.aspiringtokindness.com, Table 2-1/5

141 | John and Penny McNeel(2023). Master Table evolution. The Difficulties created bythe injunctive messages and the path to healing. https://www.aspiringtokindness.com, Table 2-2/5

142 | John and Penny McNeel(2023). Master Table evolution. The Difficulties created by the injunctive messages and the path to healing. https://www.aspiringtokindness.com, Table 2-2/5

143 | John and Penny McNeel(2023). Master Table evolution. TheDifficulties created by the injunctive messages and the path to healing. https://www.aspiringtokindness.com, Table 2-1/5

144 | John and Penny McNeel(2023). Master Table evolution. The Difficulties created by the injunctivemessages and the path to healing. https://www.aspiringtokindness.com, Table 2-2/5

145 | Albert Camus(1942). Le Mythe de Sisyphe. 시지프 신화. 김화영 역(2022). ㈜민음사(서울). P.81

146 | John and Penny McNeel(2023). Master Table evolution. The Difficulties created by the injunctivemessages and the path to healing. https://www.aspiringtokindness.com, Table 2-1/5

147 | John and PennyMcNeel(2023). Master Table evolution. The

딜미, 무엇이 나를 통제하는가

Difficulties createdby the injunctive messages and the path to healing. https://www.aspiringtokindness.com, Table 2-1/5

148 | John and Penny McNeel(2023). Master Table evolution. The Difficulties created by the injunctive messages and the path to healing. https://www.aspiringtokindness.com, Table 3-1/5

149 | Michael St. Clair(2004). Object Relations and self psychology. 대상관계이론과 자기심리학. 안석모 역(2015). 박학사(서울), P.151

150 | John and Penny McNeel(2023). Master Table evolution. The Difficulties created by the injunctive messages and the path to healing. https://www.aspiringtokindness.com, Table 3-1/5

151 | John and Penny McNeel(2023). Master Table evolution. The Difficulties created bythe injunctive messages and the path to healing. https://www.aspiringtokindness.com, Table 3-1/5

152 | John and Penny McNeel(2023). Master Table evolution. The Difficulties created by the injunctive messages and the path to healing. https://www.aspiringtokindness.com, Table 3-1/5

153 | John and Penny McNeel(2023). Master Table evolution. TheDifficulties created by the injunctive messages and the path to healing. https://www.aspiringtokindness.com, Table 3-2/5

154 | John and Penny McNeel(2023). Master Table evolution. The

Difficulties created by the injunctivemessages and the path to healing. https://www.aspiringtokindness.com, Table 4-1/5

155 | John and PennyMcNeel(2023). Master Table evolution. The Difficulties createdby the injunctive messages and the path to healing. https://www.aspiringtokindness.com, Table 4-1/5

156 | John and Penny McNeel(2023). Master Table evolution. The Difficulties created by the injunctive messages and the path to healing. https://www.aspiringtokindness.com, Table 4-1/5

157 | Albert Camus(1942). Le Mythe de Sisyphe. 시지프 신화. 김화영 역(2022). ㈜민음사(서울), P.81

158 | Albert Camus(1942). L'Etranger. 이방인. 김화영 역(2022). ㈜민음사(서울), P.147

159 | Albert Camus(1942). Le Mythe de Sisyphe. 시지프 신화. 김화영 역(2022). ㈜민음사(서울), P.184

160 | Albert Camus(1942). Le Mythe de Sisyphe. 시지프 신화. 김화영 역(2022). ㈜민음사(서울), P.185

161 | 이진동(2018). 인문계고등학교 수능소외과목 교사들의 자기효능감 경험 연구. 백석대학교 기독교전문대학원 상담학 박사논문, P.13

162 | John and Penny McNeel(2023). Master Table evolution. The Difficulties created by the injunctivemessages and the path to

healing. https://www.aspiringtokindness.com, Table 5-1/5

163 ｜ John and PennyMcNeel(2023). Master Table evolution. The Difficulties createdby the injunctive messages and the path to healing. https://www.aspiringtokindness.com, Table 5-2/5

164 ｜ John and Penny McNeel(2023). Master Table evolution. The Difficulties created by the injunctive messages and the path to healing. https://www.aspiringtokindness.com, Table 5-1/5

165 ｜ John and Penny McNeel(2023). Master Table evolution. The Difficulties created bythe injunctive messages and the path to healing. https://www.aspiringtokindness.com, Table 5-1/5

166 ｜ John and Penny McNeel(2023). Master Table evolution. The Difficulties created by the injunctive messages and the path to healing. https://www.aspiringtokindness.com, Table 5-1/5

167 ｜ John and Penny McNeel(2023). Master Table evolution. TheDifficulties created by the injunctive messages and the path to healing. https://www.aspiringtokindness.com, Table 5-1/5

168 ｜ John and Penny McNeel(2023). Master Table evolution. The Difficulties created by the injunctivemessages and the path to healing. https://www.aspiringtokindness.com, Table 5-1/5

169 ｜ John and PennyMcNeel(2023). Master Table evolution. The

Difficulties createdby the injunctive messages and the path to healing. https://www.aspiringtokindness.com, Table 5-1/5

170 | John and Penny McNeel(2023). Master Table evolution. The Difficulties created by the injunctive messages and the path to healing. https://www.aspiringtokindness.com, Table 5-1/5

171 | John and Penny McNeel(2023). Master Table evolution. The Difficulties created bythe injunctive messages and the path to healing. https://www.aspiringtokindness.com, Table 5-2/5

딜미, 무엇이 나를 통제하는가